本書出版得到
南京大學哲學社會科學項目資助
2016年西安美術學院學術論著出版基金資助

考古印史

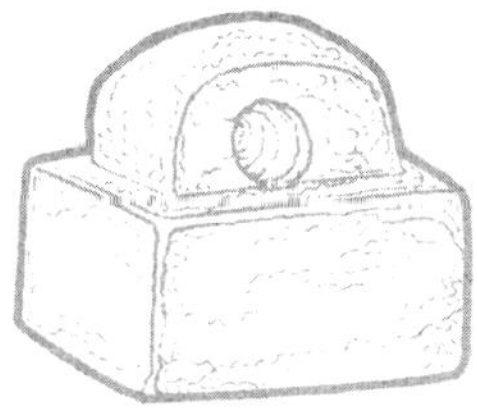

周曉陸 著

中華書局

圖書在版編目(CIP)數據

考古印史/周曉陸著. —北京:中華書局,2020.3
ISBN 978-7-101-12983-0

Ⅰ.考…　Ⅱ.周…　Ⅲ.古印(考古)-中國　Ⅳ.K877.6

中國版本圖書館 CIP 數據核字(2017)第 301561 號

書　　名　考古印史
著　　者　周曉陸
責任編輯　朱兆虎
出版發行　中華書局
　　　　　　(北京市豐臺區太平橋西里 38 號　100073)
　　　　　　http://www.zhbc.com.cn
　　　　　　E-mail:zhbc@ zhbc.com.cn
印　　刷　北京市白帆印務有限公司
版　　次　2020 年 3 月北京第 1 版
　　　　　　2020 年 3 月北京第 1 次印刷
規　　格　開本/710×1000 毫米　1/16
　　　　　　印張 27½　插頁 2　字數 330 千字
印　　數　1-3000 册
國際書號　ISBN 978-7-101-12983-0
定　　價　198.00 元

引　言

考古學是什麽？考古學是20世紀初期傳入中國的一種先進的社會科學門類，它主要依據田野考古學收獲，科學地復原人類物質文化發展的歷史，同時間接地表達人類社會非物質文化（例如工藝技術）和精神文化的進步。考古學的學科優勢表現在古代史學的重建，尤其是缺乏文字記載的歷史時間段。因此，考古學的收獲可以“印證”歷史。但是，對于這本書，却不能够望文生義，它並不是用考古學收獲來印證文獻記載爲主的歷史的。那麽，這本書的任務是幹什麽的呢？

本書的任務是説“印”，説一種特殊的人類物質文化遺存（文物）——古璽印、古印章。印章特殊性即在于，它要將自己固體身上的印面内容，反向地表現在另外的物質文化載體上，這一特徵是其它類文物基本不具備的。本書的任務是基本靠考古學收獲，來説“印”，主要論説中國古代印章的發展，因此可以表達爲：以考占學的手段、考古學的收獲，來試圖説明中國古代印章文化的種種問題，又試圖以考古學語言建立中國古代印章的發展歷史，這就是所謂的“考古印史”。

中國印章文化、印章藝術，是自成體系的，具有獨特民族風貌的重要文化遺産。中國印章的體系，自打宋朝以後，可以劃分爲實用印章和藝術印章兩大版塊，這兩大版塊在之後的發展是相對獨立、相互平行的，本書主要討論古代實用印章這個版塊。對于中國實用印章，一般認爲從商代印章起源開始，一直到中華民國時期，都沿着循序漸進的傳統道路發展，對于這個漫長的發展歷程，研究者們（首先是羅福頤先生）根據印章的使用、面型的變化、文字的區别、尺寸的不同，把古代實用印章分成兩個階段，筆者認爲界限大致在南北朝後期到隋代。從清末、民國時期開始，新式或者稱爲“洋式”的印章逐漸成爲實用印章的主流，筆者認爲這個可以看作中國實用印章發展的第三階段，至于這第三階段，由于和考古工作没有什麽聯繫，所以本書暫不討論。

對于中國實用印章發展的第一段和第二段，過去的人們主要是把關注點放在傳世文物的分析、研究、整理上，這當然是古代印章研究的必要的基礎，可是，這也必然受時代條件之制約，其中最主要的制約，就是缺乏田野考古學依據。到了二十世紀初葉，近現代考古學傳入中國，考古學的出土、整理、研究視角給中國古代印章的研究注入了全新的活力，這主要體現在：對古代璽印來源更爲詳盡的認識，對璽印文物本體更爲具體的認識，對中國古代印章發展階段的比較清晰的認識，和對印章内容新的認識。同時中國古代印章資料成爲中國考古學研究的重要方面之一，推動了考古學的整體發展。本書即分爲下述的三大塊面試作論述。

第一個塊面，簡單地討論考古學和中國古代印章研究的關係。涉及中國田野考古學之中古璽印資料收獲，考古學對于認識中國古代印章的重要作用，以及古代印章研究對于考古學科的作用。當然，本書的討論可能還是比較膚淺的，因爲中國考古學在發展，對于中國古代印章的研究也在發展。筆者相信，有關的科學的認識還將不斷引向深入。

第二個塊面，着重討論從考古學視角對于印章本體的具體認識，包括分類、部位、用字、製作方法、用法以及有關鑒定等，這樣的討論與文物學的相關討論並没有什麽本質上的區别。這個塊面的討論，文字量比較大，表達也比較瑣碎。就筆者目前的認識水平，認爲這樣還是必要的。其中有一些是舊有的金石學——文物學已經獲得的認識，有一些是考古學提供的新的認識。這既是中國古代印章研究的一個必要的技術層面的基礎，也可以作爲藝術流派印章研究時可以參照的基本視角。

第三個塊面，是對中國古代印章進行考古學意義上的分期、斷代。在筆者的分期法（始見于《古代璽印》，中國書店，1998年）提出之前，實際上還有多位研究者提出卓有見識的印章分期法，本書則想以考古學出土單位（即墓葬、遺址、窖藏或其它）爲依托，以考古器物學（又稱爲“器物形態學”或“標型學”）的角度提出一些新的見解，可能比前人的探索有了一點進步。其實東西還是那些東西，時代也有它們各自歸屬的一定的時代，這裏衹是研究方法上的改變，並不因爲分期法的區别而改變了他們的客觀存在的本質。本書的分期法，是想借助于考古學方法指出中國古代印章的邏輯運動發展的規律，使它們成爲活着的印章史。對此，本書自然做得還很不完善，還需要在不斷研究新資料、發現新問題的基礎上認真修改，以期做到系統完備。

囿于本人學力，囿于作者的眼界之限，論述中會有輕重失當、重點缺失，最近成果未及表達等缺陷。因此，上述三個塊面，有一定的探索性質，衹是一個階段性的意見表達。

本書基本上没有涉及藝術印章的發展問題，這在中國璽印的整體上屬于另外一大版塊，這個問題和中國古代印章的發展有關，應該獨立成題，進行系統的再考察。儘管中國古代的實用印章，包括私印、公印都具有强弱不一的藝術氣質、審美表現，但是它們畢竟不是篆刻藝術家的刻意的專門藝術創作。筆者認爲,在中國由藝術家主動創作的流派印章,是在受到古典實用璽印影響之後,出現在宋代,在元代獲得了長足發展,並且在明清之際,實現了中國藝術印章和實用印章的徹底分離,同時造成了中國印章文化藝術的重心向藝術印章的轉移。這種情況,在全世界其他地區的印章發展裏面並没有出現過(即便是日本、韓國等地印章藝術創作,也明顯是受了中國流派印章藝術創作的影響,而不是直接從本國實用印章中分離出來)。假以時日,筆者將另外討論中國藝術印章的發展體系。

考古學本身是宏觀的、面對古代人類生活環境以及全部古代人類物質文化遺産的學科,研究對象包羅宏富。而印章在人類物質文化遺存(文物)體系中屬于小類,在田野發掘考古學收獲中常常稱之爲"小件",一般人們認爲它們體量比較小、社會影響力可能也有限;在考古學的材料研究之中,其表達也是比較微觀的。但是,考古學提供了科學的"顯微鏡",使人們能够科學地注視分析這些所謂微觀的材料;同時,經過考古學研究的古代印章資料也能爲宏觀的人類社會發展提供不可或缺的角度和注脚,體現了"小類"、"小件"的重要性。這也就是筆者試圖以"考古印史"的角度所作的一種嘗試。

在引言的最後,説一下本書的用圖情況:

一、本書所用的圖例,大部分來自過去一百餘年以來出土的印章(包括科學考古發掘出土與其他出土),少量地用了清代及清代以前的藏品。

二、本書采用了和璽印文化有關的各種圖例,包括印面内容、泥封、印陶、烙木、鈐朱等;也包括少量的實體綫圖,例如鈕飾、印體等;還收入了少量的實物照片。

三、凡是印面内容的打本，皆用紅色表示，其中有少量爲摹本，于印例下單獨説明，仍然使用紅色。凡是泥封、烙印、陶文等的拓本，皆用黑色表示，少量的摹本，也作單獨説明，仍然使用黑色。凡是印面、泥封、陶文等的尺寸爲原大者，都不再注以尺寸；因版面和視覺等 原因，對有些印例作了縮小處理，在印下均注明印面尺寸，單位爲毫米（mm）。

四、凡印例均作編號，如“圖貳3・2 室孫千萬”，表示該圖爲第貳章《古代印章的考古學分析》第三節《印面分析》的第2號圖例。有的印例在文中已説明時代，印下就不再標注；而有些在文中並没有説明時代，那麼在印下就加注了時代。關于這些要素，可統一查看書後的總表。部分印例會在其它章節中多次用到，當再次使用時，一般衹括注其編號，可以按號向前查閲；也有部分例子用圖在後，這樣就依號向後查閲。

五、本書的最後附有圖例總表，以便查用。

目 録

壹　古代印章與考古學收獲

本章着重討論考古學與中國古代印章的關係，包括資料獲取的關係，與相互研究之關係。這主要是科學認知方面的考量。在本章之中，筆者分别從璽印學與考古學的相關側面，作出一些嘗試性分析。

一　無處不在的文化現象

（一）縱貫古今的璽印文化

從久遠的過去，一般認爲從中國的商周時代開始吧，到現代高科技的社會生活，在中國社會中充斥着一種幾乎無處不在的文化現象——璽印、印章的製作與使用。在世界上使用印章最早的地區並不是在中國，古代西亞兩河地區、古代埃及、古代中亞波斯地區、古代印度曾經出現的印章都要早于中國。但是，中國璽印自殷商時代出現，直至現代，源源不絶、傳承有緒，無論從使用的範圍、存世的數量、内容之豐富、載體之多樣、用法之複雜、藝術之追求，可能都遠遠超出了世界其他國家或地區。中國印章由純粹的實用物出發，在宋元時代開始了藝術印章的專門創製，明清時代完成了實用印章與藝術印章的徹底分裂，這種狀況是世界其他地區印章的發展中所没有出現過的。

璽印或者印章，是一種頗爲特殊的文物，它有固體的印體，有一面或若干面上鑄刻有文字或圖案；這還没有完，印章必須反向地將印面的文字或圖像内容，印現在另一個物質載體上，這才完成了印章本體的實用，實現了印章的定義。對于"印章"或"圖章"，不同的人們可能會有不同的答案：是一種刻了私人姓名，在領取工資、郵件、證明自己姓名身份等時候打戳兒的用具；是一種刻有機關、學校、廠礦、商店等各種單位名稱的，可以打在文件、公函、證件、介紹信上的信物；是一種現代的藝術家刻在石頭等載體上，可以加蓋在書法、國畫作品上，甚至可以單獨打在宣紙上並進行展覽的專門的藝術作品……如果稍加觀察，還可以看到，在人們日常使用的中國鈔票上，都印有篆字的"行長之章"、"副行長章"；經常接觸的發票、車船票、收據等票據上，都醒目地加蓋着各種企業名稱、税務及經辦人的圖章。一言以蔽之，印章即是以表示公、私憑信功用的一種特殊用具。從商周時代直到現代中國，與印章不發生一點關係的事情及人群，幾乎是没有的。

如果没有文字印刷品的産生、傳播，人類社會文明的進步是不可想象的。今天，雖然人們目前所見散布在社會各個角落的無數印刷品，大多已經是現代科技激光技術的産物，但是許多朋友或許並不知道或不清楚，如果要説"中國璽印文化"對人類文明的最大貢獻，正和這成千上萬的印刷品息息相關，正是這種正反交叠的製印再鈐印方式，直接導致了中華四大發明之一的印刷術的誕生！古代整塊版面的雕版印刷術，可以看作是多字或多字帶圖的印章在紙張上印製的體現；古代活字印刷術，更可以是看作一顆一顆單枚印章聚合的印製體現。

從古到今，印章與人們的生活既不遥遠，也不陌生。它們無處不在地融入人們的日常生活,有時起着非常關鍵的作用,這種狀況甚至還要一直影響到遥遠的未來。本書即是立足于考古學、文物學對中國古代璽印文化的考察。

(二)古代社會的記録載體

歷史是無情的,逝去了的,再也不會回來。歷史又是多情的,它總是留下豐富多彩的痕迹,給後人以欣賞、以啓迪、以警示,以知識的傳承和規律的延續。歷史的痕迹,就是遺傳後世的古代社會的種種載體,有以文字記録,形成大量的文獻;有以實物存世,舉凡無數種類的文物。中國璽印,正是兼有文物和文獻雙重意義的古代社會信息的特殊載體。

文獻是"記録有知識的一切載體",從這個角度來説,廣義的文獻也包含了璽印這類的文化遺存,不少古代璽印文字内容有着等同于歷史文獻的重要作用,歷史工作者經常利用璽印來進行史實的考證。大量古代璽印與豐富的史實緊密聯繫,從相對于歷代文獻記載的角度來看,古代璽印的内容具有證史、糾史、補史的功能。中國璽印起源時的幾枚作品,已經部分地反映了由古代血緣政治開始向地緣政治的轉移,標志了古代東方政體的建立與發展。自東周以後,中國的各個朝代幾乎無衙門不用印、無官不用印,更成爲古代中國政治的重要表徵。利用中國古代文化的這一特點,人們通過整理古代璽印,也部分地復原了中國古代的金字塔式的政治職官制度,對了解中國古代社會結構已取得了引人矚目的成果。即便是古代圖像印章,一旦經過科學詮釋,也能起到文獻的作用。

古代地理、古代地名研究一直是中國歷史學和歷史地理學研究的重要基礎。中國近現代以來,從王國維到羅福頤等多位先生根據古代璽印資料，獲得了不少寶貴的新見，對古文獻進行了大量糾枉補闕的工作。東周時期璽印在政治、地理、職官等方面大大填補了文獻的不足。秦漢以降，印章更是全面地發揮了其他文獻、文物所不具備的作用，以應用于秦漢時代的印章、泥封文字爲例，已經能够基本恢復當時中央集權政治體制的百官目録，能够恢復許多中央、郡、縣體制的郡縣目録，能够更正一批文獻的誤記和缺漏。

出土璽印資料大多伴隨着其他遺存一起，在考古工作者的田野調查以及發掘中被發現，對以往只依靠傳世文獻及文物研究古代璽印，實在是一個很大的進步。這幫助確認了印章的時代與用途，是中國古代印章學上的一大改觀。同樣，研究璽印本身及其隨葬、窖藏、遺址出土情況，研究某些時代的璽印地理分布關係，又可以部分地得出相關歷史時期的政治、經濟、文化、軍事、宗教、農民戰争、民族關係、外交及各種制度等社會狀況。通過古代璽印甚至可以具體瞭解到墓主人的姓名、身份，有關遺址的名稱性質等重大的考古學問題。在一些考古學的專門研究中，璽印所起的作用甚至達到了“捨此則無他求”的地步。

研究者通過整理數以萬計的歷代私印，還看到了中國多種姓氏的演變以及兄弟民族“漢化”的例證，這些極有價值的信息往往給各個時代的民族學、姓氏學、家族學、譜牒學的研究提供了不可多得的補充資料。從東周時期蜀人印章起，直到明清時期，民族地區自己設計並用自己民族文字的印章、中央頒發的民族地區印章、兼有漢字和民族文字的印章，都是反映中華民族大家庭形成和融合發展的重要證物。

在中國古代璽印中，以青銅作爲材質的占有相當大的比重。作爲中國青銅文化、尤其是商周主流青銅文化式微之後的重要組成部分，這些璽印反映了商周以來、尤其是東周之後的冶金鑄造及金屬裝飾工藝水平，延續了中國青銅文化。當然，其他豐富的各類印材，均反映了各個時代對諸多材料的認識、加工、應用，這些都不可或缺地反映了物質文化史和工藝技術史發展進步。

在任何文明社會的發展史上，度量衡制度都是有關國本、邦本的重要制度，“以農立國”的中華尤其如此。自東周以後，中國歷代大多對公印的尺寸大小及重量進行了嚴格規定，這一直是一種政治行爲，這樣參看中國歷代相關文獻記載，結合考古出土的璽印遺存之實物，再進行綜合測值比較，人們還可以相對準確地掌握部分朝代的度量衡制度、尤其是中國古代度量衡基礎“度值”的演進。這對于南北朝時期、宋遼金元時期，度量衡器具尤其是度具遺物大多缺失的時代，古代印章幾乎成爲僅見的可信參證物，就可以利用印章實物並結合文獻記載，推算出當時的度值、衡值；進而擴大到這個“以農立國”的各個王朝的地畝制度、農業產量研究，功用不可謂不重大。

舉凡中國古代社會的方方面面，例如上面還没有提及的各個時代的軍事、農業、鹽政、馬政、郵驛、交通、教育、醫藥、科技、建築、手工業、文藝、祭祀、喪葬等等，幾乎都有相應的印章、泥封、印陶文字、鈐印文書等作爲證物。比之于其他各類文物，説一部中國古代社會濃縮地或綱要性地刊載記録于印章群體之上，也是有一定道理的。當然要求古代璽印面面俱到，無餘無失地反映全部的中國歷史，也是不可能的，它們和許許多多文物一樣，每一件只是反映了古代社會的若干具體的“目”。

（三）民族文化藝術的淵藪

中國古代璽印中大量應用漢字爲屬于“古文字系統”的商周文

字、東周文字、摹印篆、繆篆、後期繆篆（包括“九叠大篆”）等等，屬于中國古文字學的範疇，這使得中國璽印文字的研究成爲中國古文字研究的重要分支。舉例觀之：商周時代的璽印文字，補充了甲骨文、金文之外的又一漢字表現品類，爲漢字早期發展的實證之一。在中國古文字研究中，東周文字是難點所在，當東周文字在簡帛、銅器、漆木上表現過于草率、過于“個性化”時，璽印上留下的應當是“正體”、“標準體”的資料。從摹印篆、繆篆、後期繆篆（包括“九叠大篆”），印章文字表現了古文字系統在實用印章領域的一次次重要調整。漢代、南北朝以後，古代璽印也使用了以隸、楷、行、草、宋字等屬于“今文字系統”的文字。從先秦時代開始，直至宋元明清，印章之中就有多種民族文字入印。這些，都是中華民族文字影響、融合、發展的重要實證資料。

將實用的文字做出豐富的藝術處理，使之成爲比較純粹的藝術品，是中華民族所獨具的對于漢字的審美創造。中國印章文字（包括古文字系統和今文字系統的文字）是僅次于書法表現的漢字藝術體系的第二大門類。在相對狹小的印面上鎸銘，獨特的“適合性”文字處理，在章法、字法、鎸鑄法（在藝術流派印藝上稱爲“刀法”），體現了與書法迥然不同的藝術理念與創造手法，是中華民族審美情趣與藝術創製的重要表現之一。在中國藝術印章文字中，大部分藝術家們堅持以“古文字系統”入印，這表達了漢字古文字系統依然存活，依然有着藝術的和實用的活力，這種藝術實踐的總結，將是漢字古文字研究的一個新亮點。

從先秦時期就大量出現的“畫印”（在多數著作中稱之爲“肖形印”），包括圖像印與圖案印，内容豐富，造型多樣，是一幀幀小型的版畫或浮雕作品。在漢代的一些印墻上，開始出現了諸如青龍、白虎、朱雀、玄武的綫刻圖像。璽印上除了比較簡單的鼻鈕，還有大量人物、動物、器用等造型的鈕式，歷經千年，又有豐富的演進發展，這些都是古代立體雕塑遺産的組成部分。以上這些，都成爲重要的中國古代美術史的實物史料。筆者認爲，中國早期印章中的"畫印"，與北非、西亞、中亞的部分古印章有傳播、交流的複雜關係，因此，它們不僅僅對中國璽印的起源有着特别的啓示作用，又是國際間、地區間文化藝術交流的重要證物。

宋元之後，以比較純粹的藝術目的的流派印章創作興起，無論文字或圖像，其美學價值與表現特點，被藝術家、藝術理論家們不斷揭示，中國印章逐漸與水墨畫（國畫）、書法成爲鼎足而三的中華民族藝術重要形式。元明之後，印章藝術逐漸被東亞地區所接受，在日本、韓國、朝鮮、新加坡等國家亦成爲一種具有東方特色的藝術門類，這種勢頭，有向世界其他地區傳播的趨勢，這是中國璽印文化對世界藝術苑圃的貢獻之一。

古代璽印上不同的文句，私印中的名、字、號，在不同程度上以直接或間接的方式反映了一定歷史時期的社會意識形態，一定歷史時期的漢語言文學，它們不僅是社會學的重要遺産，也是民俗學與美學、文學的重要遺産。

中國古代璽印的社會涵蓋面是何其寬闊！應用璽印資料研究中國通史或各類專門史，其潛力又是何其巨大！參考古代璽印進行現代藝術創作，其作用又是多麽獨特！誠然，印章的雕刻、使用及其功能隨着時代的演進而有所變化，有些因素會隨着時光的流逝而消亡，也有些因素會隨着時光的流轉而加强。但時至今日，中國印章的運用，其日用的和藝術的影響仍舊無處不在，印章依然是中華民族文化與藝術的重要證物。

二　考古學與古璽印文化

考古學是以田野發現、發掘並研究古代實物遺存，借以研究人類社會歷史文化藝術的學科。公元前四世紀時，古希臘哲學家柏拉圖使用西文“archaeology”一詞表達“古代的學問”之意，大約從公元十七世紀開始，一些學者在搜集古物的同時，也開始了有目的面向田野的挖掘和研究工作，人們逐漸將這種活動稱爲考古學（archaeology），以與古器物學（antiquarianism）相區別，但直到十九世紀中葉，“考古學”作爲一門科學才在西方通行起來，並且逐漸形成了獨有的學科方法與學科理論。1819年，丹麥皇家博物館館長湯姆森提出了史前時代研究的“三期論”（即：石器時代、銅器時代和鐵器時代三個時期），開創了與文獻史學研究不同的考古學的史學語言。1866年，第一次“人類學和史前考古學國際會議”在瑞士召開，成爲考古學作爲一門科學在國際學術界得到廣泛承認的重要標志。

在中國北宋時期的金石學研究中，出現了“考古”一詞。當時著名的金石學家吕大臨在宋哲宗元祐七年（1092）還曾編撰《考古圖》一書。但是在古代中國，“考古”一詞與“集古”、“博古”一樣，它包括文物群體的考察，也不排斥單件文物的研究。雖然在研究對象和收獲的資料方面，金石學與近代考古學有着不少的相近相通相似之處，但都只是對古器物的搜集與研究，一般來説是脱離近現代考古學所必備的“田野作業”的，實際上還是一種古器物學。這門淵源邃古、成熟于宋代的中國“金石學”，應當是“中國文物學”的源頭，而與近現代考古學並没有多少關係。

以田野調查、發掘爲基礎的近現代考古學,並不原産于中國本土。在中國,隨着"西學東漸"思潮日熾,尤其在西方列强以堅船利炮打開"中央王國"大門之後,起源于歐洲的近現代考古學方才進入中國學者的研究視野,並且在二十世紀初葉由外國人和中國人一起,在中國開始了近現代考古學實踐。在二十世紀直到二十一世紀前十餘年,無論是對于中國的史前文化(從舊石器時代文化到新石器時代文化,即有文字記録歷史之前的文化)、青銅時代文化(從新石器時代晚期到所謂的"夏商周"時代),還是對于古代中國自東周以後的各個時代的物質文化,對于古代中國城址、建築、墓葬、農業、手工業、金屬、陶瓷、玉石、漆木、藝術、文字等等衆多領域的探索研究,都離不開現代考古學重要的奉獻與往往是決定性的介入。近現代考古學大大豐富了對中國古代文明的認識;同時,在近一個世紀的實踐中,逐漸形成了具有中國本土特色的中國考古學學派。這個學派長期以來以歷史唯物主義作爲指導,面對漫長而具有豐富文獻記載的中國歷史,往往以"證經補史"爲己任,在進入二十一世紀之後,這個學派會面向世界作出一些改觀,更注意考古學本身對人類生態的關注。考古學對于古代璽印遺存、中國璽印文化和藝術的研究,同樣也起着非常重要的作用。

(一)存世古代璽印的來源

中國古代璽印經過海内外公家和私人的長期收藏,至今已知的存世數量有數萬枚之巨,它們絶大多數都屬于廣義的"出土物"範疇。以往的收藏者、研究者在發布的璽印集譜及相關研究專著中,很少有人系統地討論古璽印資料的來源。羅福頤先生獨具慧眼,在他的傳世力作《古璽印概論》中專門設有一章,對中國傳世古代璽印的由來進行探討。筆者膺服羅老先生的這一研究成果，謹簡述于下，並在整理中對有關意見稍加增損。

幾乎所有存世的中國古代璽印可以分成兩大部分：一部分是實用印部分，即在實際生活中的公用、私用或者爲其他用途而製作的璽印，這一部分的印章理論上應當占古璽印中的絶大多數，但是，由于種種原因造成實物的失滅，在目前存世收藏的古璽印中，它們並不占多數。第二部分是隨葬璽印部分，即古代人去世之後，由他的親屬或與他相關的某一機構附葬入其廬墓的相關印章，又稱爲“殉葬印”、“陪葬印”、“密印”，據目前資料可知，這在秦漢之後成爲一種喪葬制度。羅福頤先生在所編《秦漢南北朝官印徵存》的前言部分，有這樣的一段論述：“自來集古官印者，莫不以傳世官印均經古人佩用。今據所知，其實傳世者皆明器、殉葬物爾。”此論的確是從來聞所未聞，驚世駭俗。筆者認爲，雖然此論過于肯定傳世者（印章）皆爲殉葬物，産生了計量上的些微偏頗，但羅福頤先生對存世古代璽印中隨葬印部分的數量比例估計，還是具有一定的道理，值得人們認真考慮。

存世的中國古代實用印的由來，大致可以分爲以下幾種情況，此外再介紹一些重要的用印遺物的一些存世狀況，如泥封、印陶文、烙印文等。

1. 職官解印綬

在中國歷史上，各個朝代但凡職官“遷、死必解印綬”。較早的文獻記載見于《韓非子·外儲説左下》中：“梁車新爲鄴令，其姊往看之，暮而後至，閉門，因踰郭而入，車遂刖其足。趙成侯以爲不慈，奪之璽而免之令。”司馬遷在《史記·張耳陳餘列傳》中曾記載道：“陳餘怒曰：‘不意君之望臣深也，豈以臣爲重去將哉？’乃脱解印綬，推予張耳。……張耳乃佩其印,收其麾下。”又如《漢書·霍光傳》記載廢除昌邑王一事時説:“(霍光)乃執其手,解脱其璽組,奉上太后,扶王下殿。”

歷代史籍文獻中之“解印綬”、“收璽”、“奪璽”、“奪印”等詞句,經常被用來代指官吏被罷官或棄官。各個朝代的實用印中,部分應當爲其遺存。

2. 未及頒發而窖藏之印

有些朝代的某些印章,因爲某些原因(例如軍情急迫)而未及頒發,即因某種變故窖藏于地下。近年來,在河南、陝西、山東、河北等省均出土了不少東漢和三國時期各級軍旅用印的窖藏,有的藏印窖中所藏之印竟達八百餘枚。在西安出土的金代枯井窖藏中,存印亦達數百枚。這些印大部分未曾使用過。據推斷,當爲未及頒發直接埋入地下者。

3. 戰争虜獲上繳之印

在一些朝代,曾經對部隊俘獲的管理進行規定,其中但凡“戰役中虜獲印章必上繳”。《史記·樊酈滕灌列傳》記載:“夏侯嬰復常奉車從擊趙賁軍開封,楊熊軍曲遇。嬰從捕虜六十八人,降卒八百五十人,得印一匱。”又《太平御覽》引《東觀漢記》中的記載:“段熲上書曰:‘掠得羌侯君長金印三十一,錫印一枚,皆簿入。’”可見,在戰争中虜獲的敵方印章必須登記上繳,在漢代時便已形成了一套具體的管理辦法。

4. 戰場殉職者之遺物

各地都有一些古代璽印零星出土,它們並非出自墓葬,而其中便有一部分是“官印有爲戰争中殉職者遺物”。對于這一點,宋代學者沈括已經在《夢溪筆談》中有所提及:“今人于地中得古印章,多是軍中官。古之佩章,罷免遷死皆上印綬,得以印綬葬者極稀,土中所得,多是没于行陣者。”沈括提及的這種情形至今仍然能够發現,各地頻繁出土的各種漢魏晋時期的下級軍官印章,往往是捐軀沙場者的遺物。這些在當時都是實用印章,羅老在發表前段意見時,即“其傳世印章者皆明器、殉葬物爾”,可能忽略了這一情况的存在。

5. 戰敗流亡官員遺棄之印

零星出土的非墓葬璽印中,還有一些是“官印有爲戰敗流亡者所遺棄”。《宋史·輿服志》中曾記載:“南渡之後,有司印記多亡失,彼遺此得,各自收用。尚方重鑄給之,加‘行在’二字,或冠年號以别新舊,然欺僞猶未能革,……州縣沿循,以縣佐而用東南將印,以掾曹而用司寇舊章。”

多年以來,出土的兩宋、金、元數朝的公印頗多。這些公印全都屬于實用印,它們常常是戰敗流亡的官員遺棄之物。近幾十年來,多枚太平天國用印重新被發現,這些印章往往使用絹包藏匿,也應屬于這一種情况。

6. 古遺址遺留之印

由于可知與已不可知的歷史事件,由于天災人禍,往往會出現一些繁華的古城鎮驟然衰落甚至消亡。在這種情形下,一些當時社會生活中的實用印章因爲疏忽丢失而遺落下來,還有一些屬于來不及去收拾而遺留下來的。近年來,在一些古城鎮、古政治工商中心遺址中,出土了一些古代璽印,有公印,也有私印,便是證明。

7. 頒發後不慎遺落之印

在古代璽印中,還有頒賜後因某種原因而遺落的現象存在。《後漢書·東夷列傳·倭》記載:中元二年(57),東夷倭奴國奉貢朝賀,“光武賜以印綬”。這應當就是在日本九州志賀島所發現的“漢委奴國王”金璽。至于它爲何遺落在志賀島的海濱,人們討論至今尚無定論,而對它存世的推測,僅日本研究者就有十幾種學説,其中一説即爲“不慎遺落之”。

8. 處理過的廢棄公印

唐代以來便有處理廢印的有關文獻記載,這成爲一種制度規定。宋代學者宋敏求在《春明退朝録》中對此曾作如下記録:“予治平初,同判尚書禮部,掌諸處納到廢印極多,率皆無用。按唐舊説,禮部郎中掌省中文翰,謂之南宫舍人,百日内須知制誥,王元之《與宋給事》(原詩名《贈禮部宋員外閣老》)詩云:‘須知百日掌絲綸。’又謂員外郎爲瑞錦窠。員外郎廳前有大石,諸州府送到廢印,皆于石上碎之。……令狐楚元和初任禮部員外郎,有詩曰:‘移石幾回敲廢印,開箱何處送新圖’是也。今之廢印,宜準故事碎之。”這一段記載兼述了唐、宋兩代廢棄公印的處理情形。正因爲用石敲碎的關係,唐、宋兩代的高級公印存世很少,即便所謂“廢印”之遺也没有發現。

明清兩代,廢印的處理辦法相對簡單一些,有的在印面上加鑿“×”形深痕,有的則切去一角或兩角,以示不再行用。這一廢印辦法行用至近現代。

9. 宗教寺觀用印

在我國現存的一些釋寺、道觀中,常收藏有元、明、清、民國各個時期,自中央到地方各級政府頒發或有關宗教機構鑄造的印章。這些印章中,有的反映宗教機構的設置,有的則爲宗教教義或符籙,還有的爲祈福等内容。這一類印章大多由宗教人員妥善保管,保存較好。在一些香火旺盛的著名古刹臺觀,至今仍然有以這些古代印章加蓋于信徒進香袋、服飾等物件上的舉動,有些甚至發展爲定期舉行的儀式。

10. 泥封

從東周直至唐代的泥封遺存,絶大部分是被封物體如簡牘、財貨等開拆之後,作爲垃圾被丢棄于窖穴灰坑之中,這種窖穴灰坑是田野考古作業的重要對象。有的被丢棄的泥封則和已閱讀過的廢棄簡牘一同焚燒,因此造成了很多泥封“半陶”似的經火的質感。少部分泥封出自廬墓,還拴系于隨葬物品之上。另有部分泥封連同封泥匣出土于西北烽燧障塞。近年還有秦漢泥封出土于水井之中,附于所藏的簡牘之側。

11. 印陶文

陶文即在陶器上表現的文字,分爲書寫陶文、刻劃陶文與抑印陶文,與璽印文化有關的是抑印陶文,它們主要見于各種性質的古代遺址的陶片、磚瓦上,也有一部分見于廬墓中隨葬的陶器之上。這些印陶文字,常常作爲古遺址、古墓葬時代與性質的證物。瓦當文字、磚文有不少也是反向地由文字印模抑印在瓦當、磚上,它們與印陶文字的基本區别在于:瓦當、磚文一般是整體抑印,印模大于瓦當、磚體,文字爲整體性表現;而印陶文字的抑印明顯小于陶質器物,文字在陶器上爲局部的表現。

12. 烙印及其他

從東周以來,除了部分烙木、烙漆、鏨戳、倉米等所用印章實物出土,在棺槨、木器、漆器、金銀器(包括貨幣)、銅鉛器上也留下了用印的痕迹,從多方面見證了古璽印的用途。這些遺物和遺迹多見于古遺址與古墓葬。

中國歷代實用璽印、隨葬璽印的存世原因,應當不止以上所述的這十餘種,這方面還有待考古工作者、璽印的收藏者、研究者結合古代文獻資料的相關記載與考古發現進行更加深入的探求。這十餘項之中以及其他用印痕迹的許多方面，在未進行正式考古工作的時期和場合，中國古代印章可以作爲金石學、文物學的收獲。但是，在系統的或非系統的考古工作開始出現之後，它們的出土實際屬于考古學的收獲。

（二）考古學收獲的璽印文化新資料

中國古代璽印資料的考古出土，可分爲墓葬出土、遺址出土和零星出土這三種基本情況。墓葬出土相對單純，有棺椁内、棺椁外、墓道内、封土内等情形；遺址出土則比較複雜，建築室内外、窖穴灰坑、一般地層等等都可能出土；零星出土則往往不太容易説得清楚了，考古調查所得一般也屬于零星出土。考古出土的古代璽印資料，可分爲璽印本體和璽印的使用遺迹遺物（包括抑印陶文、泥封、抑印模範、烙印、鈐印等等）。下面，按有關時代，就出土情況簡略地加以叙述，璽印及使用遺迹遺物的分類和分期等問題本章暫不討論。在叙述中，少許介紹相關新的研究意見。

1. 三代時期

目前，還没有看到相當于所謂“夏代”時期，亦即考古學上“夏文化”墓葬、遺址出土璽印的報道。商代已有璽印在河南安陽等地的遺址和墓葬出土，璽印抑蓋的陶片在河南、江西等遺址有出土。西周時期在陝西澄城縣、周原、長江流域一些墓葬和遺址有璽印出土，璽印抑蓋的陶片在一些遺址可以見到。少量西周青銅器上，見到可能是類似單字璽印打在模範上，再鑄爲銘文的現象。至于山東出土的一枚報道爲商周時期的泥封，造成的方法與文字的確比較古老，筆者認爲可能是西周末到東周初期的遺物。

已發掘商周時期墓葬中，已見到有隨葬璽印的現象。如安陽殷墟婦好墓所出的龍鈕石印(原報告爲“器蓋”),安陽殷墟墓葬、窖穴還出土了銅質文字璽印、文字與圖形合出璽。陝西渭南市澄城縣西周初期墓新出的龍鈕玉印等,但此時是否已經有了比較成熟的印章隨葬制度,還不能給予肯定的回答。

2. 東周時期

東周時期古遺址中,尤其在列國都城和較大城址,見到較大量用璽印抑蓋的陶片,及少量散落的璽印。在山東發現了一個藏有專門徵稅用烙木印的窖藏,這是目前所見最早的、集中的璽印埋藏。在楚墓的木椁上,見到烙印痕迹。在楚墓隨葬的絲帛上,見到最早的用朱色鈐蓋痕迹。在楚國新蔡城址中,出土大量的主要用于經濟商貿活動的泥封。一些東周青銅器上,明確看見璽印打在模範上,再鑄爲銘文的現象。

據傳出土于山西風陵渡春秋墓的魚紋畫印是目前少見的春秋時代隨葬印,它具有事關畫印發展與隨葬璽印制度發展的雙重意義。戰國時期,已有少量璽印用于隨葬,主要見于楚國、秦國和古蜀地區的墓葬中,以戰國晚期居多,多爲私印和畫印等。從墓葬中的隨葬印情況來看,此時應當尚未普遍地形成完整的用印制度規定及以印隨葬的習俗,或者説用璽印隨葬的制度正處于萌芽狀態之中。

中國古代璽印的基本用法,如抑陶、抑泥封、鈐朱、烙現、製範等等,在東周時期考古資料中都可以見到。東周時期的璽印有明顯的地域區分。

3. 秦漢至魏晉南北朝時期

秦漢時期在首都及郡縣級城市中,普遍出土了印章抑蓋的陶片,出土少量散落的印章和數量不等的泥封(秦泥封時代跨戰國秦國與統一秦朝這兩段),烙現、製範、鏨戳等用印的遺物出土也不鮮見。對于印文陶片和泥封,見到"灰坑"式的集中、大量地埋藏。東漢時期,見到軍旅用印的集中窖藏,有的窖内所藏數量也比較大。有的遺址出土有約束泥封的木質或銅質封泥匣、盛放泥封用泥的封泥筒。在一些遺址中出土的竹簡或木牘上,還有關于印章、泥封、印匣、封緘、印衣等等的明確記載。

秦漢時期,從帝陵到一般級别的墓葬均發現有隨葬印章。這一時期用璽印隨葬的情況相當複雜,隨葬印私印較多、公印較少。三國兩晋南北朝時期,隨葬印章數量有所下降。兩漢時,文獻記載有賜葬"東園秘器"的制度,賜葬印章是等同于"東園秘器"的。《後漢書·王允傳》記載:王允死後,"帝思允忠節,使改殯葬之。……賜東園秘器,贈以本官印綬"。從考古發現來看,"皇后之璽"、"廣陵王璽"等等隨葬印的發現,説明當時將此類印章置于墓葬之中或墓祭之處是符合制度規定的。

陝西西安北郊包括秦朝統一前後的數以萬計的泥封集中發現以及所處地層的正確認定,廣州南越王墓印章、泥封群("群"指多枚印章或泥封在一個考古學單位中出土)的發現,陝西西漢景帝陽陵隨葬坑及陽陵邑印章、泥封群的發現,河北滿城西漢中山王墓印章、泥封群的發現,山西朔州從東周後期到秦漢時期遺址與墓葬大量印章的出土,江蘇徐州兩漢諸侯王陵隨葬印章、泥封群的發現,安徽固鎮古城遺址從東周楚國到秦、西漢、新莽、東漢印章、泥封群的發現,河南洛陽秦漢墓地印章群的發現,山東臨淄劉家寨西漢早中期大批泥封的發現,江西西漢海昏侯墓中多枚印章的發現,河南漢函谷關遺址泥封群的發現,河南漢汝南郡遺址秦漢印章、泥封群的發現……簡直就是打開了一座座地下古代璽印博物館。

研究者們一般認爲,墓葬中隨葬印與墓主人有直接關係,有的甚或即爲墓主人本人所用。對于這種認識已由考古出土的複雜情況而産生了挑戰,如徐州兩漢諸侯王陵出土,即是當時王國轄地下屬官吏之印章或泥封;又如廣東、陝西出土雙面印,有的姓、名皆不一致,顯然表示是兩個人,可能爲墓主人驅使地下奴婢僕役的身份象徵(有點類似用俑隨葬);洛陽出土著名"卜千秋"印,似與禳灾驅疫有關,不一定是墓主人的名字。陝西西漢高祖長陵附近出土"皇后之壐",玉壐本身的製作時代當爲西漢中期,它是爲先妣吕后所製,是廟薦之物,這些也都提供了新的資料。

隨葬的印章中,有的製作極爲整飭,也有的鐫刻極爲隨便,如湖南出土的大量秦漢時期隨葬印,表現了中原和邊遠地區的地域審美習俗的區别。但是,無論整飭還是簡率,無論公印還是私印,這些隨葬印與當時的實用壐印都應當有一定的區别。在陝西咸陽西漢景帝陽陵陪葬坑中,出土的各級公印,均爲實用印中的三分之一大小,與兵俑、官吏俑約當生人三分之一大小比例一致,這也是對一種隨葬用印制度的新認識。

秦漢至南北朝的殉葬印章在數量上很多,但對它們與實用印的具體區别研究却顯得比較缺乏。

4. 隋唐五代時期

從隋唐時代開始,帝王、藩王、親王等級别及他們的配偶,都有以"謚寶"隨葬的制度。目前見到較早的隨葬"謚寶"實例當屬陝西省唐齊陵中出土的石質帝后謚寶各一方,以及四川省五代前蜀王建永陵出土的龍鈕石質"高祖神武聖文孝德明惠皇帝謚寶",這一制度沿用至明清時期。隋唐時期出土的公印實物並不是很多,可是在西北地區出土紙質文書之上,見到爲數不少的實用公印用朱色鈐蓋的資料,這也是影響深遠的作法。

隋唐遺址中出土一些陶質磚瓦印章,單面或雙面鐫刻有公印内容,其用法有隨葬品、試用品、代用品、玩弄品等多種意見,但都不能令人信服,這個問題還在探討之中。隋唐私印出土過少,其原因也在探討之中。

5. 宋遼金元時期

據《宋史·輿服志》記載:元豐六年(1083)“詔自今臣僚所授印,亡殁並賜隨葬。不即隨葬,因而行用者,論如律”。文中所謂“亡殁者”,應當指在職守時去世的官吏而言,即可以用實用印陪葬,但相關的實物例證並不多。近年在湖南出土的“宋丞相忠定趙周王印”,和兩宋時期的公印風格有較大的差别,當爲民國時期墓主的後人鐫製置入,而非宋印。兩宋時墓葬内考古出土的私印比隋唐五代時大爲增加。

宋遼金元時期遺址出土公印數量較多,從現象分析,既有戰争流落,也有未頒公印的有意識埋藏。

這一時期遺址出土或零星發現的押印數量大爲增加,形式多種多樣。使用押印的痕迹也在文書上、貨幣上,甚至建築材料上多有發現。

6. 明清時期

按照中國考古學的學科習慣,明清時期的遺物遺迹已不在考古學關注範圍之内。明清時期不少私人隨葬印章已經屬于流派藝術印章的範疇。在北京明十三陵及各地出土的帝后及藩王隨葬謚寶,是對早年制度的繼承。

前面,簡略地回顧了中國歷代璽印出土的一些具有典型意義的情況。隨葬是目前存世收藏古代璽印本體來源的大宗,學術界需要着重探討的是璽印隨葬制度的形成、發展和流變,以及隨葬的印章品類的具休分析。有一種説法認爲，從歷史價值來看，隨葬璽印遠不如實用璽印，這種説法是片面的。當實用璽印存世並不太多的時候，隨葬璽印便顯現出其重要的文獻資料價值，隨葬印章制度是世間用印制度的一種折射反映，此對實用印資料不足時一種可信的必要補充。此外，如果專門研究墓葬文化、古代喪葬制度，則這些隨葬璽印將成爲研究的重要對象之一，發揮着實用璽印所無法替代的作用。還有一種説法認爲，隨葬璽印的藝術價值相當低劣，這種説法就更不正確了，雖然確實有一部分隨葬璽印製作低劣，但其中還是有不少製作精良者存在；而且，從存世的印章來看，實用印章，尤其是公用印，往往失之嚴正，正是大量的隨葬私用璽印的出土，充分反映了各時代印章的個性化的藝術風格，即便是一些急于附葬的作品，也在不經意間顯示了率性急切之個性化審美。

除了上述各種璽印實體在遺址、墓葬出土外，還有一些特殊的情況存在。陝西、山東、河南等省都曾經出土窖藏古代璽印，數量較大，這種集中收藏的歷史原因，本身就值得深入探討，有的甚至可以追索至具體埋葬印章事件的原因與結果。還有一些從窖藏璽印的存世時代來看，同一窖藏的璽印文物從先秦到明清時代均有，真品和後代仿製品共存，内涵並不單純，這很可能是清代或更晚的璽印收藏者所掩埋的遺物，這與考古學經常處理的時代較爲單一的窖藏有明顯區别。

除了璽印本體之外，中國古代的用印遺迹、遺痕也有大量出土。有的是璽印應用的直接遺迹，如泥封；有的是借助其他器物而形成的遺痕，如制範鑄造、磚瓦印文、印陶、烙竹木、烙漆器、鈐絹帛、鈐印紙本文書等等。這些都是屬于中國古代璽印文化的重要收獲。這些遺迹、遺痕，雖有出自遺址與出自墓葬的區别，但它們幾乎都是實用印章的使用遺痕。

(三)考古學對傳世璽印的鑒定確認作用

在近現代考古學傳入中國之前,中國的公私收藏者們已經擁有數以萬計的古璽印資料,長期以來,研究者們是非常重視這些古璽印資料的歷史價值和藝術價值的。人們利用文獻記載、歷史知識、職官地理、文字風格,試圖努力對它們進行分析判斷,並取得了一定的成就。但是,人們往往很難精確地指認這些古璽印資料的時代、用途、用法,甚至造成一定的錯認、誤認。在宋代、清代有人有意識地對古璽印仿製或作僞之後,收藏者們面對刻意作僞的印章資料,往往陷于更多迷茫之中。

在近現代考古學實踐發揮了作用之後,上述的狀況得到了根本的改觀。考古學面對田野、遺址、陵墓、窖藏、灰坑等等的發掘,利用地層學、器物形態學和區域文化的系統研究,使人們可以把握包括古璽印在内的古代器物出土的具體地層和具體位置,這些具體地層和具體位置凝固了有關遺物所存在的時間和空間的信息,因此可以對它們比較準確地進行斷代研究和功用的判定。以出土中國古璽印爲例,目前,已經能够辨認殷商和西周時代的部分璽印,已經能够比較清楚地分清東周時代(主要是戰國時代)璽印的國别地域,已經能够比較清楚地分清秦、西漢早中晚、新莽、東漢早晚印章的具體時代的特徵區别,已經能够比較清楚地分清魏晋南北朝印章的地域差異和時代區别,已經能够比較清楚地分清隋唐及之後各個時代、政權印章的時代區别和等級區分。這樣,不僅對中國古璽印的辨僞鑒定顯得比過去容易和明確多了,更是進一步深入認識把握了古璽印在具體時期、具體用法上的許多細節問題,使其文獻價值得以進一步提高。

考古學的貢獻之一,在于把科學地出土的典型遺物,視爲社會物質歷史發展的“典型器”即“標準器”,再以此來考察比對數以萬計的非考古出土資料(一般稱爲“傳世品”“傳世文物”),確認“傳世品”的真僞、時代、地域甚至作用。同樣,對于中國古璽印文化總體的建築,考古學提供的“標準器”就起着不可替代的基礎性的參照比對作用。考古學把散見的數萬古璽印資料,在去僞存真之後,由一般的古董收藏品,連綴成一個文化的整體,升華到了可信的歷史文獻以及可靠的藝術史料的地位,升華到了重建中國傳統文化不可或缺的材料的地位。至于具體的鑒定與辨僞例證,本書第貳章有“古代印章的鑒定”一節專門討論。

(四)考古學對璽印文化研究的貢獻

1. 印譜著録

中國古代璽印文物的傳承方式,大致不外以下幾種:實物收藏、打本鈐印、墨拓、圖像與照片的描繪,以及包括作僞在内的種種“複製”“仿製”。作爲中國璽印文化,有一種特殊的著録方式,這就是從北宋時發展起來的印譜,這是一種特殊的古文獻形式與古藝術品載體,是中華文化藝術所獨有的創制。中國的印譜分爲集古印譜、藝術流派印譜和集藏印譜,集古印譜中的著録應當和出土有關(包括早期出土而後來視爲“傳世品”的印章);藝術流派印譜爲藝術家(印人)的作品集,它們和考古學出土基本無關;集藏印譜比較複雜,其中有出土物,也有藝術流派印,反映了公、私集藏者的印章收藏品内涵。這裏不討論藝術流派印譜,對于集藏印譜則祇討論其中有關古代印章部分。

從北宋到元代,印譜基本上是以摹繪板刻的形式存在,可能曾有鈐本存世,但今天無從得見。其中,宋元的某些著録原本已然不存,現存世者多屬于後來的摹刻本。如此一摹再摹，轉刻多次，其所録古代印章形貌的失真是難免的，學術價值、藝術價值自然都打了不少折扣。從明代隆慶五年（1571年）顧從德編著的《集古印譜》以後，中國印譜逐漸走上了以鈐印打本爲依據的道路，若古代遺傳的璽印是真品無疑，印譜的學術價值與藝術價值便很高。問題在于，從顧氏《集古印譜》到《十鐘山房印舉》，其間或多或少地摻入了僞印（至于印的作僞，在另一節討論），于是，筆者在對以往集古印譜、集藏印譜進行評價時，認爲"無譜不僞"。

這裏要簡單介紹一下印譜鉅製《十鐘山房印舉》，這是大金石學家、大收藏家、萬印樓及十鐘山房主人陳介祺于清同治十一年（1873年）以自藏古印肇始，又合集何昆玉吉金齋、潘有爲看篆樓、葉志銑平安館、李璋煜愛吾鼎齋、吴大澂十六金符齋、吴式芬雙虞壺齋、吴雲二百蘭亭齋、李佐賢石泉書屋、鮑康臆園等多家收藏而編成的一部空前龐大的古印譜，到光緒九年（1883年）定稿，有二十八册本、五十册本、一百九十一册本與一百九十四册本等多種卷帙，收古璽印達到一萬零二百八十四枚。這是自宋以來最大的一部集古印譜，豐富精當，前無古人是舊式集譜的代表性終結者（當然其間也有少量僞品羼入）。《十鐘山房印舉》與相近時代（直到民國時期）的多部印譜中，有同一印章鈐印于多部印譜的現象。以《十鐘山房印舉》劃界，之後的集古印譜，特别是二十世紀七十年代之後出版的印譜，大多著録了近現代出土（包括考古出土和零星出土）資料，只有少數幾種還沿襲舊制。應當指出，近三十種考古學、文物學報刊雜志中，數以百計的考古學報告和文物圖録中也或多或少地披露過新出土的古代璽印。下面，筆者簡單列舉輯入印譜的有關資料。有的印譜出版已進入二十一世紀，但所取資料仍然是二十世紀的收獲。有關印譜粗略地分一分，可有如下幾類。

（1）綜合性印譜

羅福頤《古璽彙編》（文物出版社，1981年），王人聰《新出歷代璽印集録》（香港中文大學文物館，1982年），王人聰《新出歷代璽印集釋》（香港中文大學文物館，1987年），《中國美術全集·書法篆刻》（上海人民美術出版社，1989年），蕭高洪等《中國歷代璽印精品博覽》（江西人民出版社，1995年），《中國璽印篆刻全集》（上海書畫出版社，1997年），黄惇《中國歷代印風系列》（關于非藝術流派印章的若干卷）（重慶出版社，1999年），周曉陸《二十世紀出土璽印集成》（中華書局，2010年），等等。

（2）按出土地、收藏者集譜

《上海博物館藏印選》（上海書畫出版社，1979年），《黑龍江古代官印集》（黑龍江人民出版社，1981年），《故宫博物院藏印選》（文物出版社，1982年），《周叔弢先生捐獻璽印選》（集中收藏于天津博物館）（天津人民美術出版社，1984年），《吉林大學藏古璽印選》（文物出版社，1987年），蕭明華《雲南少數民族官印集》（雲南民族出版社，1989年），王翰章《陝西出土歷代璽印選編》（三秦出版社，1990年），歐朝貴等《西藏歷代藏印》（西藏人民出版社，1991年），《湖南省博物館藏古璽印集》（上海書店出版社，1991年），張英等《吉林出土古代官印》（文物出版社，1992年），王翰章《陝西出土歷代璽印續編》（三秦出版社，1993年），曹錦炎《黄賓虹古璽印釋文選》（集中收藏于浙江省博物館）（上海書畫出版社，1995年），《天津市藝術博物館藏古璽印選》（文物出版社，1997年），賴非《山東新出土古璽印》（齊魯書社，1998年），王綿厚、郭守信《遼海印信圖録》（遼海出版社，2000年），錢浚、吴慧虞《常熟博物館藏印集》(人民美術出版社,2002年),《南京市博物館藏印選》(上海書店出版社, 2005年),《陝西新出土古代璽印》(上海書店出版社, 2005年),等等。

(3)專題性集譜

羅福頤等《西夏官印彙考》(寧夏人民出版社, 1982年),康殷《古圖形璽印彙》(河北美術出版社, 1983年),葉其峰《故宮博物院藏肖形印選》(文物出版社, 1984年),羅福頤《秦漢南北朝官印徵存》(文物出版社, 1987年),韓天衡《秦漢鳥蟲篆印選》(上海書店出版社, 1987年),高明《古陶文彙編》(其中有抑印陶文)(中華書局, 1990年),景愛《金代官印集》(文物出版社, 1991年),康殷《古圖形璽印彙續集》(河北美術出版社, 1991年),孫慰祖《古封泥集成》(上海書店出版社, 1994年),施元亮《花押印匯》(上海書畫出版社, 1995年),温廷寬《中國肖形印大全》(山西古籍出版社, 1995年),高文、高成剛《巴蜀銅印》(上海書店出版社, 1998年),周曉陸、路東之《秦封泥集》(三秦出版社, 2000年),莊新興《戰國璽印分域編》(上海書店出版社, 2001年),孫慰祖《唐宋元私印押記集存》(上海書店出版社, 2001年),周曉陸《元押》(江蘇美術出版社, 2001年),徐暢《古璽印圖典》(天津人民美術出版社, 2016年),馬驥《新出新莽封泥選》(西泠印社, 2016年),施謝捷《新見古代玉印選續》(藝文書院, 2017年),張小東、張加《戎壹軒藏三晋古璽》(西泠印社, 2017年),陳端江《新見漢印集萃》(山東美術出版社, 2017年),汪自力、王鈞、孫惠民《民間藏歷代押印圖録》(九州出版社, 2017年),等等。

(4)當代收藏家的部分集譜

從宋代以後,尤其是明清兩代直到民國初葉,個人藏印及輯譜是古代璽印乃至金石學研究的重要方面和一種重要著録形式,其間披露了衆多的歷史、藝術價值很高的資料。可惜自二十世紀中期以來,中國的個人文物收藏變爲無形的禁區,個人的金石文物著録幾乎成爲不可能,其中當然也包括不可能再進行璽印的收藏和著録。二十世紀後期,改革開放以後,這一狀况有了根本的轉變。中國古代璽印因爲其體量比較小,其藝術價值和歷史價值比較突出,所以可以稱得上是在復蘇了的中國現當代文物收藏隊伍當中異軍突起,頗爲活躍,凸顯特色的收藏。

廣義的印章收藏可以分爲:①新見到、獲得的古代印章的收藏與輯譜;②舊譜當中所見的印章再收藏、再輯譜;③藝術流派印章收藏與輯譜(包括輯譜者本人的篆刻作品);④古代璽印與流派藝術印章收藏的混合譜録;⑤其他藏家藏印的借用集譜,或者數位藏家的合作集譜;⑥古璽印打製的藝術扇屏;等等。整個情況相當複雜,目前也缺乏全面的、科學的梳理。從提供新的古璽印學資料角度來看,當然是第一類譜録和第四、五、六類譜録中的某些新的資料更值得關注。這些印章有的已存世百年以上,有的是近些年由收藏家得自于公開的市場和收藏家之間的交换,它們的最初來源,例如是出自廬墓還是出自古遺址,實在是不容易弄清楚了,從資料完整的價值來看,屬于是"下科學的考古收獲一等"吧,但是仍然不容忽視。收藏家們殫精竭慮,節衣縮食,爲保護這批民族文化遺産所作出的貢獻,以及將學術視爲公器,不藏不匿,將其公諸天下的胸襟,實在是功莫大焉,實在是考古學、文物學、印章學、文字學之幸。下面依出版年代先後列舉部分收藏家和他們的輯譜(含泥封)。

①個人或一家藏印所輯

楊廣泰《宋元古印輯存》(文物出版社,1995年),楊廣泰《中國古璽印新編》(原鈐本,八册,1996年),蕭春源《珍秦齋藏印·秦印篇》(臨時澳門市政廳文化康樂部,2000年),蕭春源《珍秦齋藏印·戰國篇》(澳門基金會出版,2001年),牟日易《古代鉥印輯存》(香港集古齋出版,2001年),楊廣泰《歷代璽印集存》(文雅堂,2002年),楊廣泰《秋林館藏印》(文雅堂,2002年),蕭春源《方寸乾坤——珍秦齋藏歷代璽印精品集》(人民美術出版社,2004年),許雄志《鑒印山房藏古璽印菁華》(河北美術出版社,2006年),程訓義《中國古印·程訓義古璽印集存》(河北美術出版社,2007年2月),孫家潭《大風堂古印舉》(西泠印社,2009年),劉金葆《聚異堂印存》(傳拓本,2010年),伊葆力《瑞宇軒藏印》(爲王建宇藏品,黑龍江科學技術出版社,2012年),趙熊《風過耳堂秦印輯録》(中國書店,2012年),黄玉希《禾德堂印留》(藝文書院,2012年),李廣《漢唐閣藏古璽印譜》(藝文書院,2013年),周建亞《甘露堂藏戰國箴言璽》(文物出版社,2013年),周建亞《鉥泉堂古印譜》(原鈐本,二册,文雅堂,2015年),《響庵古璽印存》(文雅堂,2015),李廣《漢唐閣藏古璽印譜》(藝文書院,2015年),張小東《戎壹軒秦印匯》(原鈐本,八册,文雅堂,2015年),黄惇《風齋藏南宋瓷印》(西泠印社,2015年),吴硯君《倚石山房藏戰國古鉥》(原鈐本,附墨拓,四册,文雅堂,2016年),文雅堂《文雅堂輯秦印》(原鈐本,二册,文雅堂,2016年),張小東《戎壹軒藏戰國璽選粹》(文雅堂,2016年),王劍《洛泉軒藏古璽印》(文雅堂,2016年),許雄志《鑒印山房藏戰國秦漢官印百品》(原拓本,二册,文雅堂,2016年),李鳳龍《不遠復齋古璽印輯存》(平湖璽印篆刻博物館,2017年),許雄志《鑒印山房新獲古璽印選》(河南美術出版社,2017年),施謝捷、王凱、王俊亞《洛泉軒集古璽印選萃》(藝文書院,2017年),等等。

②泥封譜録

文雅堂《相家巷出土秦封泥百品》（原拓本，兩册，文雅堂輯拓，2000年），路東之《古陶文明博物館新獲瓦當封泥掇英》（原拓本，一册，古陶文明博物館、文雅堂輯拓，2001年），文雅堂《原拓新出秦封泥》（原拓本，十四册，文雅堂，2001年），路東之《古陶文明博物館藏戰國封泥》（原拓本，兩册，古陶文明博物館、文雅堂，2003年），文雅堂《劉家寨出土漢封泥》（原拓本，一册，文雅堂，2004年），劉創新《臨淄新出漢封泥集》（西泠印社，2005年），文雅堂《秦封泥集》（原拓本，二册，文雅堂，2007年），馬驥《近墨齋封泥緣》（原拓本，二册，文雅堂，2008年），許雄志《鑒印山房藏漢封泥菁華》（河北美術出版社，2011年），王玉清、傅春喜《新出汝南郡秦漢封泥集》（上海書店出版社，2009年），楊廣泰《新出封泥匯編》（綫裝，一函四册，西泠印社，2010年），西泠印社、中國印學博物館《青泥遺珍：新出戰國秦漢封泥特展圖録》（西泠印社，2010年），周曉陸《酒餘亭陶泥合刊》（藝文書院，2012年），西泠印社《古代封泥精品展》（西泠印社，2015年。集録文雅堂等所藏新出封泥），馬驥《新出新莽封泥選》（西泠印社、中國印學博物館，2016年），等等。

③集録多家藏印的合集類印譜

集古齋《古代鉢印輯存》（香港集古齋出版社，1998年），吴硯君編著《盛世璽印録》（藝文書院，2013年。集録文雅堂、許雄志、胡亞東、張宇暉、聽秋館、涵寶軒、鄒旭鴻、璽泉堂、顧清、笑叮當、李可、大漠孤烟直、張秀華、銘泉、尤敏强、純熙、侯立耀、張虤、王釗、聞濤、緣閑堂、張小東、劉東、譚洪波、趙熊、魏杰、甘露堂、呈祥、東林書院、馮偉、百花堂主人、禾德堂、郭加慶、紫薇山房、薛黨忠、高建軍、秦漢之家、潤基投資收藏等多家藏印，其中有部分的收藏家十分謙虚，僅透露了網名或齋館名，因此筆者依原書抄録），西泠印社《漢印之美專題展》（西泠印社，2015年），石峰《古代肖形印專題展》（西泠印社，2015年。集録諸家所藏），施謝捷《新見古代玉印選》（藝文書院，2016年。集録諸家所藏玉石印100枚，後附621枚公私所藏玉印摹本），蕭春源、尾崎蒼石《丹篆寄心聲》（澳門書法篆刻協會，2016年），吴硯君《盛世璽印録續壹》《盛世璽印録續貳》（文化藝術出版社，2017年），等等。

④近三十年來，日本古璽印收藏家所輯的中國古璽印譜種數也達到數十種之多，著録古璽印總數當不下于六千枚。如《中國璽印集粹》（菅原石廬編）、《中國古代璽印集存》（菅原石廬編）、《鴨雄緑齋藏中國古璽印精選》（菅原石廬藏）、《纘述堂古銅印存》（谷村憙齋編）、《平盦考藏古璽印選》（有鄰館藏印，加藤慈雨樓編）等，這些著録單種收印平均超過400枚。

筆者所見未廣，以上列舉肯定有所缺漏，有的可能是重要闕漏，敬請藏家與學界原諒。其中有的印譜中也包含藝術流派印内容，如《中國美術全集·書法篆刻》、《中國歷代印風系列》、《中國璽印篆刻全集》、《常熟博物館藏印集》、《南京市博物館藏印選》，等等。即使集古印譜，在三類中，即古典璽印類、收藏集品類、藝術印章類，也有彼此交叉，如《珍秦齋藏印秦印篇》、《珍秦齋藏印戰國篇》既可以劃爲第二類，也可以劃爲第三類。在第二、三類之中，似還可以作進一步的細緻劃分。北京收藏家楊廣泰先生、路東之先生等編撰多部古代璽印、泥封、抑印陶文集，集中了數十年來散落民間的大量珍貴資料。

這些印譜中，有的是歷代傳世璽印的繼續集譜、再次組合，其間有的資料在已往舊譜中有所著録，如《上海博物館藏印選》、《故宫博物院藏印選》、《周叔弢先生捐獻璽印選》、《吉林大學藏古璽印選》、

《天津市藝術博物館藏古璽印選》中所收録的不少資料，但是這些新編輯出版的著録已經充分關注了考古出土提供的斷代、性質分析、釋文等因素，已經用考古學原則和考古學建立的標尺對傳世璽印進行了新的梳理，考古學實際上已經作爲新型集古印譜的重要學術支撐。另有不少印譜如《新出歷代璽印集録》、《陝西出土歷代璽印選編》、《湖南省博物館藏古璽印集》、《吉林出土古代官印》、《陝西出土歷代璽印選編》《續編》、《山東新出土古璽印》、《二十世紀出土璽印集成》，等等，則是以歷年的考古出土物爲骨幹，其科學性普遍提高，除印面文字、釋文、來源、質地、尺寸外，有的印譜還附加以印體、印鈕的照片，詳細介紹了有關資料的出土情況，爲印譜類的著録提供了以往没有見過的全新模式，這反映了考古學對于中國璽印譜録體例的重要貢獻。

即使是上述的這些印譜，包括筆者所編的幾種，也依然逃脱不了"無譜不僞"的現象。造成這種情况的原因非常複雜，有來源的不够嚴謹，有學力的不足，有工作的疏忽，有晚期的物品混入早期遺址之中，這些問題處在不斷改進的過程中，對未來的中國璽印集古印譜，人們有理由樂觀。在多部集譜之中，筆者見到有一個有趣的規律：當人們從印面上便可以確認某印屬于僞品時，再查其來源出處，往往與考古出土没有關係，而常常屬于收集自文物商店、廢舊物品收購站等地方的物品；但確由考古發掘自廬墓、古遺址的出土璽印，便一般没有這樣的問題。考古出土的璽印不僅爲璽印斷代提供了真實可靠的比照資料，也爲印譜這類的著録提供了更加全面真實的可能，其科學性、藝術性更爲可靠。

2. 研究專著

二十世紀是中國印學獲得很大發展的時期，印學印論無論從數量還是質量，都取得了前無古人的成就。印學印論成果主要分爲兩個方面，即歷史璽印的研究和藝術印章的研究，當然，也有將兩者置于一部論著或一個論文集中的。比較純粹的流派藝術印學理論著作，這裏就不予例舉了。

在臚列有關研究專著之前，必須指出三點：第一，在上面所介紹的印譜中，大部分都附有重要的序論，這是關注近現代印學印論印史時絶不能忽略的；第二，在許多考古報告、文物圖録論集中，有關于中國古璽印的論述，皆以資料新穎，特色鮮明，觀點獨到而應當引起關注；第三，在多種考古學、文物學報刊雜志中，或有古璽印的論文，或隨着披露過新出土古璽印資料而附有論述，這部分數量不小。對于這第三部分，囿于篇幅，本書就略而不論了。下面列舉的專著論集，有的出版已進入二十一世紀，但所取資料仍然是二十世紀的收獲，仍然反映二十世紀下半葉的研究成果。對于成集的論著粗略地分一分，可有如下幾類。

（1）印史、通論性專著

羅福頤、王人聰《印章概述》（三聯書店，1963年），那志良《璽印通釋》（臺北商務印書館，1970年），錢君匋、葉潞淵《中國璽印源流》（香港上海書局有限公司，1974年），鄧散木《篆刻學》（人民美術出版社，1979年），羅福頤《古璽印概論》（文物出版社，1982年），羅福頤《近百年來對古璽印研究之發展》（西泠印社，1982年），李學勤《東周與秦代文明》（有璽印章節，文物出版社，1984年），高明《中國古文字學通論》（有璽印研究，文物出版社，1987年），沙孟海《印學史》（西泠印社，1987年），裘錫圭《文字學概要》（有璽印研究）（商務印書館，1988年），何琳儀《戰國文字通論》（有璽印研究，中華書局，1989年），吴清輝《中國篆刻學》（西泠印社，1990

年),黄惇《中國古代印論史》(上海書畫出版社, 1994年),曹錦炎《古璽通論》(上海書畫出版社, 1996年),周曉陸《古代璽印》(中國書店出版社, 1998年),曹錦炎《古代璽印》(文物出版社, 2002年),葉其峰《古璽印通論》(紫禁城出版社, 2003年),蕭高洪《篆刻史話》(百花文藝出版社, 2004年),等等。

(2)專題性專著

王伯敏《古肖形印臆釋》(上海書畫出版社, 1983年),王人聰、葉其峰《秦漢魏晋南北朝官印研究》(香港中文大學文物館, 1990年),孫慰祖《兩漢官印彙考》(上海書畫出版社, 1993年),陳根遠《陝西古代印章》(三秦出版社,2001年),孫慰祖《中國古代封泥》(上海人民出版社, 2002年),孫慰祖《封泥發現與研究》(上海書店出版社, 2002年),陳松長《湖南古代璽印》(上海辭書出版社, 2004年),傅嘉儀《秦封泥彙考》(上海書店出版社, 2007年),徐暢《先秦璽印圖説》(文物出版社, 2009年),孫慰祖、孔品屏《隋唐官印研究》(上海書畫出版社, 2014年),孫慰祖、趙軍、楊國梅《兩宋印章的淵源與走向》(西泠印社等, 2017年),等等。值得注意的是,專題性專著中,有多部也是重要的印譜。

(3)收藏鑒定知識性專著

二十世紀後期,此類著作很多,有的是知識性介紹,有的涉及鑒定,還有的開出所謂市場價格,良莠不齊,下面略舉幾部:陳松長《璽印鑒賞》(灕江出版社, 1993年),羅伯健《璽印鑒賞與收藏》(吉林科學技術出版社, 1996年),葉其峰《古璽印與古璽印鑒定》(文物出版社, 1997年),華光普《中國歷代印章目録》(中國民族攝影藝術出版社, 1998年),陳根遠《方寸之間見世界——中國古代璽印篆刻漫筆》(四川教育出版社, 1998),小榮、鵬勃、渭父《中國古璽印真僞鑒别》(安徽科學技術出版社, 2001年),岐嶇《古印趣話》(三秦出版社, 2006年),陳根遠《破解古印密碼》(未來出版社, 2014年),等等。

(4)論文集

印論論文集,有的爲個人專集,也有的爲多人的合集,略舉幾部:王獻唐《五燈精舍印話》(齊魯書社, 1985年),孫慰祖《孫慰祖論印文稿》(上海書店出版社, 1999年),王人聰《古璽印與古文字論集》(香港中文大學文物館, 2000年),《中國古璽印學國際研討會論文集》(香港中文大學文物館, 2000年),孫慰祖《可齋論印新稿》(上海辭書出版社, 2003年),《當代印學論文選》(遼寧美術出版社, 1987年),《孤山證印》(西泠印社, 2005年),龐任隆《秦封泥研究》(陝西人民美術出版社, 2015年),等等。

筆者所見不廣,對于以上集目,肯定還會有不少遺珠,也盼望印學界批評、原諒。這些著作、文集的共同特點是,都大量采用了現代考古學的收獲和研究成果。在二十世紀中葉之後,討論中國古代璽印的問題,如果不考慮考古學的作用,甚至不善于應用考古學的成果,都將是不成功的作品。對于中國印學和印論的長足進步,現代考古學作出了決定性的貢獻。把上述作品僅僅看作是印學著作,顯然是有所偏頗的;一大批老、中、青年考古學家、古文字學家、印學家,如王獻唐、羅福頤、陳直、沙孟海、鄧散木、李學勤、朱德熙、黄盛璋、錢君匋、方介堪、康殷、裘錫圭、高明、李家浩、王人聰、葉其峰、韓天衡、何琳儀、曹錦炎、吴振武、孫慰祖、黄惇、杨廣泰、趙熊、施謝捷、陳松長、徐暢、孫家潭、陳根遠、岐嶇、朱琪、葛欣等先生的印學研究作品,覆蓋廣博,各擅其長,從古璽印研究出發,對中國歷史文化藝術有着多方面的重要貢獻,他們的印學著作、文論的貢獻基本上都已超出印學本身範疇，已屬于中國考古學之一翼，是二十世紀中華傳統學術之林的璀璨碩果。

3. 重要工具書

中國古璽印的重要工具書，大致可分爲印學年表和璽印字書兩大類。考古學的收獲爲印學年表增殖了全新的内容，也爲璽印字書提供了可靠的、時代確切的字例。

（1）年表年鑒類

印學年表目前見到比較重要的有韓天衡《中國印學年表》（增補版，上海書店出版社，1993年），其中有一些考古學的收獲。從二十世紀八十年代開始，文物出版社出版《中國考古學年鑒》，年鑒之中每年都有新出土印章資料（包括用印遺迹遺痕如泥封、陶文、烙印、鈐印，等等）的著録，都有年度發表的古印章印譜和研究文論的著録，當然也有包含有印章出土資料的考古學簡報、報告的著録，這形成考古學印學年表的新體例。

（2）字書字典類

1883年，吴大澂《説文古籀補》中，開始録有中國古璽印文字，之後清末到民國都有一些文字工具書中録有古璽印文字。1949年之後，比較重要的璽印文字工具書有：羅福頤《漢印文字徵》（新版，文物出版社，1978年），羅福頤《古璽文編》（文物出版社，1981年），羅福頤《漢印文字徵補遺》（文物出版社，1982年），方介堪《古璽文綜》（上海書店出版社，1989年），高明《古陶文彙編》（中華書局，1990年），康殷《印典》（這是一種譜録與字頭字典合一的新型體例）（國際文化出版公司，1994年），許雄志《秦印文字彙編》（河南美術出版社，2001年）。此外，目前最大的漢字工具書《漢語大字典》字頭部分也收録有古璽印文字。指導篆刻藝術實踐的漢字字典型工具書,在二十世紀以來出版了不少,其中有一些也録有源自考古學收獲的古璽印文字。

(五)古璽印研究對考古學的作用

考古學對于中國古代璽印文化的作用,前面已經大致地談到一些,當然還是不够全面。實際上,中國古代璽印的研究對于中國考古學的建設與發展也有着積極的作用。下面略略談及幾條,以作爲進一步學術研究的引玉之磚吧。

1. 建立考古學文化的必要素材

考古學文化是個綜合體系,它以環境和人類的互動,以人類社會的遺存,以融合了精神文明的物質文明,以技術與藝術的接合,試圖全面地表達人類社會的進程。中華文明,是與西方文明不同的東方文明的典型代表,因此中國考古學既有與世界考古學相同相近之處,也有着自身鮮明的特點。中國考古學則是反映了中華社會文明、東方社會文明的進程。中華文明成熟的標志之中,有青銅器文化的誕生與漢字體系的發明,中國璽印恰恰在這一時刻,登上了歷史的舞臺。自從那一刻開始,中華文明的發展中,就離不開璽印的作用了。考古學比較重視陶器等敏感變化着的物質文化遺存的作用,比較關注具有文化區别作用的生産生活的遺存;現在,人們已經意識到中國古代璽印遺存亦是敏感變化着的,並且有明顯區别作用的遺存,已成爲對考古學文化整體的必要補充,中國古代璽印文化的探究也成爲中國考古學研究的重要方面。

考古學對物質文化遺存的研究,是一種群體性的研究。對一個遺址或墓葬,對一個文化類型,能够無餘無失地掌握一切相關遺物是必要的,在有印章、泥封、抑印陶片存在的遺址或墓葬中,不遺漏一枚一片有關資料是必須的。相對于其他品類的遺物,中國古代璽印具有取材、造型、文字圖形内容的敏感性,往往是“會説話的”、“能自報家門”的重要文物,其實證的作用往往要高于同墓葬、同窖藏、同遺址所出的其它類目的遺物,因此,中國古代璽印是考古學文化的重要標志之一。

和兩河流域、古埃及、古印度、古波斯、古代歐洲等地區的印章不同,中國璽印有着幾千年發展的延續性,這種延續性又是以璽印本身不斷的變化演進而相繼延綿的,有其基本的聯貫性;可是在東周時期、魏晋南北朝時期、宋遼金元時期,中國璽印依照國别和政權的不同表現了明顯的地域區别。這種“多元一體”、運動着的璽印發展進程,和中國考古學文化的各個階段的表現,實際上是基本同步的。中國印章史上還有許多問題有待深入細緻地解決,考古學文化實際上也在盼望着這種解決,這樣,古璽印的收獲能够對考古學文化的重建和充實有所幫助,這點,筆者在本書“古代印章的考古學分期”一章中,將有比較詳細的討論。總之,古璽印資料的獲得和研究是建立考古學文化的必要素材。

2. 對古地理的指認

古代行政地理研究,是歷史科學的基礎之一,這在中國數千年農業社會持續發展中,古代行政地理的研究顯得尤爲重要。自從考古學介入之後,爲古地理提供了多方面新鮮的方法和成果,古地理學已是和考古學緊密結合的學科。古璽印資料作爲考古學文化的必要素材,在這方面體現了獨特的作用。

早從商周時期的遺址及地層開始,古璽印資料就有成聚成團成群出現的情況,到了東周時期這一狀況就顯得更爲頻繁與密集。東周到秦統一時期的燕下都、齊臨淄、魯曲阜、三晋故都、楚多處故城、秦雍城、秦櫟陽、秦咸陽，都是璽印、泥封、抑印陶片比較集中出土之處。到了漢代，長安、洛陽兩京地區當然成爲印章資料出土的中心地區，此外，山西北部、山東地區、江蘇徐州、江蘇揚州、廣東廣州、湖南長沙、安徽東部北部、河南南部、河北北部、甘肅東部等地，也形成了若干印章出土的中心。魏晋南北朝、隋唐時期，出土印章數量減少，但仍然集中在都城和一些大的中心城市，與戰争有關的印章出土，常常和戰場或行軍路綫相關。宋遼金元時期，出土印章的散布與幾個政權的交界綫的推移基本吻合。因此，僅僅從出土印章資料的數量數據上，就可以繪出一種關于城鎮分布和居民集中情況的中國古代政治、軍事運動着的、不斷變化着的地圖。

中國古代璽印上的文字内容，從兩個方面給予考古學、古地理學以新的幫助。

首先，和其他出土文字資料一樣，璽印文字成爲古代都邑城鎮的重要指示標志，例如在今天河南登封告城鎮附近出土的東周“亳”、“陽城”印陶文字，不僅標示了一所東周城鎮，更是爲上溯探討夏商時期的古代都邑，提供了一種重要的意見。戰國時期先是楚國、後是秦國以銅印和泥封表現的“穀陽”内容，明確實在地反映了安徽固鎮穀陽古城的發展歷史。這在東周秦漢時期都有大量相近的例子。宋遼金元時期，印章文字提供了都城、城鎮遷移的例證。印章還提供了金、元時期，特殊的政軍民合一的體制，以及有關遷徙及定居的情況。

其次，一些璽印、泥封文字對古地名的記録，與古書籍文獻記載有不同，其數量還不在少數。研究者們注意這一情況，已經有比較長的時間了，至今已列舉出了數以百計的例子，事關從東周秦漢，直至宋元明時期多處地點。一般來説，璽印、泥封文字是當時的實録，可信程度要超過古書籍文獻的記載，從古文獻學的角度，璽印、泥封文字具有第一手文獻的重要價值。從東周、秦漢的璽印文字資料上，可以看出一些地名和山川環境的關係，看出一些地名和周邊都邑城鎮的關係，這些不僅彌補古書籍文獻記載的不足或錯誤，而且和考古學、古環境科學有了更加直接的關係，成爲更廣闊考古學文化研究的重要條件之一。

3. 對有關考古學對象時代和性質的斷定

中國田野考古學的對象，遺址也好，墓葬也好，它們的時代和性質的認定，是全面而複雜的工作。但是，只要有關的遺址或墓葬出土有印章，這一項工作可能就比較容易做好，這已經成爲中國田野考古學的經驗之談。以下略舉幾例：

河南新蔡古城，以往衹知道是春秋到戰國時期的楚國城址，其具體時代和性質就不甚明了。經過對新蔡古城出土的大量泥封的研究，可以知道這是一座戰國時代的楚國商業城市，泥封内容記録了該城的門關、市場、税收，記録了該城與其他楚國城市以及周邊其他國家（如三晋、齊、秦等國）的聯繫，記録了與這座城市相關的大量經濟貿易活動。于是可以確認：這是一座戰國時期重要的地區性商業中心。

秦都咸陽從戰國時秦人最後一次遷定，到大統一的秦代，是位于關中跨有渭河兩岸的偉大首都，可是它在渭河以南的布局一直不是很清楚。二十世紀末，在西安北郊的漢長安城遺址的西漢時代地層之下，出土數以萬計的秦泥封，據此可以知道以往失載的幾處秦重要宫殿所在，又可以知道秦都的渭南宫區，就被漢長安城遺址叠壓于下，時間跨越戰國秦晚期直到秦代滅亡。

類似以上的例子，還有依據了古璽印、泥封、印陶等資料，確認或幫助確認了東周趙邯鄲古城、東周鄭韓古城、東周燕下都古城、東周齊臨淄古城、遼寧安杖子秦漢古城、山東西漢齊國故城、安徽固鎮東周到秦漢穀陽古城、河南秦漢汝南郡古城、河南漢代函谷關遺址，等等。隨着中國考古事業的發展，這樣的例子還會不斷增多。

至于中國古代墓葬時代、墓主人的確認，往往依憑印章資料的作用，東周時期已有例證：江蘇蘇州出土“上相邦璽”之墓，疑爲春申君之墓。漢代考古中也有不少重要的例子：廣州西漢南越王墓、長沙馬王堆西漢長沙國相墓、徐州西漢楚王及親屬墓地、江西南昌西漢海昏侯墓、滿城西漢中山王墓、陝西長安出土西漢重要官吏張湯墓、揚州東漢廣陵王墓等等，基本上是依靠印章資料作爲重要認定依據之一的。陝西西漢景帝陽陵之例比較特殊，陽陵本身之位置是早已認定的，主要是依憑印章資料明確了若干隨葬坑仿自現實宫廷三公九卿以及武裝力量之制的性質和幾座見諸史籍的列侯墓葬，又靠着大量泥封資料確認了陽陵邑的位置和布局。河南依據出土印章，確認了曹魏政權重要成員曹休墓在河北省北朝大墓的發掘，由出土印章確認了墓主人，同時解開了長久有關于曹魏疑塚之謎。至于在各地出土的地位級别較低的各個時代墓葬，多寡不一的印章資料也起到了排隊斷代分期的重要作用。

從秦漢時代直至宋元明清，有一些經貿郵驛、手工作坊、糧倉鹽場、營房馬圈，這些遺址只要出土相關印章，它們的性質都可以依靠印章資料得以確認。

二十世紀上半葉以降，科學的中國田野考古學工作仿佛成爲實物史學資料之“母親”；近百年來中國古代璽印的收獲，其絶大部分也是田野考古學之“子息”。同時，科學的中國考古學體系，要依靠廣博的各個學科的支撑，要充分體現“子息”們的“反哺”作用。這點，在中國古代璽印上體現得尤爲典型，考古學給予璽印資料以時代、地域的“身份”品格的確認；人們借助古璽印資料又論述、解釋了考古學體系的若干有時是非常關鍵的問題。俟時機成熟，由中國考古學派生出子課題、子學科——中國古璽印（包括泥封、印陶等等）考古學，也是很自然的事情了；同樣，中國古璽印考古學也一定是中國印章學的重要分支學科。

貳　古代印章的考古學分析

在這一章之中,筆者以多個節、目,對中國古代璽印作出碎片化解構,而又系統化整合的反復討論。顯然這種討論,是基于中國考古學的收獲的,這與金石學及至文物學的討論,就有了一些區别。

一　基本分類

所謂"分類",是根據事物的質地、功用、内涵、形態、時代等要素,區别所關注對象的異同,"同則同之,異則異之"(《荀子·正名篇》)。除了區别異同外,分類又有區别序列等級的含義,即由個别到一般、由特殊到普遍、由較小範圍到較大領域、由不太重要到事關全局、由低級到高級,等等。分類是人們認識客觀事物,並且進行深入研究的必需。各個時代、各種質地、各種器類的文物,無論是考古調查采集、田野發掘獲得的,還是以往歷代傳世的,通常都要進行分類研究。中國古代璽印,歷時數千年,存世數萬枚,自然也應當進行一定的分類研究。

正因爲中國古代璽印發展歷時很長、存世很多,它的内容影響、反映到中國古代社會的方方面面,後代研究者根據各自的研究資料多寡不一、時代不一、着眼點不一、着重點不同,甚至藝術史料作用之不同,對古代璽印的分類方法和原則也就會有所不同。一些著述、印譜明確對璽印加以分類,而另一些著述、印譜的璽印分類則不甚明確,但其在分章、分節、分目進行著録和討論時,所表達的往往仍然是分類的意義。

中國古代璽印,可以按照本身的自銘專稱進行分類。先將無專稱的印章别爲一類,而有專稱的印章可以分爲璽、印、印章、圖書、朱記、寶、謚寶、關防、合同等等。這裏涉及的有關知識,詳見後文討論(下同)。

可以根據印面不同用字或畫像的印章分類。分爲商周文字印、東周文字印(其間還可以按國别細分如燕文字印、齊文字印、三晋文字印、秦文字印、楚文字印、古蜀文字印,等等)、摹印篆印、繆篆印、鳥蟲書印、隸書印、楷書印、行草書印、宋字印、民族文字印、畫印(肖形印與圖案印)等等。

可以按璽印的面形進行分類。如方形印、圓形印、半通印、條形印、塊形印、横長方形印、橢圓形印、異形印等等。

又可以按照印面文字的讀法分類,如順讀印、右起横讀印、左起横讀印、分行右起直讀印、分行左起直讀印、環讀回文印、交叉讀印等等,這一般用于漢字内容。

亦可以由印面文字或圖形的凹凸表現來分類,如陰文印、陽文印、一陰一陽印、一陰二陽印、二陰一陽印、二陰二陽印,等等,這一般用于漢字内容。

又可以按照璽印的使用方法,類分抑印、烙印、鈐印,或制泥封印、制範制幣印、制鈔銷鈔印,等等。

印章可以按印材質地來分類,如銅印、金印、銀印、鎏金印、鉛印、鐵印、石印、玉印、瑪瑙印、水晶印、琉璃印、陶印、瓷印、木印、骨角牙印等等。亦可以由印面文字或圖形的製法來分類,如鑄印、鑿印、鉈車印、蟠條印等等。

所謂帶鈕印、雙面印、多面體印、帶鈎印、戒指印、角觿印、柱狀印、套印、拼合印等等，都是與印體有關的一些分類的稱呼。在帶鈕印當中，又可以依鈕式分爲鼻鈕印、瓦鈕印、橋鈕印、壇鈕印、覆斗鈕印、臺鈕印、辟邪鈕印、龍鈕印、蛇鈕印、龜鈕印、動物鈕印、人形鈕印、柱鈕印等等。

在論述中國古代璽印的發展歷史時，人們往往可以采用兩種分類方法，即：一是按各個具體時代、朝代區分，如殷商璽印、西周璽印、東周璽印、秦印、西漢印、新莽印、東漢印、魏晋印、南朝印、北朝印、隋印、唐印、五代印、北宋印、西夏印、遼印、南宋印、金印、元印、明印、清印等等，有的研究者還加以地方政權、農民起義用印等更多一些層次。也可以依照本書第叁章的分期標準，按璽印形態的發展階段，區分爲前後兩個大段，之下再分作萌生期、蓬勃期、典則期、涣解期、更變期、規範期、新流期的印章等等。這種按時代分類法在討論分期時作爲分期法表達。

上述的這些分類法，只是研究者的切入點不同，它們都具有一定的科學依據。但是，這些都只是從璽印的某一部分特徵和某一個側面出發進行的分類，都只是輔助性分類，不能算作璽印基本的分類法。關注上述種種異同的區分是必要的，但更值得考慮的是中國古代璽印的基本分類。

衆多的中國古代璽印，大體上可以區分爲實用印和隨葬印，有的，又是以曾經的實用印進行隨葬。實用印、隨葬印，這實際上可以當作中國古代璽印的基本分類法之一，即“來源分類法”，但是本書未作這樣的考慮。

中國古代璽印應依照什麽標準來劃分其基本分類呢？筆者認爲，功用和性質是其最基本的標準。所以，前述實用印、隨葬印由于功用及來源的區分而可以作爲基本標準之一。此外,從大量古代璽印的基本性質來看,無外乎兩大類:私用印與公用印,這就是本書本節將要進行討論的基本分類。

那麽,這一按私用印和公用印區分印章的方式,與按照實用印、隨葬印來進行區分的這兩種基本分類法的關係如何呢? 這就有了基本的交叉,簡而言之,即:私印中既有實用印也有隨葬印,公印中也有實用印和隨葬印;同理,在隨葬印中既有私印也有公印,同樣,在實用印中也有公、私印之分。

在對中國古代璽印進行基本分類時,還會出現以下的兩種交叉或者重複,即:一,本節的分類項目會與其他分類方法中的項目出現交叉或重複的現象,如本章第三節之中,有畫印與文字印來區分印章類目的討論,在本節中,也將用畫印作爲一項,置于私印之中來與其他各項並列分類目。二,本節所采用的分類法在所分列的兩大類之間,也會出現交叉、重複現象,以宗教印這一項來説,有的分屬于私印,有的分屬于公印,看其爲個人所佩用,還是宗教組織所使用。對于這兩種現象,筆者認爲,只要這種交叉和重複在此分類意義上是必要的,都可以存目並加以適當地解説。

圖貳1·1 私璽

私印在先秦又稱“私璽”(圖貳1·1),秦漢之後稱“私印”,又常常以“私印”二字作爲專稱後綴于姓名。

在絶大多數印學論著以及涉及古代印章的有關著述中,經常將公用璽印稱之爲“官印”。“官印”一詞,較早見于東漢魏晋人的著述,如《全三國文·魏武帝選舉令》中記載“魏諸官印各以官爲名印”等等。這種沿用成習的稱呼當然是具有一定的道理,確實在所有公用璽印中,有大量職官印存在。

但是,公印並不只有職官用印,還有官署機構用印、社會組織用印、地名印、宗教用印、紀事印等等,在這些公用印章上,往往並沒有職官的名稱。一些印章雖然鎸有職官名稱,但其後又綴有私人姓氏的名字,這又是比較特殊的私印而並不是官印。還有一些紀事印,雖然從其内容可以明顯看出公用的性質,但其上並不見職官甚至不見官署的字樣。以上所述的幾類,都不能將其簡單地列爲單純的“官印”。正因爲如此,筆者一貫主張使用來自秦代出土文獻中的“公璽”(如《睡虎地秦墓竹簡·法律答問》言:“亡久書、符券、公璽、衡羸,已坐以論,後自得所亡,論當除不當?不當。”)、或者秦代璽印中的“公印”(圖貳1·2)、或者“公用印”這樣的詞,來替換以往籠統稱呼的“官印”一詞。即使從詞源上來看,“公璽”、“公印”顯然也要比“官印”早出許多;從字詞意義上來看,“公印”也明顯比“官印”更適合與“私印”相對而使用;况且,“公印”一詞完全能够涵蓋包括“官印”在内的一切公用璽印。

圖貳1·2 秦“公印”泥封

在絶大多數中國印譜或著作之中,往往把公印或公用印(多爲官印)的顯現與叙述置于私印的前面,學者們常從歷史研究的角度更加重視“官印”,這在外國印章著録中是如何處理的,尚不可知。可是事物的發展總是從個别到一般,從特殊到普遍,從低級進而高級。正因爲如此，筆者認爲，在論述中國古代璽印的分類時，應當先討論私印或稱私用印，然後再討論公印或者公用印，即使在印章的譜録上，也應當私用印在前，公用印在後。

（一）私印

私印又稱私用印，記録私人的姓、氏、名、字、號，反映了用印之人的身份，表達印章的某種私人用途，或者表現用印者的某種思想感情，或者純粹供私人游戲賞玩。從數量上來看，私印理應比公印要多，但東漢之後，私印數量持續減少，到了南北朝、隋唐時代，私印極爲罕見。在留存至今的古代私印中，實用印章不少，也有不少用于隨葬。宋代以後，文人流派印章的藝術創作作品，應當大都屬于私印範疇。

1. 姓氏名字印

姓氏名字印是私印最基本的一種形式。東周時起，這種類型的私印便大量存在，並一直沿襲應用至今。這種類型的印章在私印中相當普遍，根據其内容又可以再細分爲姓氏印、名印、姓名印、表字印等等小類。

（1）姓氏印

姓氏印是只在印面上單鐫用印者之姓氏的印章。這種印章最早可能出現在戰國時期甚至更早一些的時候。秦漢之時常見，魏晋南北朝之後，姓氏印所見不多。到了元押之上，明清時期的一些流派印章中又大量出現這種類型的印章。這種印章或者只鐫刻用印者的姓，如西漢時期的“賈”印（圖貳1・3）；也有在用印者的姓後加“氏”字，如陝西出土的西漢“樊氏”印（圖貳1・4）、山西出土的西漢“左氏”印陶文。

(2)名印

名印是在印面上單鎸印主之名,並没有印主的姓氏。這種印章目前始見于戰國時期,可能有更早的淵源,以後歷代皆有直至現當代。如湖北出土的戰國"遨"字印(圖貳1·5),河南出土的北宋"适"字印(圖貳1·6),這類印在後代亦比較多見。在漢代到東晋南朝初,名印常存于雙面印、套印或六面印的一面上。

圖貳1·3 賈

圖貳1·4 樊氏

圖貳1·5 遨

圖貳1·6 适

(3)姓名印

姓名印的印面内容爲印主的姓氏及名,起源于戰國時期或更早,歷代沿用,如陝西出土的秦朝"彭祖"印(圖貳1·7)。一些姓名印還會加上專稱,稱爲"某某印"、"某某私印"、"某某之印"等等,如北京出土的漢代"尹遂昌印"(圖貳1·8)、河南出土的西漢"郭忠私印"(圖貳1·9)、陝西出土的新莽時期"王忠之印"(圖貳1·10)。

圖貳1·7 彭祖

圖貳1·8 尹遂昌印

圖貳1·9 郭忠私印

圖貳1·10 王忠之印

（4）表字印

在中國古代自先秦時代起，就有一種习俗，人們往往在本名之外，另起一個稱呼，這個稱呼一般與名有聯繫，這種稱呼通常稱爲“字”，有孳生、擴拓之意。鐫刻印主之字的印章，通常稱爲“表字印”。由于古代人的字往往是由名孳生衍展爲美稱，故表字印又稱之爲“表德印”。東周秦漢魏晋時期，人們常使用單字作爲一個人的名，用兩個字來作爲這個人的字，當然也會有例外。這種印章既有單面印，而在雙面印上出現的頻率也很高。但凡刻印在雙面印上，往往一面刻姓和名，另一面刻姓與字，如湖南出土的西漢雙面印“吕義私印、吕少年印”（圖貳1·11）。類似情形也可見于三套印，如傳世的東漢“楊就印信、楊就、叔貞”三套印（圖貳1·12）。魏晋之後，表字印一直流行。

表字印可以進一步細分：有的單表字，即印主的姓加字，如江蘇出土的新莽時期“虞君侯”印（圖貳1·13）；有的加璽印專稱，如上海出土的西漢“周子路印”（圖貳1·14）；有的特别加注，以“字××”的形式出現，如傳世的東漢“傅闌、字公子”雙面印（圖貳1·15）；有的將印主的姓、名、字刻于同一印面上，如傳世的東漢“徐

仁　徐成知”印(圖貳1·16);還有的將地望、姓名與字同時刻于一個印面,如魏晋時的“河間武垣劉芝字伯行”印(圖貳1·17);還有少數不冠姓氏的單表字印,如上面所提及三套印中的“叔貞”便是一例,這種單表字印偶也有見與畫印相結合的形式,如傳世的東漢“少公”印(圖貳1·18)。

圖貳1·11 吕義私印　吕少年印

圖貳1·12 楊兟印信　楊兟　叔貞

圖貳1·13 虞君侯

圖貳1·14 周子路印

圖貳1·15 傅闌　字公子

圖貳1·16 徐仁　徐成知

圖貳1·17 河間武垣劉芝字伯行

圖貳1·18 少公

（5）臣印

自殷商開始直至明清時期，“臣”一直是百官與百姓面對王、皇帝、天子的自稱，也常被男子用來作爲自謙的稱謂。所謂“臣印”，就是常采用“臣×、臣××”的格式鐫刻的印章。這種印章在“臣”字之後一般不帶姓，而只綴名或字。臣印在秦、西漢初期便已出現，沿用至魏晉南北朝時期，一直到清朝末期，往往也見到臣字款印，可以視爲臣印之遺。臣印中，雙面印比較多見，一面刻姓名，一面刻臣印，如廣東出土的西漢“梁奮、臣奮”雙面印（圖貳1·19）。也有一些臣印是單面印，如廣東出土的西漢“臣偃”印（圖貳1·20），西安出土的新莽“臣獲”泥封（圖貳1·21）。從考古發掘來看，即使這種單面的臣印，也往往會伴隨另一枚姓名印出土，“臣偃”印出土的墓穴中，便出土了一枚“辛偃”印。除了稱臣外，在印章上還曾出現更爲卑謙的自稱方式。有的鐫刻自稱“賤臣”，如東漢三國時期的“賤臣臣章徐周氏”印（圖貳1·22）；有的自稱“草莽臣”，如東漢“段志、草芒（莽）臣志”雙面印（圖貳1·23）；還有的自“臣”轉爲最卑謙的“賤子”之稱，如東漢“吕晵、賤子晵印”雙面印（圖貳1·24）等等。

圖貳1·19 梁奮　臣奮

圖貳1·20 臣偃

圖貳1·21 “臣獲”泥封

圖貳1·22 賤臣臣章徐周氏

圖貳1·23 段志　草芒(莽)臣志

圖貳1·24 呂瞀　賤子瞀印

(6)妾印

妾是中國古代女子的自謙稱謂,妾印在秦或西漢初即已出現,一直沿用至魏晋南北朝時期。妾印的出土情況與臣印相當,如湖南出土“曹嫖”印之墓,又伴出有“妾嫖”印(圖貳1·25)。除了妾名印外,還有妾字印,如江蘇出土的新莽時期“妾莫書”印(圖貳1·26)。妾印中,也有不少雙面印,如西漢“趙倚精、妾倚精”雙面印(圖貳1·27)。除了稱“妾”外,兩晋時期也曾見少量婦女用印自稱“新婦”,如在兩晋時期“曹氏”六面印中,有一面爲“曹新婦白疏”印(圖貳1·28)。

(7)唯印

兩漢時期有一種“唯印”,可能公印、私印兼有之。如在“唯”字之前,往往加里邑之名,屬于公用印中的一種,表示執印者是掌守里邑的鄉里之下的不入流的、無品級的小官吏。一些研究者認爲，這反映了兩漢時期的“里魁”制度，即職官體系之外的最下層百姓組織的當家人、管事人的用印。唯印並非全是公用印。一些兩漢魏晋時期的印章，常在私人姓名之後加“唯”字，估計是表示個人位秩卑下的謙詞，即表示自己常以“唯唯諾諾”面世，這種印章不屬于公用印的範疇。有的唯印使用陰陽印文，更不似公印，如東漢“武彊唯印”（圖貳1・29）。

圖貳1・25　妾嫼

圖貳1・26　妾莫書

圖貳1・27　趙倚精　妾倚精

圖貳1・28　曹新婦白疏

圖貳1・29　武彊唯印

2. 姓氏名字加以其他内容印

從東周時代以降，存在一些在姓氏名字印上，以姓名字等作爲主體内容，再增添其他的内容的印章。這些印章上所添加的内容往往並没有什麽實際的應用方面的意義，大多只是根據個人的喜好或裝飾而爲之。其中也有一些對研究古代美學、文學、民俗學和歷史地理學具有一定的價值。

（1）姓名、姓字加畫印

這種印章的印面往往是姓、名、字與裝飾性畫像、圖案相結合，文字在内，畫或圖案内容在邊圍。有的研究者將之併入“肖形印”，肖形印名稱將在下幾節中辨證。這種印章在戰國晚期便已經出現，秦漢魏晋時期大量流行，所加畫像、圖案有的含有四神、四靈，有的含有吉祥植物、動物紋樣，有些畫像、圖案很可能具有生肖或記辰的含義，還有的僅圍以比較簡單的幾何圖案綫條。姓名、姓字加畫印又可分爲如下幾種：姓氏加畫印，如西漢的“王”印（圖貳1・30）；未冠姓氏的字加畫印，如西漢的“少公”印（圖貳1・18）；姓名加畫印，如戰國時楚國的“佣音信鉨”（圖貳1・31）、西漢“閔喜”印（圖貳1・32）；姓字加畫印，如山西出土的西漢“王子孺印”（圖貳1・33）；姓名、字加畫印，如東漢“徐仁　徐成知”印（圖貳1・16）。

圖貳1・30 王

圖貳1・31 佣音信鉨

圖貳1・32 閔喜

圖貳1・33 王子孺印

（2）姓名詞句印

在這種印章中，所加的詞句内容或者屬明志、敬語、吉語，或者是期盼、格言、名句等等，具有一定的民俗學、文學、語言學價值。姓名詞句印在兩漢魏晋時期比較流行，如東漢的“耿憲夫宜酒食長貴宜”印（圖貳1・34）。

（3）地望姓名印

地望姓名印，是指在姓名之前冠以籍貫、地望、郡國、縣治等内容，主要流行于兩漢魏晋時期，如陝西出土的東漢“汝南女陰公孫安漢印”（圖貳1·35）、魏晋時期的“河間武垣劉芝字伯行”印（圖貳1·17）。

圖貳1·34 耿憲夫宜酒食長貴宜

圖貳1·35 汝南女陰公孫安漢印

（4）職官、身份加姓名印

職官、身份加姓名印，顧名思義，就是將職官、身份和姓名作爲一個整體内容，鐫刻于印面。這種印章流行于兩漢魏晋時期，主要用于隨葬，也見到少量低級别的實用印迹（如在泥封、陶文之上），雖然它對于研究歷史職官制度有一定作用，但一般不能視作公印。在職官、身份加姓名印中，又有所區别：有的在姓名之前冠以職官名稱，如河南出土的新莽時期“司徒中士張尚”印（圖貳1·36）、陝西出土的東漢“使掌果池水中黄門趙許私印”（圖貳1·37）、朝鮮出土的東漢木質“樂浪太守掾王光之印、臣光”（圖貳1·38）雙面印。有的在雙面印、多面印或套印的一個或幾個面上，刊刻職官内容，而在主面上刊刻印主的姓名，如北朝晚期“獨孤信”多面體印上便録有多種職官名稱（圖貳1·39）。在近年發現的新莽時期泥封中，見到較重要職官與人名相屬聯的情景，這應當視爲一種特例，將在討論公印時介紹。

圖貳1·36 司徒中士張尚

圖貳1·37 使掌果池水中黄門趙許私印

圖貳1·38 樂浪太守掾王光之印　臣光

獨孤信白書

臣信上章

臣信上疏

臣信上表

臣信啓事

信啓事

信白牋

大司馬印

大都督印

柱國之印

刺史之印

耶敕

令

密

圖貳1·39“獨孤信”多面體印

從所刊刻的内容看，還可以發現有些印章所在時代的一些特具的文化特徵，如南北朝時“故成平侯私印”是點明了專門爲殉葬所製的印章明器（圖貳1·40）；兩晋時期“曹新婦”六面印中，有一面單鎸一個“官”字，可見當時曹氏以官婦自詡（圖貳1·41）。在廣東出土的西漢印陶文字“左官徒實”（圖貳1·42），爲“左官”屬下之徒隸，再加“實”爲人名，反映了當時徒隸身份的人使用印章、並加蓋于自己生産物之上的情況，東國時期燕國匋尹、匋工類印章，秦時用于製作兵馬俑的“宫”某類印章，早已有這種性質。在本書的後幾節，還會討論較少見的王莽新朝的一種特殊公印，即職官内容加私人姓名的實用印。

還有一種情況，是在東漢晚期雙面印中、晋時六面印中，有一面爲職官内容，也是私印加職官内容之例，如東晋“曹精期”六面印，其中有一面爲“南義陽太守章”（圖貳1·43），應當是用于隨葬標榜生前之用。

在一些印學著作中，將地望姓名印與職官、身份加姓名印稱爲“合印”或“總印”。

圖貳1·40 故成平侯私印

圖貳1·41 官

圖貳1·42 左官徒實（陶文拓本）

圖貳1·43“曹精期”六面印

3. 書簡印

書簡印是專門用于封印文件信函的印章，其中有一部分屬于公用印，但大部分是私印。

（1）簡略書簡印

簡略書簡印自東周時期即已出現，後來歷代皆有。印面上不見私人的姓名，最短時僅有一字，如湖南出土的戰國時期楚國的“信”璽（圖貳1·44）（單字“信”印也可能不僅僅用于書簡、示以憑信之意，也有研究者認爲這是單字人名）、傳世的東漢附環繞龍紋“印”（圖貳1·45）、北朝“獨孤信”多面體煤精印中有特殊用途的“密”、“令”書簡印（圖貳1·39）；兩字印也有不少，如河北出土的西漢“私信”印（圖貳1·46）、傳世的東漢“信印”（圖貳1·47），到魏晋時期，兩字印内容出現了諸如“印完”（圖貳1·48）、“印封”（圖貳1·43）、“封完”、“檢竊”（圖貳1·49）、“完封”（圖貳1·50）、“白記”等等别稱。宋元之後，又出現了諸如“頓首”（圖貳1·51）、“副啓”、“再拜”、“慎餘”、“謹封”、“護封”、“封全”（圖貳1·52）等等稱呼，並有魚雁形圖像印，也爲封書所用。四字印和六字印較少，四字印有東漢“封完請發”印（圖貳1·53），六字印如江蘇出土的新莽時期“封信願君自發”印（圖貳1·54），等等。兩漢時期還有多達十餘字的印例,同樣不見持印人的姓、名、字,估計是當時的一種商品印章,購來和姓名印章配合使用。

簡略書簡印上没有封信者的姓名、官署等等内容,作爲書簡的專用印來説,内容不够翔實準確完備,因此,這些印章很可能是與另外一些姓名印、公用印合用,例如東周秦漢泥封上見到的用雙印加蓋的現象,當然也可由官署簽封時用。

圖貳1・44 信

圖貳1・45 印

圖貳1・46 私信

圖貳1・47 信印

圖貳1・48 印完

圖貳1・49 檢竊

圖貳1・50 完封

圖貳1・51 頓首

圖貳1・52 封全
(或讀"丁氏封全")

圖貳1・53 封完請發

圖貳1・54 封信願君自發

（2）帶姓名書簡印

帶姓名書簡印，即將印主人的姓名或字與“印”、“印信”等等字樣鎸刻于同一印面，格式如“某某信印、某某印信、某某之信印、某某之印信、某某私信印、某某私印信”等，兩漢魏晋時期帶有姓名的書簡印多用此種格式。

這種帶姓名的書簡印在兩漢魏晋時期以後逐漸發展出多種形式，有“言事”，如四川出土的東漢“王表言事”印（圖貳1·55）；有“白事”、“白牋”，如江蘇出土的東晋“顔綝”六面印中有兩面爲“顔綝白事”、“顔綝白牋”印（圖貳1·56）；有“言疏”、“白疏”，如湖北出土的“王羲之”六面印中有兩面爲“羲之言疏”、“羲之白疏”印（圖貳1·57）；有“啓事”，如東晋“秦元孫”六面印中有一面爲“秦元孫啓事”印（圖貳1·58）；有“封信”，如東晋“劉茂”六面印中有一面爲“劉茂封信”印（圖貳1·59）；有“歸書”，如東晋“孫碩”六面印中有一面爲“孫碩歸書”印（圖貳1·60），此印又有“孫碩白牋”之例；如此等等。在北朝“獨孤信”多面印中，有“臣信上疏、臣信上章、臣信上表”等印，大約此多面印的這些内容表示了爲獨孤信專門向上呈遞章表所用。東漢時，尚有如“劉次卿印完封請發”（圖貳1·61）這樣的姓名書簡印格式。

圖貳1·55　王表言事

圖貳1·56　顔綝白事　顔綝白牋

圖貳1·57 羲之言疏　羲之白疏

圖貳1·58 秦元孫啓事

圖貳1·59 劉茂封信

臣碩

孫茂鴻

孫碩歸書

孫碩

孫碩白牋

印完

圖貳1·60“孫碩”六面印

圖貳1·61 劉次卿印完封請發

（3）複雜姓名書簡印

從西漢中期開始，除了姓名書簡内容之外，有些印章還要加上一些自謙致禮之類的詞句，這種印章稱之爲複雜姓名書簡印。例如陝西出土的東漢“肊子伯印宜身至前伯（迫或百）事不閒願君自發印信封完”印（圖貳1・62），長于此例或短于此例的複雜姓名書簡印，在兩漢魏晋時期均有所發現。

圖貳1・62　肊子伯印宜身至前伯（迫或百）事不閒願君自發印信封完

4. 畫印

畫印在目前大部分印學著作中被稱爲“肖形印”，這其實是不够準確的，因爲在這些印的印面上並不是對客觀“形象”的“畢肖”表達，而往往是一種藝術化的“變形的”創製。筆者擬改稱爲“畫印”，畫印又包括比較具象的“畫像印”和比較抽象的“圖案印”。最早的中國古代畫印，可能與地中海沿岸及西亞、中亞的古代無文字印章有一定關係，受到那些地区画印的影响，目前我國最早的畫印見于商周時期。除畫印印章本身之外，在從東周到秦漢時的印陶及泥封上，也能見到一些畫印所抑蓋的遺痕。

至今學術界對畫印的性質與具體功用説得不太清楚，歷史文獻也不見此類記載。在筆者整理的、出土于河南新蔡戰國時期泥封有畫印抑製，與當時當地以商業内容爲主的楚泥封共存爲一群，所以筆者認爲可能有商業封標性質，但其他就難以説明了。又例如河北滿城的西漢崖洞墓是等級很高的諸侯王——中山靖王墓，墓中出土了一批畫印，内容也比較豐富，但是，這些畫印究竟屬于私印還是屬于公印性質？它們是模仿實用印還是專門製作的殉葬明器？它們是有着特殊的用途還是一般把玩印？有的畫印上有具象的神話故事，有的只是抽象表達，這是爲什麽？……這些問題都有待進一步的探討。

有關中國古代畫印的一些形式表達問題，在本章的後面小節中，還要進行一些討論。

5. 宗教印

宗教是世界歷史上一種複雜的社會精神現象與社會生活方式，反映宗教内容的歷史印章可區分爲私印與公印，私人所用的宗教印主要有以下兩種：

（1）含有宗教色彩的印章

這類印章雖然含有宗教色彩，但内容並不與宗教組織活動有關，也不直接反映有關的宗教儀軌。這類印章起始的確切時間不很清楚，在兩漢時代，這類印章便可以見到，如傳世東漢的“趙詡子産印信福禄進日以前乘浮雲上華山飤玉英飲醴泉服名藥就神仙”印（圖貳1·63），其所反映的就是神仙家宗教色彩。又如大約屬于東漢時期的“龍蛇辟邪”印（圖貳1·64），有着厭勝之用的宗教色彩。魏晋南北朝隋唐之後，這類含有宗教色彩的印章也有一些，五代、宋、金、元的押印中既有反映佛教色彩的“卍”字紋樣印，又有反映伊斯蘭教色彩的净瓶紋樣，又有反映道教色彩的法器寶物紋樣，又有反映基督教色彩的“十”字紋樣印。

圖貳1·63 趙詡子産印信福禄進日以前乘浮雲上華山飤玉英飲醴泉服名藥就神仙

圖貳1·64 龍蛇辟邪

（2）反映一定宗教儀軌的印章

這類印章的内容直接反映有關宗教的儀軌，但没有反映宗教組織活動。這類印章在留存的歷史文獻中有所記載。例如晋人葛洪在《抱朴子·登涉篇》中曾有這樣的記載："古之人入山者，皆佩黄神越章之印，……以封泥著所住之四方各百步，則虎狼不敢近其内也。……若有山川社廟，血食惡神，能作福禍者，以印封泥，斷其道路，則不復能神矣。"

從考古遺存來看，存世的此類印章不少，從東漢到魏晋南北朝時期，所見到的此類印章有"黄神之印"、"黄神越章"、"天帝神師"、"天帝殺鬼之印"、"黄神越章天帝神之印"（圖貳1·65）等等。此外，一些道家的符籙印也有發現（圖貳1·66）。在江蘇鎮江出土了一枚東晋時期的有道家内容的六面印（圖貳1·67），據估計屬于當時道教人物所用。對上述印章，目前學界多認爲是私用印，但其中也可能存在個别公用印。宋元之後，一些"佛法僧印"可能也屬于私印（圖貳1·68）。

圖貳1·65　黄神越章天帝神之印

圖貳1·66　符籙印

圖貳1·68　佛法僧印

大一三府

三五將君

南帝三郎

東治三師

圖貳1·67　含道家内容的六面印（選四）

6. 詞句印

詞句印又稱爲"閒文印"、"勵志印"、"成語印"、"祝詞印"、"祈禱印"、"吉語印"等等。在一些著作中，根據其印面文字内容的不同，被劃爲不同小類，筆者認爲這種過細的劃分是没有必要的。這類印章對研究當時人們的心理活動、社會習俗等提供了很好的資料。在東周秦漢魏晋時期，詞句印流行甚廣，内容龐雜不一。古代詞句印的存在對隋唐宋元之後的印章、尤其是文人流派印章的發展具有一定的影響。從詞句印的内容來看，東周秦漢魏晋南北朝各時期的此類印章，又可以細分爲以下三種。

（1）單純詞句印

這種詞句印就是不加畫印、姓名印等内容，單純以詞句刻印的情況。這種單純的詞句印從戰國時或更早便已出現，根據字數的不同，可以分爲一字印，如戰國時期的"敬"（圖貳1·69）、"昌"

璽（圖貳1・70）；兩字印，如戰國秦漢時常見“敬上”、“敬事”、“千秋”、“萬歲”（圖貳1・71）、“志遂”、“宜璽”（圖貳1・72）、“大利”、“長樂”、“日利”（圖貳1・73）等等；三字印，戰國秦漢時有“君子士”（圖貳1・74）、“大吉昌”（圖貳1・75）、“百千万”（圖貳1・76）、“宜子孫”等等；四字印，戰國到秦漢時有“云子思士”、“王之上吉”、“長思高志”、“相思得志”、“日利千萬”、“宜官内財”（圖貳1・77）、“長樂無極”（圖貳1・78）等等；多字印，如戰國時期的“千秋萬世昌”組印、東漢的“綏統承祖子孫慈仁永保二親福禄未央萬歲無疆”印（圖貳1・79）等等。在歷史文獻中，也曾經記録有多字詞句印，如《漢書・王莽傳》記載有“維祉冠存己夏處南山臧薄冰”的多字印。

圖貳1・69　敬

圖貳1・70　昌

圖貳1・71　萬歲

圖貳1・72　宜璽

圖貳1・73　日利

圖貳1・74　君子士

圖貳1・75　大吉昌

圖貳1・76　百千万

圖貳1・77 宜官内財

圖貳1・78 長樂無極

圖貳1・79 綏統承祖子孫慈仁永保二親福禄未央萬歲無疆

（2）詞句畫印

即在印面上有詞句與畫印内容相配合的印章。從戰國晚期到秦漢魏晋時期，這種印章相當流行。從印章的内容來看，詞句一般不太長，如漢代的"大年"、"壽樂"、"宜子孫"（圖貳1・80）、"日利千萬"（圖貳1・81，畫在文字筆劃之間）等印。

圖貳1・80 宜子孫

圖貳1・81日利千萬（陶文拓本）

（3）姓名詞句印

這種印章的印面内容由姓名加詞句組成，上文在介紹姓氏名字加其他内容的印章時，曾經于"姓名詞句印"條内作了介紹，此處從略。

隨着時代的推移，古代的詞句印章逐漸發展爲近現代印章中的閒文印、格言印、詩文印等等。這些印章摘録名言、錦句、詩詞、佳作等等，或者表達治印者或執印者的志趣，或者透露其性情，或者展現其愛好，或以印文烘托漢字文學的美感，成爲流派印章藝術中特色突出、韻味高妙的一支。

7. 押字印

又稱爲“署押印”、“花押印”、“押花”、“押字”、“押記”、“戳記”、“押”等等。作爲一種文字兼用行草隸楷，畫像圖案形狀變幻莫測，以杜姦、防僞、取信爲目的而采用的印章，其確切意義只有使用者清楚。

押字印起源于何時，目前印學界還没有統一的認識。通過對商周秦漢時期的印章進行研究發現，它們中的一部分可能有署押的作用。翻閲歷史典籍可以發現，古代學者對押印的起源有多種説法：一種説法認爲，六朝時的“鳳尾書”亦稱“花書”，後人以這種鳳尾書體入印作押。又一種説法是宋人周密在《癸辛雜識》一書中説：“古人押字，謂之花押印，是用名字稍花之，如韋陟五朵雲是也。”還有一種説法認爲，押印源于後周時的詔令，元末明初人陶宗儀在《輟耕録》中説：“（後周）廣順二年（952），平章李穀以病臂辭位，詔令刻名印用。據此，則押字用印之始也。”根據以上説法，則押印又可能源于五代十國時。押字印在元代相當盛行，陶宗儀在《輟耕録》中對此現象如此評價道：“今蒙古色目人之爲官者，多不能執筆花押，例以象牙或木刻而印之。”這一説法可能存在着對元朝統治者的揶揄諷刺，不能够完全憑信。

押印行用的方式很寬泛，官私文件中有之，商業金融合同中有之，錢鈔標識中有之，金銀貨幣中有戳印之，磚瓦陶器中有印之，建築材料上有以記號之，書畫等藝術品上也鈐用之……非常複雜，不能盡數。

結合近年的出土研究可知,自五代始,宋、遼、西夏、金、元、明等各代都曾經使用過押字印(圖貳1・82,83,84)。明清時代之後,押字印逐漸減少,一些押字印轉爲一種商號加花押印。此外,在押字印中,也有相當部分應屬于公用印。

8. 館室印

又稱爲"齋館印",具有廣義和狹義之分。廣義上的館室印是指用于專門功能的館室的專用印,戰國時楚國的驛館性質的公印"專室之璽"(圖貳1・85)與郵驛有關,是此類印章的早期例證。狹義的館室印指歷代文人達士的館室印、齋館印。據傳,此類印章起源于唐朝李泌所用"端居室"印(圖貳1・86),筆者根據印面分析,認爲至少這一枚印蜕不可靠,可能爲後世根據文獻記載的妄作。在考古出土中,曾見北宋的"文房之印"(圖貳1・87)。宋代之後,這類印章被迅速納入各流派的藝術印章系統。

圖貳1・82 金

圖貳1・83王(押印)

圖貳1・84八思八文加押

圖貳1・85 專室之璽

圖貳1·86 端居室(摹本)

圖貳1·87 文房之印

9. 考藏印

考藏印包括收藏印、鑒賞印、校訂印等等,標示持印者與所考藏的對象之間的關係。從古至今,總有不少考藏印的持印者本人就是某類器物的收藏家與鑒定家。戰國至秦漢時期的印章中,有一部分印章很可能具有考藏印的性質,有待進一步認識分辨。學界一般認爲,最早的考藏印當屬唐太宗"貞觀"印和唐玄宗"開元"印。當然,也有研究者對此兩印的真僞持懷疑態度。五代時的"建業文房之印"(圖叁7·13)或有考藏性質,但其爲公印還是私有,有待進一步考量。宋以後,此類印章納入流派藝術印章系統。

以上,筆者主要探討了中國古代歷史上私用印的若干品類,並嘗試性地建立起私用印的品類框架,希望能藉此將今後的研究中發現的新材料、歸納的私印新用途依次納入或補充,甚至對這個框架及類目進行必要的修訂。需再次指出的是,其中的一些品類與公用印可能是相互重合的。

(二)公印

"公印"又稱爲"公用印"。目前,大部分的印學論著中均將其稱之爲"官印",這樣的稱呼不盡妥當。因爲有相當數量的歷史印章並不屬于私印,也没有反映官署或職官的内容,所以,職官印只能是公印中的一個重要品類,用"官印"一詞代指全部公印不甚合適,這個意見前面已討論過了,有必要在此重申。公印中有實用印章,也有隨葬的印章,品類的劃分較之私印要複雜一些,筆者謹將其分爲以下的幾個品類。

1. 職官印

職官印是公用印中非常重要的一類,綴以具體的職官名稱内容,其印面内容反映了中國職官制度史、政治史的重要問題,價值足與各類的歷史文獻相媲美,歷來受到研究者的高度重視。根據其特點,職官印還可以更爲細緻地類分爲官署印、官印、頒賜的民族地區和域外官印、職官姓名印等。

(1)官署印

這類公印在印面上鎸刻的内容爲官署或者機構的名稱,或者前有某地名後加某官署、機關名。這種印章在官署或機構名稱後,並不綴以首長或具體官吏的名稱,這一做法一直沿用到現當代。官署印各代均有,略舉例如下:如戰國時期的"南門之鉩"、"安易水鉩"(圖貳1・88)、"司馬之鉩"(圖貳1・89)、"尃室之璽"(圖貳1・85)、"大府"璽;秦時的"弄狗廚印"(圖貳1・90),西漢時的"長沙頃廟"(圖貳1・91)、"楚邸"(圖貳1・92)、"上沅漁監"(圖貳1・93),東漢時的"司禾府印"(圖貳1・94),隋時的"右武衛右十八車騎印"(圖貳1・95),唐時的"天門軍之印"(圖貳1・96),元時的"常樂藴(站)印"(圖貳1・97)等等。

圖貳1・88 安昜水鉥

圖貳1・89 司馬之鉥

圖貳1・90 弄狗廚印

圖貳1・91 長沙頃廟

圖貳1・92 楚邸

圖貳1・93 上沅漁監

圖貳1・94 司禾府印

圖貳1・95 右武衛右十八車騎印
（52×52）

圖貳1・96 天門軍之印
（55×55）

圖貳1・97 常樂蘸(站)印

（2）官印

本書所指的“官印”，即印面的内容爲職官的名稱，職官文武職都有，品秩正副級皆見。有一些璽印上出現的是持印者身份，如皇帝、皇后、諸侯王、公侯封君等等，與一般的行政或軍事官員所持印章並不一樣，但在劃分時，仍然將其放在官印之内。官印的使用既代表用印者，又代表某一統治層次或者某一官署機構。官印又可以分爲以下幾類：

①帝室、封君、諸侯、地方政權王侯用印。如戰國“春安君”

印（圖叁4・49）、"富昌韓君"印（圖貳1・98），秦"昌武君印"（圖貳1・99）、秦"皇帝信璽"泥封（圖貳1・100），西漢"皇后之璽"（圖貳1・101）、西漢南越國"文帝行璽（圖貳1・102）、"泰子"印（圖貳1・103）、"滇王之印"（圖貳1・131）、"淮陽王璽"（圖貳1・104）、"軑侯之印"（圖貳1・105）、"諸國侯印"（圖貳3・6）、"左夫人印"（圖貳1・106），東漢隗囂政權的"朔寧王太后璽"（圖貳3・58）、"漢委奴國王"印（圖貳1・107）、"廣陵王璽"（圖貳1・108）、"夫租歲（濊）君"印（圖貳1・109），三國"廣鄉亭侯"（圖貳1・110）印，北朝"高城

圖貳1・98　富昌韓君

圖貳1・99　昌武君印

圖貳1・100　皇帝信璽（泥封拓本）

圖貳1・101　皇后之璽

圖貳1・102　文帝行璽

圖貳1・103　泰子

圖貳1・104　淮陽王璽

圖貳1・105　軑侯之印

圖貳1・106　左夫人印

圖貳1・107　漢委奴國王

圖貳1・108　廣陵王璽

圖貳1・109夫租歲(濊)君

圖貳1・110 廣鄉亭侯

圖貳1・111 高城侯印

圖貳1・112 臨渭男章

圖貳1・113 高祖神武聖文孝德明惠皇帝謚寶
（117×107）

圖貳1・114 神宗範天合道哲肅敦簡光文章武安仁之孝顯皇帝之寶（130×140）

圖貳1・115 和碩怡親王寶（117×117）

侯印”（圖貳1・111）、“臨渭男章”（圖貳1・112）、“衛國公印”（圖貳4・14），五代前蜀“高祖神武聖文孝德明惠皇帝謚寶”（圖貳1・113），明“神宗範天合道哲肅敦簡光文章武安仁之孝顯皇帝之寶”（圖貳1・114），清“和碩怡親王寶”（圖貳1・115）等等。

②中央政府屬官印。如漢代的“大行丞印”（圖貳1・116）、“大司農丞”印（圖貳1・117）等等。

圖貳1・116 大行丞印

圖貳1・117 大司農丞

③各地方行政官印，包括諸侯屬國官印。如西漢“長沙丞相”、“彭城丞印”（圖貳3・10）、“南越中大夫”、“睢陵家丞”（圖貳1・118）、“藜田之史”（圖貳1・119）、“齊祠祀印”、“長沙僕”（圖

貳1・120),新莽“圜陽馬丞印”(圖貳1・121)、“紅陽侯國徒丞”(圖貳1・122),東漢“琅邪相印章”(圖貳3・76),魏晋南北朝時期“陰平太守”(圖貳1・123)、“零陵太守章”(圖貳3・28)、“蘭陵太守章”(圖貳6・10)、“當塗令印”(圖貳1・124)、“涓陽令印”(圖叁6・7),等等。

圖貳1・118 睢陵家丞

圖貳1・119 藜田之史

圖貳1・120 長沙僕

圖貳1・121 圜陽馬丞印

圖貳1・122 紅陽侯國徒丞

圖貳1・123 陰平太守

圖貳1・124 當塗令印

④軍旅印。這種印章爲數較多，内容完全一致的也很多，反映了軍官的等秩，保留至今的古代軍旅印中有高級將軍的印章，也有最下級軍吏的印章。從這些印章持有者的職位來看，有的直接擔負征戰任務，有的爲後勤軍屯方面的職守。略舉一些例子如下，如戰國時的"右將司馬"、"榆平發弩"（圖貳1·125）、"將軍之鉨"（圖貳1·126），東漢"平東將軍章"（圖貳3·75）、"校尉之印章"（圖貳1·127）、"部曲將印"、"騎部曲將"印、"軍曲侯印"、"軍司馬印"，南北朝"立節校尉"印（圖貳1·128）、"廣武將軍章"（圖叁6·2）、"寧朔將軍章"（圖貳1·129），隋"右武衛右十八車騎印"（圖貳1·95），唐"天門軍之印"（圖貳1·96），五代到北宋初葉"軍資庫印"（圖叁7·12），宋"神衛左第四軍第貳指揮第五都記"（圖貳3·24），明"規秦將軍之印"（圖貳3·26），等等。

利用中國古代各種官署及職官璽印，往往能填補中國金字塔式的古代各級職署機關機構、各種職官名階譜的空白，使其結構更加清晰、明確。

圖貳1·125　榆平發弩

圖貳1·126　將軍之鉨

圖貳1·127　校尉之印章

圖貳1·128　立節校尉

圖貳1·129　寧朔將軍章

（3）頒賜給民族地區及域外官印

這部分印章在一定程度上反映了中國古代歷史上民族地區、域外諸國對于中原地區、王朝中央的複雜關係，這種關係大多以隸屬中央爲主。特别是通過考古發掘發現的此類遺存，爲了解古代民族的地域分布、與中央王朝的關係以及各民族之間的交流提供了相當重要的信息，成爲研究中國古代民族史和外交史的不可缺少、不可替代的基本資料。

和官印相似，這些頒賜給民族地區或域外地區的職官印上有的綴以行政或軍事官員的名稱，有的表示統治者的身份。這部分印章的起源並不十分清楚，較早的一例是戰國晚期"兇奴相邦"，本印的歸屬有趙國説、秦國説、匈奴説等等，筆者認爲是受秦國影響的匈奴人政權所爲（圖貳1·130）。還有西漢時期的"滇王之印"（圖貳1·131），新莽時期的"新西國安千制外羌佰右小長"（圖貳1·132）等。從東漢開始，到魏晋南北朝時期，這類印章大量出現，並冠以中央的名字，如東漢的"漢委奴國王"印（圖貳1·107）、"漢匈奴惡適尸逐王"（圖貳1·133）印，曹魏的"巍丁零率善佰長"印（圖貳1·134），西晋的"晋歸義羌王"印（圖貳1·135）等等，由此可見，從新莽到東晋，此類印章會冠以"新"（新莽）、"漢"（東漢）、"巍"（曹魏）、"吴"（孫吴，極少見）、"晋"（大部分西晋，極少爲東晋）字樣，這是很重要的標識。

圖貳1·130 兇奴相邦

圖貳1·131 滇王之印

圖貳1·132 新西國安千制外羌佰右小長

圖貳1·133 漢匈奴惡適尸逐王

圖貳1·134 巍丁零率善佰長

圖貳1·135 晋歸義羌王

（4）附：關于職官姓名印的討論

職官名之後又加姓名的印章，在此前的私印部分中已經進行了初步的討論，這些印章基本上都是用于隨葬的明器，筆者將其納入私印的範疇。由于它們的前面常常冠以職官内容，所以，不少印章研究者以往也將它們納入公印的範疇。職官姓名印與本書所謂“官印”作用相似，爲學者研究中國古代官制提供了相當重要的研究資料。職官姓名印有其獨到的價值——一些此類印章上的人物有的見于史册，爲學者的研究提供了更爲確切的可信資料。雖然筆者認爲，此類印章屬于私印，但因其有職官的内容記載，筆者以附録的形式置于此處，作爲必要的説明。

可是，2016年馬驥先生在《新出新莽封泥選》中，披露了近年出土于陝西西安北郊的一批泥封，這無疑是王莽新朝實用印章之遺。人們在其中見到職官内容加姓名之例，如“大司馬士王尊”（圖貳1·136）、“國將士印石龔”（圖貳1·137），等等。這樣可以看作在少數朝代,存在着職官名加姓名的公印印例,應當是明確官員個人責任之用。

圖貳1・136 大司馬士王尊(泥封拓本)

圖貳1・137 國將士印石龔(泥封拓本)

2. 社會組織印

所謂"社會組織",指一般不屬于官僚機構體系中的一部分,而處于職官署府之外的某些專門組織,它們也具有社會性,也具有組織管理的效能。這些組織也使用印章,這些印章也在一定範圍内具有共同認可的效用,其性質仍是社會的公用印。各式各樣的社會組織印的行用,差不多涵蓋了整個中國古代社會的各個領域,例如商貿金融、鄉黨、會館、集社、團體、教育、武裝、幫會、地區某種活動用印章等等。宗教印,從其性質來看,也屬于社會組織印中的一種,筆者在上文已將與私人、私用有關宗教印單列爲私印中的一種進行闡述,所以,筆者對宗教組織的公印也進行同樣的處理,不納入此類而另立一類。

社會組織璽印的歷史,可以追溯到商周時期。在傳世的商代璽印上,有類似族徽的符號,外框以"亞"字形,有學者研究認爲,所謂的"族徽"及"亞"就是某一社會階層或職司的標識符號,商璽實質上是殷商時代一種社會組織用印(圖貳1・138)。從戰國開始,這種社會組織印的存在相當普遍,如戰國"左私田"璽(圖貳1・139)反映了當時一種和公田相對的土地管理制度;秦朝到東漢時的"左鄉"(圖叁5・29)、

“北鄉”（圖貳3・95）、“安陽鄉印”（圖貳3・98）、“葘亭”、“安陸市亭”（圖貳1・140）、“幹中三老”（圖貳1・141）、“外里祭尊”（圖貳1・142）等等，都從不同的側面反映了當時的鄉、市、亭、里、基層教化等社會組織及主持人一些用印的情況。其中有些地名可以與文獻對應，列入歷史地名中；還有一些官名可以併入職官印中。但是，這種社會組織的主持者，與中央到地方各級行政官署所封及所委任的已成定制的官吏還是有很大區別的。社會組織印自其出現之日起，一直行用到近現代，從未中斷。

圖貳1・138　亞畢示

圖貳1・139　左私田

圖貳1・140　安陸市亭（陶文拓本）

圖貳1・141　榦中三老

圖貳1・142　外里祭尊

3. 宗教印

宗教印中的公用印與私印的不同之處在于，它一般不是由私人佩蓋的，而是在一定的群衆範圍内使用的，並且常由某個宗教組織如寺廟、道觀等執掌。宗教公用印涉及有佛教、道教、伊斯蘭教、基督教、天主教等所有曾經在中國境内流行的宗教,是宗教史研究的重要實物資料。

東漢時,在社會上流行一些天帝殺鬼、黄神越章等内容的印章,如"天帝使者"、"郭北十亭天嚴殺鬼章"(圖貳1・143)等等,筆者推測這些很可能是當時地方團體性的宗教公用印。雖然絶大多數東晋南朝時期的六面印都屬于私印,但江蘇鎮江出土的一枚東晋時期的六面印,其中有四面内容分别爲"大一三府、三五將君、南帝三郎、東治三師"等(圖貳1・67),如果不屬于公印,至少也是模仿當時的道教公印所刻印章。宋元之後,有相當一部分宗教印由中央或地方行政官署頒發,如遼代"開龍寺記"印(圖貳1・144)。這時期也有一些寺廟道觀自己鑄造宗教公印,如明代的"道經師寶"印(圖貳1・145)。一些農民起義、農民政權受宗教的影響較大,其印章也披着濃厚的宗教色彩,如太平天國的"天父上帝"玉璽(圖貳1・146)便是其中比較有名的一例。宗教機構的公印一直沿用到現代。

圖貳1・143 郭北十亭天嚴殺鬼章

圖貳1・144 開龍寺記

圖貳1·145 道經師寶

圖貳1·146 玉璽天父上帝太平恩和輯睦天王洪日天兄基督救世幼主主王興篤八位萬歲真王貴福永定乾坤永錫天禄（199×194）

4. 農民起義、農民政權用印

中國歷史上的農民起義發生頻繁，農民戰争的規模宏大，可謂舉世所罕見。一些研究者習慣將農民起義和農民政權所用印章納入一般職官印範疇進行討論，這並不妥當。筆者認爲，農民起義、農民政權的許多制度建設明顯與當時的統治者不同，所用印章從專稱、用字、印文到圖案的表現，甚至印章面形的設計、印的形制及尺寸，都表現出其倔强的逆反個性，這些印章不宜簡單納入一般的職官印範疇。當然，一些農民起義的領袖後來成功轉變爲新王朝的執掌者，其政權的印章從各方面都發生了相應變化，轉而以嚴格正統的面目出現，這時印章也就不再屬于農民起義、農民政權用印範疇，而應納入一般職官印章；一般從形式來看，這時的公印也往往不再用起義時的形式，而納入主流式樣。雖然農民起義、農民政權用印在中國印章史上不占主導地位，但是，它們在中國農民戰争史的研究中，具有獨到的科研價值。

農民起義、農民戰争自先秦以來便存在，某些地方割據政權如東漢初期“朔寧王”都曾留下印章標識，以常理推論，農民起義、農民政權的用印也應當自先秦以來歷代皆有，但是，到目前爲止，尚無學者從此角度認真鑒別，有一些農民起義、農民政權的用印應當混迹于一般公印之中。元末以來這些印章比較容易區别，這類印章有元末紅巾軍“汴梁行省管句所之印”（圖貳1·147），明末李自成“夔州防禦使符”（圖貳1·148），張獻忠“南鄭縣印”（圖貳1·149），清朝太平天國“天父上帝”玉璽（圖貳1·146）、“旨准”（圖貳1·172）、“太平天國浙江海寧州前軍右師左旅帥”（圖貳1·150），雲貴地區白蓮教“奉天行令統理山河社稷奉聖遵行執掌中國權衡風調雨順天下太平宋朝皇印”（圖貳1·151）、杜文秀“南軍後參軍篆”（圖貳1·152）、義和團“永邑信安鎮乾字北義合團人等全勝”木印（圖貳1·153）等等。

5. 地名印

至遲從東周起，地名印便存在于世，此後歷代均有出現。這些印章中，雖然只見地名不見官署字樣，但是有很大一部分可能是官署印章，只是省略了官署機構或官吏的名稱。例如東周時期的“郝”、“陽城”（圖貳1·154）、“亳丘”（圖貳1·155）、“亳”（圖貳1·160）印陶文，秦漢時期的“蕃里”（圖貳1·156）印陶文，西漢“安陽鄉印”（圖貳3·98）、“荼陵”（圖貳1·157），又如隋代“永興郡印”（圖貳1·158），唐“柳中縣之印”（圖貳1·159），等等。此外，還有一些地名印的意義至今並不十分明確。地名印屬于公用印，其用法可能與一般官署印、官印等有一定的區别。這類印在近現代流派印中有些演變爲籍貫地望印。

圖貳1・147 汴梁行省管句所之印
（Φ102）

圖貳1・148 夔州防禦使符
（103×60）

圖貳1・149 南鄭縣印
（72×72）

圖貳1・150 太平天國浙江海
寧州前軍右師左旅帥
（98×46）

圖貳1・151 奉天行令統理山河社稷奉聖遵行執掌中國權衡風調雨順天下太平宋朝皇印
（190 × 190）

圖貳1・152 南軍後參軍篆
（73 × 73）

圖貳1・153 永邑信安鎮乾字北義合團人等全勝
（140 × 30）

圖貳1・154 陽城
（陶文拓本）

圖貳1・155 亳丘
（陶文拓本）

圖貳1·156　蕃里
（陶文拓本）

圖貳1·157　荼陵

圖貳1·158　永興郡印（摹本）

1·159　柳中縣之印（摹本）
（約55×55）

6. 記事印

記事印有廣義與狹義之分。廣義的記事印包括除了把玩印、部分畫印之外的幾乎所有印章，因爲大部分印章都有其專門表達的“記事”內容。這裏所説的記事印，是專門指狹義而言，所列舉的都是具體的事件記録用印。例如戰國“十一年以差、亳”（圖貳1·160）、“廿二年正月左匋尹，左匋攻敨”（圖貳1·161）等等。記事印作爲一種較爲特殊的印章，逐漸轉型，到明清時已發展成“條記”、“鈐記”、“戳記”等多種形式。

圖貳1·160 十一年以差 亳(陶文拓本)

圖貳1·161 廿二年正月左匋尹 左匋攻敔(陶文拓本)

7. 其他用印

又稱爲“雜用印”,是指一些標明專門用途的公用印,或者雖未標明用途但確知其用法的公用印。這些印章與私印中的雜印有明顯不同,它們有的標以地名、官署名,再綴以用途,有的則直接叙述其用法。

(1)烙革印

從東周時代起,烙革用印便已存世,並且一直流行到近現代。

這種印章所見最多的是烙馬匹用印，如戰國時的“日庚都萃車馬”璽，也有讀作“暕都萃車馬”璽（圖貳1·162），此印有的研究者懷疑是烙于木質車馬具之上。西漢的“靈丘騎馬”印，五代“汗赭”鐵印（圖貳2·5）。此外還有烙牛印，如漢代“許牛”（圖貳4·11）印。烙于人身上的印章所見不多，筆者認爲例如漢代的“曲革”印（圖貳1·163），爲漢代烙于豪强私家武裝部曲戰士身上的專門用印，近年又見到西漢“沈丁”烙人之印。

（2）烙木印

這種印專門烙于木材，多爲當時售木徵税之用，從戰國一直流行到近現代。如戰國時期齊國的“左桁稟木、左桁正木”印（圖貳1·164），“左王既正”烙印遺痕（圖貳1·165），三晋的“女（汝）木府”印（圖叁4·50）。

圖貳1·162　日庚都萃車馬

圖貳1·163 曲革

（3）制陶用印

這種用印在先秦時便已出現，流傳到現代，不僅有制陶器專用印，還有制磚瓦專用印等。如戰國時期的"匋攻昌"（圖貳1·166）、"咸亭右里道器"（圖叁4·91）、"左司高瓦"印陶文（圖貳1·167）等等。

圖貳1·164 左桁正木

圖貳1·165 左王既正（桲木烙印拓本）

圖貳1・166　匋攻昌(陶文拓本)

圖貳1・167　左司高瓦(陶文拓本)

(4)鈔幣印及銷鈔印

這種印章隨着紙質鈔票的産生而出現,從南宋開始一直流行到近現代。如南宋的"壹貫背合同"鈔幣印(圖貳1・168)便是有名的鈔票印,元代的"昏爛鈔印"則屬專門爲銷鈔而存在的一種印章(圖貳1・169)。

(5)有關祭享及家役使印

這種印章歷代均有,如漢代的"東園"(圖貳1・170)、"大牢"(圖貳1・171)、"家吏"等等。

圖貳1・168　壹貫背合同(摹本)

圖貳1・169　昏爛鈔印

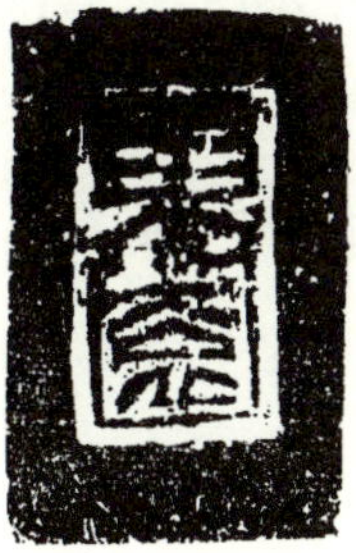

圖貳1·170 東園(陶文拓本)

圖貳1·171 大牢(陶文拓本)

(6)印書的審核批准印

從宋朝起,對于哪些書籍允許刊刻,哪些書籍禁止印行便已經有了朝廷及各級政府的規定,筆者估計,對印刷書籍進行審核的批准印章應當隨着這種機構的産生而産生。到目前爲止所見的此類印章只有太平天國時期的"旨准"印(圖貳1·172)。

圖貳1·172 旨准
(117×117)

(7)倉儲用印

中國有數千年"以農立國"的傳統,又有重視鹽鐵經濟的傳統,因此古代璽印中有糧食與食鹽的倉儲用印,又稱"倉糧拍印"。《睡虎地秦墓竹簡·倉律》記:"入禾倉,……縣嗇夫若丞及倉、鄉相雜以印之”，應當即是指倉印之用，標本可見例如西漢“倉内作”銅印（圖貳1・173）。這類印一直有木質的，但歷久難存，近年考古工作中在内蒙古居延肩水金關遺址發現了珍貴的木質“萬石”倉印（圖貳1・174）。此外，在山東還發現了珍貴的鹽倉之印，即西漢“右鹽主官”印（圖貳1・175）。

所謂的“雜用印”面廣量大，決不止以上所述幾類，今後仍應加强對此類印章的細緻研究分析。

本節所討論的是中國歷代印章的基本分類，這是一次嘗試。古代印章的分類工作，不應當爲了分類而分類，筆者所進行的這種工作，就是爲了讓數量逾萬的歷史璽印資料，走出“古董”、“古玩”、“死文物”這種僅供人欣賞玩弄的境地，使之活生生地再現某一歷史階段的歷史、藝術、科技發展的狀況。説到底，這種分門别類就是爲了給科學系統的研究提供一種便捷的手段，實質上是一種古文獻式的建檔分類。筆者這種分類方式，還不成熟、不完善，待將來出土材料日增，結合對歷史文獻的研究更爲深入詳盡時，再對此基本分類作出相應的補充修正。

結束本節時，擬引用中國璽印史研究的兩句成語俗話：

第一句話是：“官印（公印）欲其不史，私印欲其史。”人們所能見到的公用印内容，最好是在歷史文獻中尋覓不見的、失載的，即所謂“欲其不史”，這樣一來，它就能起到非常重要的、有關古代職官體制的文獻補缺考訂作用。而對于私印恰好相反，私印的持有者最好是歷史上的聞人達士，無論是帝王將相還是儒生百姓，即所謂“欲其史”，那這枚私印就是他們實踐、生活的重要物證，他們的價值就比另一些無史可證的私印更高一些。

圖貳1・173　倉內作

圖貳1・174　萬石（印面照片）
（150×120）

圖貳1・175　右鹽主官
（235×255）

第二句話是:“史在官印(公印),藝存私印。”這説的是,在中國歷代的公用印當中,保存了大量具有較高史料價值的内容,尤其是政治、經濟、地理、職官等等的内容,甚至等同于珍貴的歷史文獻。但是,公印受嚴格的用印制度制約,因此,雖然有一些藝術價值較高的作品,但從整體上來看,又顯得千篇一律,少有生氣。與公印恰好相反,私印的持有者雖然大多數史無可證,史料價值一般難以與公用印相匹敵,但它從體形、鈕制到用字等方面都隨着社會風尚和個人喜好發生變化,與公用印的千印一面相比,顯得自然生動活潑,異態紛呈,保存了大量古代審美趣味與文字、印章藝術創製的信息,留下了珍貴的藝術史料遺産。

二　印體、鈕制的材質及製法

中國古代璽印製作的選材範圍極爲寬泛,有自然物,也有人工物;有金屬,也有非金屬;有有機質,也有無機質。但凡具有易得、易治、易用、不易磨損等特點的物質材料,長期以來均屬于璽印的選材範圍。逐漸地,印材的選擇還加上了材質美觀的標準。在現刻現用或者純粹以雕刻爲行爲興趣的當代藝術印章中,選材範圍竟有遇水能化的肥皂、速融的冰塊以及常温下會縮水變形的蘿蔔,等等,這些材質雖然易刻但却無法很好地保存,因此,在中國古代印章中是否曾經有這類材質的印章無從得知。

從西亞兩河流域到古埃及,它們的古印章印材以玉石質爲主,如瑪瑙、燧石、雜色陽起石、蛇紋石等等,也間有金屬質、陶質或木質印材。從中國古代璽印用材來看,選材要比兩河流域——埃及寬泛,金屬質地的比例也要大許多。

中國古代印章雖然選材較爲廣泛，但是在公印的選材上，還是有着一定的規定和限制。在秦朝以前公印的選材自由度可能比較高，如衛宏在《漢舊儀》中所説的那樣："以金、銀、銅、犀、象爲方寸璽，各服所好。"秦代以後，這種狀況有所變更："天子獨稱璽，又以玉。"根據《漢舊儀》及孫星衍的《漢舊儀補遺》的有關記載，在漢代時，皇帝所用六璽皆以白玉爲材質，皇太子、諸侯王、丞相、大將軍、御史大夫、匈奴單于等人所用印章均以黄金爲材質，御史、二千石等官員均用銀印，千石、六百石、四百石等官員均用銅印。從秦代開始，這一類的規定至少在公印範圍内執行得比較嚴格，雖然也有極少量逾制即用了上一級印材者，但不足即用低一級材質者更多一些。類似規定一直沿用到明清時期。所以，研究璽印的材質，實際上事關職官史料的研究。而在歷代私印的選材上並無嚴格的制度規定。

通過對歷史璽印材質的研究，有助于判别部分公印的施用場合（例如普通行用場合可能用較低級材質），有助于判斷部分公印的時代與真僞，也有助于了解當時的工藝水平、審美意識的發展狀况，對于今天的藝術創製，也會有一定的啓發意義。

印章的治法，又稱爲"製法"，包括對印體全部的成型和印面的文字或圖象的表現。而印面内容的鑄鎸，一般又稱之爲"治印"，在現代又稱爲"奏刀"、"篆刻"。歷代璽印的具體製作方法，在古籍文獻中難以得到全面的答案。人們要了解古代璽印的製作方法，只有面對璽印實物資料去歸納總結。中國古代印章的製法與職官或政治制度没有太多關係，但公印往往爲朝廷專門機構所製作，會遵從一定的規矩。私印往往爲市肆作坊所製作，凝結着各朝代工匠的技藝水平，反映了一定的審美意趣，是對所選材質進行合適的進一步創造的過程。同樣，認真探討總結這份文化遺産，也將會有益于當今的印章藝術創製。

本書主要着眼于古代璽印,不討論宋代以後各流派印人的藝術印章創作及用材,所以,如壽山石、青田石、昌化石、巴林石等著名的藝術印章印材本書不予介紹。同樣,以"切刀、衝刀"爲代表的流派印藝治印刀法,"薄意、藝術款識"等等各類相關印體藝術形式,也不在本書的討論範圍。

(一)材質

1. 青銅

在壽山石、青田石、昌化石等爲代表的葉蠟石印材大量涌入印壇之前,青銅印材在中國印史上長期占據數量的霸主寶座,這也是和世界上其它地區有明顯不同的地方。從殷商時代出現的最早璽印開始,無論公私印章,均多以青銅爲材質。即便是明清時期,雖然大量私印和藝術印章已經使用葉蠟石作爲材料進行刊刻,但在公印中仍以青銅印與黄銅印爲主。

中國並不是最早使用青銅的地區,但却是世界上古代青銅文化最爲發達的地區之一。從三代、東周到秦漢時代,與其他大量青銅禮器與容器器皿相比,璽印有如嬌小的花朵,若不細心注目,在早期青銅文化之中甚至可能被忽略不計。所幸在以禮器、容器爲代表的中國青銅文化主流式微之後,到東周以降,青銅璽印在各處閃爍開放,以群體的形式引起了矚目,並與鏡鑒、燈具、度量衡具、錢幣等等,一起延續着青銅文化的輝煌。

在二十世紀八十年代,香港中文大學對中國先秦至元明時期的二百五十方銅印進行了中子活化法分析,從分析結果中,研究們發現,西漢至南北朝印章中的鉛成分較之先秦的青銅印章有所提高。金屬鉛的比重增大有兩大意義：一則可以增加金屬液體的流動性，使之與外範密合，改善鑄件的質量；二則使印章印材的硬度下降，利于鎸刻。這一研究成果説明，中國古代青銅印章的合金成分在時代的流變中逐漸發生過變化。

2. 紅銅、黄銅

用純銅即紅銅爲材質製印，目前最早見于明代。大體説來，這類材質的印章以私印居多，公印很少紅銅印材，紅銅的質地要比青銅爲軟。黄銅是銅鋅合金，用黄銅作爲材質製印最早見于清代，在公印和私印中均有不少。黄銅印材要硬于青銅印材。

附：銅鎏金

銅鎏金指在青銅印體之外，加鎏金工藝而形成的一種材質。這種例子始見于戰國時期的楚國、秦國，在兩漢、魏晋南北朝均有。用這種製作工藝完成的公私印章有不少，其中，使用鎏金的公印很可能是用來作爲黄金印的替代品。

3. 金

金質璽印始見于戰國時期的楚、秦等地。兩漢時與制度相符的金質璽印在各地均出土不少，西漢時期的有如廣東出土的“文帝行璽”（圖貳1·102）、雲南出土的“滇王之印”（圖貳1·131），東漢時期的有如陝西出土的“朔寧王太后璽”（圖貳3·58）、日本福岡出土的“漢委奴國王”璽（圖貳1·107）、江蘇出土的“廣陵王璽”（圖貳1·108）和“關中侯印”、山東出土的“石洛侯印”和“平東將軍章”（圖貳3·75）等等。從魏晋南北朝直至清代，都有基本符合制度的金質公印存世或出土。還曾出土一些屬于東周秦漢魏晋南北朝時期的金質私印。

西漢以前的金質印章，其含金純度比較高，有的高達98%；西漢以後，各朝金印的含金量不斷遞減，直到如清代某親王之寶，含金量已不足60%。

4. 銀

銀質璽印始見于戰國時期三晉、楚、秦等地，此後歷朝均有公、私銀印的存在，如江蘇出土的西漢“侍其繇”銀印（圖貳2·1），山東出土的東漢的“琅邪相印章”（圖貳3·76），内蒙古出土的西晉“晉鮮卑率善中郎將”印，江蘇出土的晚明“蕩寇將軍印”（圖貳2·2）等等。在文物鑒定工作中，筆者曾見到一些博物館和收藏家將戰國、秦漢時期含錫較高的青銅璽印誤當作銀印，這點應當引起注意。

圖貳2·1　侍其繇

圖貳2·2　蕩寇將軍印
（104×104）

5. 鉛

純鉛材質的印章存世並不多見，這與鉛質難于長久保存有關，鉛質印母倒有所發現，比較著名的有故宫博物院藏有西漢的鉛質“五原候印、五原都尉章”雙面印母（圖貳2·3），此外還有幾件這類印母傳世。當然，這些究竟是否“印母”，近年已引起不同意見的争論。在江蘇所發現的南朝墓隨葬物品中，曾見一枚龜鈕鉛質的“立節校尉”印（圖貳1·128），銹蝕斑駁。

圖貳2・3 “五原候印　五原都尉章”雙面印母

6. 鐵

戰國時，一些棺椁上深烙的文字，很有可能爲燒紅的鐵印所爲。在文獻記載上，有關于職官使用鐵質印章的記載，兩漢御史所用據説爲鐵印。鐵質易銹蝕，留存至今極少，目前所見較早的例子爲江蘇出土的東漢晚期“淮陵丞印”（圖貳2・4）。陝西出土有五代“汗赭”鐵質烙馬印（圖貳2・5）。明清時代直至近現代，西藏地區有宗教使用鐵印。

圖貳2・4 淮陵丞印

圖貳2・5 汗赭
（100×60）

7. 玉

中國歷史上長期尊崇的“玉”，實際上並不是嚴格依照地質礦物學所界定的“玉”作爲標準。誠如《説文解字》所言，玉爲“石之美

圖貳2·6 陝西澄城出土玉印

者，有五德”。新石器時代以來，中國人愛玉、佩玉，成爲數千年一貫的傳統。中國人對玉的選材往往體現了地域特點，這些玉材大部分屬于“軟玉”的範疇，如遼寧地區的岫岩玉，山東地區的長石、蛇紋石，江浙地區的透閃石，河南地區的斜長石，陝西地區的大理岩，新疆地區的陽起石等等，這些在國際地礦界近年來有稱之爲“中國玉”。殷周以降，新疆所産和田玉逐漸成爲“中國玉”的代表性品種。中國古代璽印中最早使用和田玉的，見于由2016年在陝西澄城九溝西周早期墓葬出土的龍鈕橢圓形玉璽（圖貳2・6），與這枚印章非常近似的，是時代上略早的殷墟婦好墓出土的石質璽印，據報導那枚是大理岩質地的；從戰國以來，遼寧的岫玉、河南的南陽玉、陝西的藍田玉、新疆的和闐玉，甚至一些地方雜玉等都曾經被選作印材。

在秦統一之前印材之中，玉的使用比較隨意；秦統一之後，玉多作爲帝室諸侯刻璽專用之物。因此，戰國以來，歷代的玉質私印不少。秦漢之後，因制度嚴格，公印中的玉印很少。陝西出土的西周早期和闐白玉印（圖貳2・6）、西漢和闐羊脂白玉所製的“皇后之璽”（圖貳1・101）爲較早時期玉質璽印最重要的代表。

8. 瑪瑙

瑪瑙又稱爲“馬腦”，在礦物學上稱爲“玉髓”，是比較常見的美石，和比較常見的寶石，色澤多樣，色階變幻，又有纏絲狀結構，其紅色者又稱爲“瓊”“赤玉”。東周、秦漢以降，瑪瑙印歷代皆有，以私印居多，如湖南出土的西漢“桓啓”（圖貳2・7）、“曹嫖”等印。在江蘇邗江東漢廣陵王墓隨葬物品中，有很純浄的橙紅色瑪瑙螭虎鈕無字印一方，依制，廣陵王可以使用玉印，此枚瑪瑙印很可能是玉印的權代之品。值得注意的是，在西亞兩河地區的早期印章中，見有大量的瑪瑙質“印珠”或滚印，其比例要高于中國古代印章。

圖貳2・7 桓啓

9. 琥珀

琥珀是遠古植物的汁液化石,自古即被視爲寶石的一種,與珍珠、珊瑚並列爲三大有機寶石,或加上硨磲而爲四大有機寶石。中國古代琥珀質地印章全爲私印,數量比較少。廣西曾出土西漢琥珀"庸母印"(圖貳2・8),江蘇曾出土西漢獸鈕"貴無驕富無奢傳後世永保家"琥珀印(圖貳2・9)。此外,傳世的還有數枚漢晋時所用的琥珀印。

圖貳2・8 庸母印

圖貳2・9 貴無驕富無奢傳後世永保家

10. 煤精

煤精是遠古時硬質木材所形成的煤化石,是一種有機寶石,又稱之爲"煤玉",西周時曾出現過使用煤精雕刻而成的小件工藝品。以煤精所製之印比較少見,既有公印也有私印,比較有名的是新疆出土的東漢"司禾府印"(圖貳1・94)、陝西出土的北朝晚期"獨孤信"(圖貳1・39)多面體印。

11. 水晶

戰國和秦漢時期,曾出現過少量以水晶爲材質的印章,全爲私印，不見公印。例如陝西出土的西漢中晚期的"陳請士"印（圖貳2・10），晶瑩剔透。

圖貳2・10　陳請士

12. 綠松石

綠松石是一種硬度不高的藍綠色寶石。以綠松石製印起源較早，戰國時期楚國墓中曾出土有綠松石印，傳世的綠松石印有東漢"馬棱私印"。

13. 石印

石印，就是使用上述軟玉（中國玉）、瑪瑙、琥珀、煤精、水晶、綠松石等等"寶石"之外的普通石料作爲雕刻材料所製之印。在一些印學著作中，常將石印製作之始定爲宋元時期的米芾、王冕。實際上，傳世及出土的璽印中早就有石印的存在，如商代殷墟婦好墓出土石質龍鈕印，經鑒定爲大理岩質，似亦可歸入玉質（圖叁3・4）；又如傳世的西漢"梃中"印，色黑質硬，尚待鑒定屬于何種石材。湖南、湖北、廣西、江蘇等省近年出土了相當數量的滑石印章，從西漢初葉直到南北朝跨越數百年，唐代又出土有滑石質雙面印（圖叁7・6），這是後代大量使用葉臘石治印的很好準備。古代石質印章中既有私印，也有公印。

14. 木

自古以來，即有以木製印，所涉及樹木品種未見有測定，由于木質容易朽爛，所以很難存世。木質印章既有私印，也有公印。現在所發現的木質璽印多出于墓葬，如湖南出土的西漢初葉"妾辛追”印（圖貳2·11）、湖北出土的西漢“張偃、張伯”雙面印（圖貳2·12）、朝鮮漢墓出土的“樂浪太守掾王光之印、臣光”雙面印（圖貳1·38）。明清時期，有木質帝王謚寶，可以寓意歸于自然，有的關防、條記、鈐記也用木製。太平天國和義和團所用印也多爲木製（圖貳1·150，153）。

圖貳2·11 妾辛追（摹本）

圖貳2·12 張偃　張伯

15. 骨、角、牙、蚌

東周時起已出現了以獸骨、獸角、獸牙、蚌（包括硨磲）製印的情況，這在漢代文獻中即有記載。這些質地的印章，大多爲私印，少量爲公印，這些公印的時代也一般比較晚。漢代以後，出現了角質印，如東漢的“孫欽言事、孫欽印信”雙面印（圖貳2·13）。象牙製印始于戰國，秦漢時亦多有，如陝西出土的漢代“王禧、李墅”象牙雙面印（圖貳2·14）。唐、宋之後，骨、角、牙印仍時有爲之。

圖貳2·13 孫欽言事　孫欽印信

圖貳2·14 王禧　李墅

16. 陶

在中國以陶製印，大致可以溯源于新石器時代中晚期的陶拍子，這些陶拍子本身是否已具備璽印的憑信功能，尚處于探究之中，但是這對于探討中國璽印之淵源很有意義。青銅璽印興起之後，陶印便不多見，這些陶印大多與制陶用印有關，例如戰國時齊國有“奠昜陳㝵三”印（圖貳2・15），陝西出土秦“咸鄏里角”印，遼寧出土西漢“王城柳”印。古代的陶質印章既有私印，又有少量的公印。明、清之後，留存有不少紫砂陶印，這些大多數已經屬于文人流派藝術印章的創作範疇。

圖貳2・15　奠（鄭）昜陳㝵三

17. 磚、瓦

磚印、瓦印實際上可以歸入陶印類目，但是在隋唐時代，有專門取磚或瓦片的一部分，磨方之後再刻上公印印文，成爲一種很特殊的公印現象。有學者猜測可能爲隨葬之用，但在隋唐墓中基本不見。近年來，常有磚印、瓦印出土，如甘肅出土的“蒲州之印”（圖貳2・16）、陝西出土的“夏州都督府之印、銀州之印”雙面印（圖貳3・141），從出土情況看，這些磚印與墓葬似無甚關係。對于隋唐磚瓦印，亦有作爲權代印、玩弄印、辨識印的種種用途推測，但均缺乏説服力，它們的真實作用尚待考察。

圖貳2・16 蒲州之印

18. 瓷

用瓷製印是五代、宋元之後才開始見到的一項製印工藝，近年在景德鎮據傳有較大數量出土，大多爲押印内容，有研究者已經輯以譜録並附有研究文論。一些研究者認爲，戰國時便已存在瓷印，但那些資料恐怕只是個别陶印在高温下外表出現爆汗似釉的現象，並非真正的瓷印。以瓷製印，有兩種不同的形式，或從印體到文字均以瓷胎模製後燒製完成，或在瓷器燒製完成後再行鎸刻。在瓷印中，以私印居多，公印極少。

19. 琉璃

琉璃是我國發明的一種低温鉛鋇玻璃，往往呈色濃濁，具有不透明而似玉質的特點，往往是古代玉石、寶石的小型權代品。湖南、河南、陝西、新疆、甘肅等省區出土的琉璃印較多，如戰國的小型玻璃印、西漢初葉的覆斗鈕琉璃印。有些無字琉璃印可能是玉印的權代品，目前所見的文字琉璃印都是私印。明清時代出現的玻璃印、水晶玻璃印與古代琉璃印有很明顯的不同。

在中國璽印數千年的發展歷程中,所用過的材質遠不止以上十九類,還有一些稀見的品類等等。筆者在這裏所舉的品類,只是其大概情況。

(二)印體(附:封泥匣、印函、印囊等)

1. 璽印各部位及附件的名稱

對于中國古代璽印各部位的名稱,有些部位依據歷史文獻的記載命名,有些部位則屬長期以來約定俗成的稱呼(圖貳2·17),這些都應當表達清晰明白。

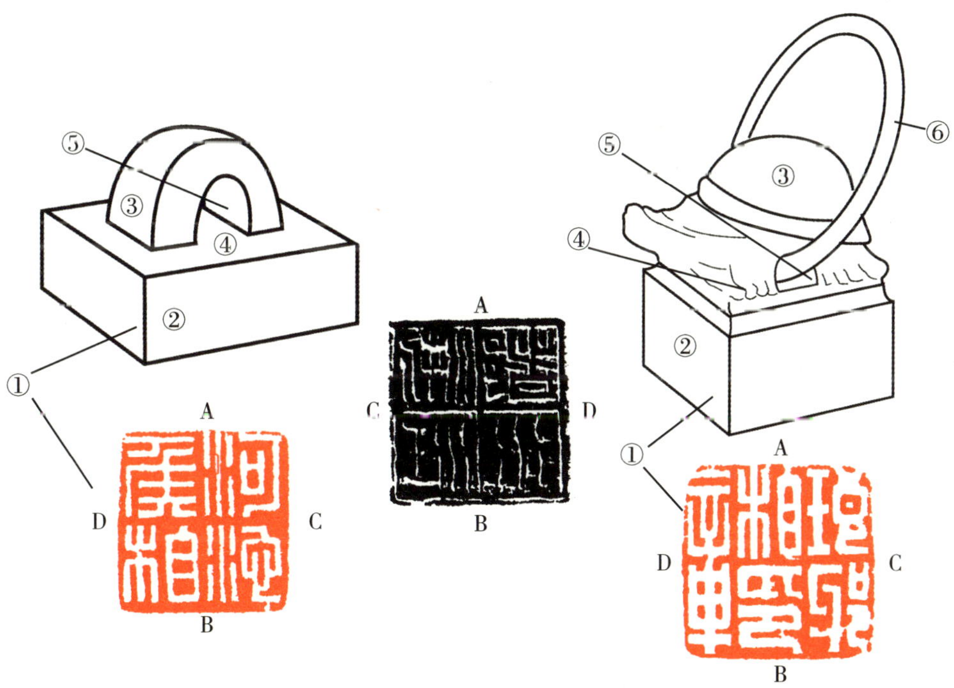

圖貳2·17　中國古代印章各部位及印面方位稱謂示意圖:①印面　②印臺　③印鈕　④印背　⑤穿銎　⑥穿環(如是纖維質則稱爲綬)A.印面上　B.印面下　C.印面左　D.印面右(中間"浙江都水"印爲印面照片,左右兩枚皆爲打本)

(1)印面

印面是指顯現印文或圖形之處,爲璽印文化或印章藝術的核心所在。尤其要注意印面的上、下、左、右稱謂。上、下容易理解,左、右以印面實體爲準,以手執觀察方向辨認。那麽,在印章的打本上正好相反,即印面之左,在打本上稱爲右,印面之右,在打本上稱爲左。在傳統稱謂中可能有逆向的,本無大礙,但印面和印譜表達即不甚一致了。本書將另辟章節還要再專門討論。

(2)印臺

印臺,又稱爲印身,有鈕印指印鈕以下的部分,無鈕印即指上下完整的印身,近現代流派印如用扭曲不規則的自然形印身,那不再稱爲印臺。如果印臺具有一定的高度,那麽,竪立的各面又稱作"印墻"。多面印常將"印墻"當成印面使用,在上面刻字、刻畫。戰國以來,有的印臺上刻有裝飾性紋樣,例如漢代私印邊墻上四神紋樣,五代蜀國王建謚寶邊墻上四神紋飾等。到宋元之後,在印臺上往往還刻有款識,這在兩漢時個別印例上也早已出現過。

(3)印鈕

又稱爲印紐、印玬,等等,印鈕是印臺以上凸起的部分。開始時,印鈕的作用是繫帶,又稱"綬帶",方便携帶之用。隨着時間的推移,印鈕逐漸演化爲印章上具有裝飾性和表示等級的重要部位,綬帶的色、質也具有了等級意義。對于紐制,下設專節討論。

(4)印鼻

印鼻實際上是印鈕的一部分,經常位于印鈕的頂端,是穿孔繫帶之處。

(5)穿銎

穿銎,又稱穿孔、穿帶。在有鈕的璽印上,實際上是鈕置的一部分，即印鼻之孔洞。在無鈕的雙面印上，常置于印側的中部，扁平狀，是穿帶用的孔洞。

（6）印背

印背即指與印面的正相背之處，亦即一般印臺的上面平面。雙面印和多面印常將此處當作另外一個印面使用，與古錢幣學的所謂"合背"仿似。印背一般比較平，但是，臺鈕、壇鈕、盝頂鈕璽印的印背一般做成四坡狀或階級狀。東周兩漢時期，少量璽印的印背上刻有裝飾性的花紋。隋唐之後，公印往往會在印背上刻有款識，有紀年、編號、頒刻機構、印面内容等等記載，成爲古代公印重要補充資料之所在；元代的八思巴文印面内容，在印背上常有譯作漢字的内容，亦顯得非常之重要。

（7）綬

綬本是璽印的繫帶，在秦以前，它可能並不具有政治等級的色彩。到了漢朝，綬的質地、顏色都被賦予政治上的等級意義，據《東觀漢記》卷四記載："印綬，漢制：公侯紫綬，九卿青綬。建武元年，復設諸侯王金璽綟綬，公侯金印紫綬。"此外，二千石、中二千石及比二千石者多以銀印青綬；千石至四百石者，多以銅印黑綬；三百石至二百石者，多以銅印黄綬。縣國守宫令相，不論其職位均以銅印黄綬。由于絲織品容易朽爛，因此，現在很少見到隋唐以前的印綬實物，有的僅在鈕孔内見有殘存近碳化的絲質品痕迹，看不出原本的顏色。現在所見一些古璽印鈕間的所謂綬，往往是宋以後收藏家自己添加。在東漢的"琅邪相印章"龜鈕上，附有一銀環（圖貳3・76），如置環時代與該印一致，那麽其功用與綬相似。

（8）款識

款識就是指在印章上的題名、紀年等等内容，一般以陰刻凹下爲主,明清流派印上才見到一些陽文凹起的剔刻出的作品。最早見于東漢私印的印臺印墻上,屬于記年或吉語類款識。隋唐之後,公印常在印背、印臺刻款,其内容主要有印文内容、時間、鑄造頒發的官署、序號等等,有時爲了防止蓋印時出現倒蓋現象,還會刻諸如"上"之類的文字;元代常將印面的八思巴文内容翻譯爲漢字鎸刻作款識見于印背。還有部分私印印背印墻上的圖像鎸刻,對後來各流派印章的款識製作有所影響,但是,兩者在藝術追求表現上是截然不同的。江蘇南京出土的南宋"張同之印"上,所刻款識"十有二月,十有四日,與予同生,命之曰同"(圖貳2·18),以篆體鎸刻,其藝術性已經相對較高。

圖貳2·18 與予同生　十有二月　命之曰同　十有四日　張同之印　野夫（款識拓本）

(9)印囊、印函

印囊、印函都是對璽印起收存、保護作用的附屬物品。印囊,又稱"印衣"。從戰國到兩漢,有些公私印常配以絲織印囊。考古發掘中,有時得見印章印體上所粘附印囊的痕迹,隨葬的"遣册"中也對此有所記録。印函,又稱"印盒"。從兩漢起,直到明清時代,有些公私印配以木、金屬或骨角所製的印函。這種印函往往帶蓋,蓋有平頂和盝頂之分，上面有的有鑲嵌物或刻花。這種印函在考古發掘中曾經見到。

（10）斗檢封

這是一種爲金屬質地小盒狀的物件，其下部鎸有文字，類似印章，附有柄和勺，上面鎸鑄有"官律所平，鼓鑄爲職"等字樣。它體現了漢代的封檢制度，具體的用法大約如抑印、或檢視泥封之用，文獻中得見鄭玄注《周禮·地官·司市》"璽節"謂："璽節，印章，如今斗檢封矣。"賈公彦疏："漢法，斗檢封，其形方，上有封檢，其内有書。"（圖貳2・19）

圖貳2・19 斗檢封（照片）

（11）封泥筒（箭）、泥封匣、封泥

泥封制度是中國古代重要的用印制度，始于先秦，盛于秦漢，式微于南北朝，而隋唐時代又有了新制。泥封在一般著作中常稱爲"封泥"筆者認爲這是不準確的，本書在後面的章節會有辨正。封泥筒（箭）是盛放製作泥封的專用黏土的，現在見到大多爲秦漢到魏晋時的遺物，一般爲銅質，有的筒蓋内有凸起反文"千萬"二字，似爲檢驗封泥質量之用（圖貳2・20）。在陝西歷史博物館藏有十六國時期一件精美的錯金封泥筒（箭），上有銘曰："靈華紫閣服乘金錯泥箭。升平十三年十月涼中作部造。平章殿帥臣範晃督，臣綦毋務，舍人臣史，融錯匠邢苟，鑄匠王虜"等字樣，這一段銘文比較完備地記載了宮中封泥筒（箭）之制（圖貳2・21）。

泥封匣爲帶凹槽或井形小坑，附于簡牘束的一側或財貨的繫口部位，專門爲容納璽印抑製泥封的器物，它起源于距今約4000餘年的中亞烏爾第三王朝，亦有可能起源于更早的古兩河—埃及地區，在古代中國大約在秦時或者更早時代出現，漢晉時代比較多見（圖貳2・22、23、24），多爲木質，少量高級别的用銅質，有學者認爲還有用竹藤等編織而成的。

在一些封泥筒内，還殘存有當時爲製泥封用的封泥，即所謂"武都紫泥"之類，質地細膩，有的呈丸狀，有的呈片狀，它們用水泡開揉匀用以製作泥封。這就是封泥，應指製作"泥封"的黏土材料。

圖貳2・21 錯金銅封泥筒（十六國前涼升平十三年，照片）陝西歷史博物館藏館藏

圖貳2・20　西漢封泥筒（照片）

圖貳2・22　西安出土西漢泥封匣（照片）

圖貳2・23　内蒙古肩水金關出土漢泥封匣（照片）

圖貳2・24 南京出土東吴泥封匣（照片）

（13）印母

印母並不是印章，而是用于文字鑄印印面的母模。現在存世的各種印母數量並不太多，多爲西漢、新莽、東漢等時代的遺物，它們的質地有銅、鉛、石等等，例見故宫博物院藏西漢鉛質印母"五原候印、五原都尉章"（圖貳2・3）。據文獻記載，印母還曾有蠟質、木質、牙質、沙質等等。但是，在古代印章中是否普遍用印母，尤其是公印，大部分是鑿印，是否需要"印母"，是近年研究者討論的一個課題。

印母與穿帶雙面印有一些相似點，都是兩面合背，兩個印面鎸有公印文字内容。兩者的區别在于：首先，印母身側没有見到帶穿銎的；其次，印母很少使用銅質材料，其它材料較多；再次，印母的内容多爲公印，雙面印幾乎全部爲私印；印母的字鑿刻而成，而私印雙面印的文字許多是鑄成的。觀察秦漢魏晋的公印印面文字，基本上是鑿刻而成，那麽，印母是用于何處，還值得進一步加以探討。

2. 無鈕印的討論

在中國古代璽印當中，有一部分是無鈕的，而是以實用物與璽印相結合的形式出現。一些研究者在論述這類印章時，常常將附着于璽印的實用物，也可以反過來説，即璽印附着的實用物部分稱爲鈕式，于是出現了諸如"帶鈎鈕"、"戒指鈕"、"角觿鈕"、"臂釧鈕"、"中空鈕"等等不準確的稱呼。

（1）雙面印

雙面印源于東周時期，兩漢魏晋時出現較多，全爲私印，即便見到一面爲公印内容，另一面爲私印者，其本質亦爲隨葬之私印，恐怕是爲表示該印所有者生前之職務而爲之。其印面有方形、塊形、圓形、橢圓形等等。在印的側面，常有穿銎，又常被稱爲"穿帶雙面印"。如西漢"氾達、臣達"印（圖貳2・25）。

圖貳2・25 氾達　臣達

（2）多面印

戰國時已經出現了五面或六面的多面印（圖貳2・26），這種印式歷代所見並不多。考古工作中，還出土時代特徵相當明顯的一種六面印，絶大部分出現在南方如江蘇、安徽、浙江、上海、湖北、江西、湖南、廣東等地的東晋到南朝時期的墓葬中，較少數量出于陝西、江蘇徐州的北朝墓葬，這糾正了把傳世的這種印章時代定在東漢或曹魏的錯誤，也糾正了前些年認爲北朝地區不見六面印的偏頗。這種印章在近正方體的五面鎸印，而在印背以上凸起一小塊，之上又附有一塊形小印印面，凸起之上有穿銎若紐式，這是當時貴族們專用于隨葬的印章，如“萓納”六面銅印（圖貳2・27）。北朝晚期，用煤精製的“獨孤信”印，其印身近似球體，共被磨出十八個面，其中，接近方形的十四個面上均有印文，這是極爲罕見的一例（圖貳1・39），這應當視爲當時六面印一類的内容拓展。

圖貳2・26 千秋萬世昌

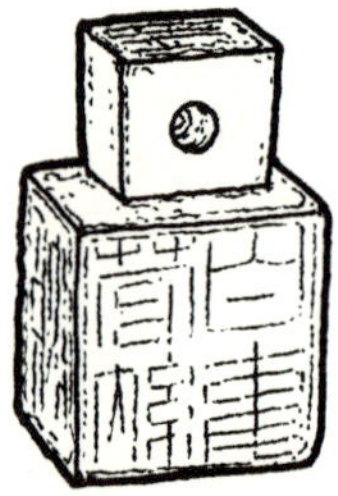

菅納白事

納言疏

菅納白牋

宣成令印

臣納

印完

圖貳2·27 “菅納”六面印

（3）柱狀印

戰國時期，某些小璽的全身，即以柱狀出現，其印面有方有圓，有的比較粗短（圖貳2·28），有的如陝西新見三晋系的“女木府”烙木印，則爲較長柱狀（圖貳2·29）。楚國鏨戳金幣用的“郢爯”印，所呈現的就是上端較大、下端較小的柱狀，以供錘砸用力。在中國古代璽印中，柱狀印章不多，可是在近現代各流派的印藝中，常常可以見到柱狀石質印章。

圖貳2·28 東周·畫印

圖貳2・29　東周三晉・女木府
（約爲原大2/3）

（4）納銎印

從戰國至兩漢，一些璽印的背後帶有較大的孔銎，用以容納某種柄狀物，銎深往往可以直達整個印身，大多造成了印體的空腹狀，印身的四側又往往開孔以利于散熱，有的甚至在印面文字之間開孔。這種印的印面一般較大，印面或方或圓，銎孔的截面也或方或圓，常用于烙馬或烙木，有的也用于倉廩印拍子。例如戰國時燕國的“日庚都萃車馬”又讀“昳都萃車馬”璽（圖貳2・30）。納銎印的性質一般爲公用印，歷代皆有。

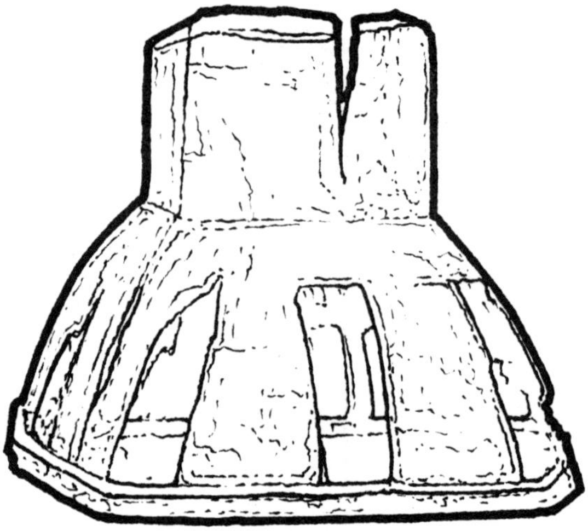

圖貳2・30 東周燕・日庚都萃車馬

（5）帶鉤印

帶鉤在文獻中又稱作“師比”、“犀毗”、“鮮卑”、“西坡”等等，是古代服飾上革帶的聯結物，用于腰帶或其他佩帶上。學者們曾經認爲，這種帶鉤是東周時期趙武靈王實行“胡服騎射”政策時由北方游牧民族傳入中原地區的物品。但是，早在良渚文化時期、商周時期，長江黄河流域便已有骨質、石質、金屬質帶鉤的存在。古代帶鉤形式多樣，附有璽印的帶鉤常稱作“琵琶型”帶鉤，一般分爲頸、身、鼻三部分。帶鉤印的印面，往往置于帶鉤的鼻面。戰國時，帶鉤印中尚有極少量屬于公印；秦漢之後，帶鉤印全爲私印、畫印。帶鉤印有的長身稱爲“帶鉤”印（圖貳2・31），有的短身可稱爲“襟鉤”印（圖貳2・32）。南北朝以後，帶鉤印幾乎不見。

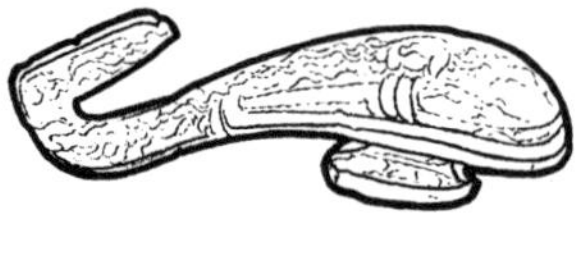

圖貳2・31 秦・吉左

圖貳2・32 東周・畫印

（6）角觿印

角觿是新石器時期出現的用于解繩扣、綫結的專用器物，它一頭尖，一頭平，身上常常有一穿銎。新石器時代多石玉質、骨角質，商周之後多爲銅質，兼有其它質地。東周時期，角觿印的印面多置于身側，也有少量置于平頭的一端，印面呈條形。秦漢時期，角觿印的印面主要在它平頭的一端，面形爲或竪或横長方形，印面比較小。角觿印有銅質、銀質的，也有骨、角、牙質的，全是私印，不見公印（圖貳2·33）。近年孫家潭先生收藏到極爲少見的東周雙角觿印（圖貳2·34）。角觿印的行用年代從東周一直延續到秦漢，魏晋南北朝時已很少見到。

圖貳2·33　東周燕·長生鼓

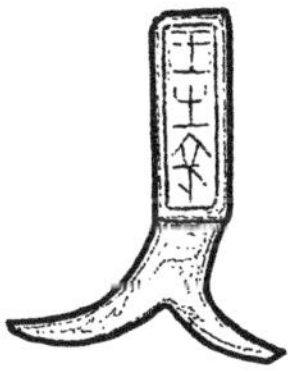

圖貳2·34　東周燕·王生□

（7）戒指印

戒指，又稱作指約，是在手指上的環狀飾物，其出現很早，全世界多數古老文化中均有發現。東周時，在戒指上附印的現象便已出現，此後歷代均有。這種戒指印以金、銀質地爲主，全部都是私印（圖貳2·35），不見公印。

圖貳2·35　東漢·大利

(8)臂釧印

臂釧,又稱作“條脱”,可能是起源于西亞、中亞地區,用金屬所製、套在臂膀上的裝飾物,常見銅質、銀質、金質。我國古代,無論男女老少,都有佩帶臂釧的習慣。臂釧印的印體多呈塊狀,附于臂釧,與開口相對的釧股上,印的面形是横長方形,全爲私印(圖貳2・36)。戰國到秦漢是臂釧印的主要行用年代,到魏晋南北朝時,這種印章已很少見到。

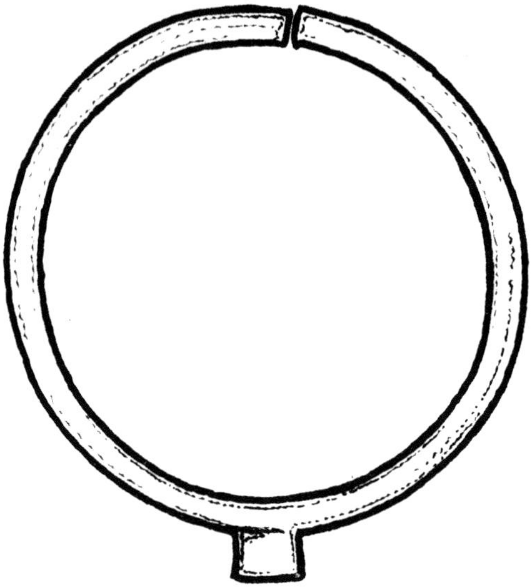

圖貳2・36 西漢・龍輔

(9)錐體印

錐體印的印體呈上尖下平的錐形,身上偶有穿銎,印面置于下部。錐體印存世較少,極少數爲公印,大部分爲私印。從戰國秦到秦朝的一些陶印常使用這種形狀的印章,東周到兩漢時還有少量銅印也用這種形狀(圖貳2・37)。此外,歷代還有骨角牙質、玉石質錐體印,其面形有方形、塊形、圓形、横長方形等等,極不一致,印體的大小也很不一致。

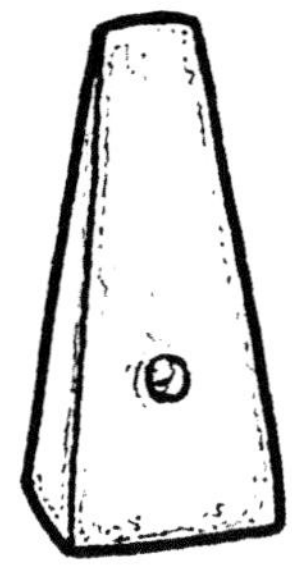

圖貳2・37 西漢・筍將夕

(10)饅頭形印

饅頭形印外形簡潔,如小饅頭隆起,孔銎在印體中下部,有銅、銀、金質,也有玉石質。内容以私印爲主,也有畫印。此種形狀雖然簡單,但與中亞古波斯地區一些所謂"印珠"很相似,有淵源傳播之關係,此類印漢以前較多,後來漸不見(圖貳2・38)。這種印體在東周見有少量公印,秦漢之後全爲私印。

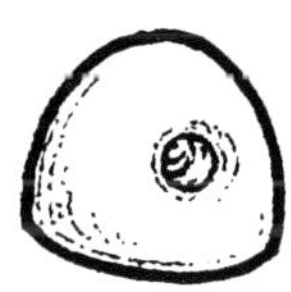

圖貳2・38 西漢・宜子孫

(11)權形印

此種印體爲饅頭形印體的發展,權爲一種衡器,呈半球形,上端帶小印鼻或環鈕。從戰國到秦漢的一些璽印使用這種形狀的印章,少量公印,大部爲私印(圖貳2・39)。

圖貳2・39 秦・趙但

（12）套印

套印，是印中有印的一種組合形式。東周秦漢的套印最外面的那枚印往往是有鈕的，如用龜鈕、獅鈕、辟邪鈕等等；最裏面的那枚印則往往視情況而定，有的附以小龜、小獅、小辟邪、小瓦等鈕，龜的首部與套印的殼部配合很好，小獅或小辟邪與外套印的母獅或母辟邪親昵相顧，體態生動；有的則無鈕，且以無鈕居多，内印如扁平的小雙面印。

套印中，最常見的是兩套印，如東漢"曹長晴印、曹漢印"（圖貳2·40），三套印如東漢到三國時獅鈕三套印（圖貳2·41）。最外部的那枚印往往稱爲"母印"。如果是兩套印，則裏面的那枚稱爲"子印"，合稱"母子兩套印"。如果是三套印，則最裏面的那枚稱爲"孫印"，中間的那枚稱爲"子印"，最外面的仍稱爲"母印"，合稱"母子孫三套印"。

東周時代，兩套印便已存在，而三套印則一直到兩漢之際才出現，兩種類型的套印都一直沿用到魏晋南北朝時期才逐漸淡出。從目前的發現來看，套印全部是私印。套印一般有姓名+姓字組合，有姓名+吉語組合，亦有姓名+地望、姓名+圖像等組合，雖然有些母印的印面上有一些公用的内容，從其性質來看仍應當屬于隨葬所用的私印。明清起，有一種商業化濃厚的多層銅套印，子母印的印面共有數十之多，内容爲閒情逸致、吟月弄花之屬，没有太高的歷史價值和藝術價值。

圖貳2·40 東漢·曹長晴印　曹漢印　套印

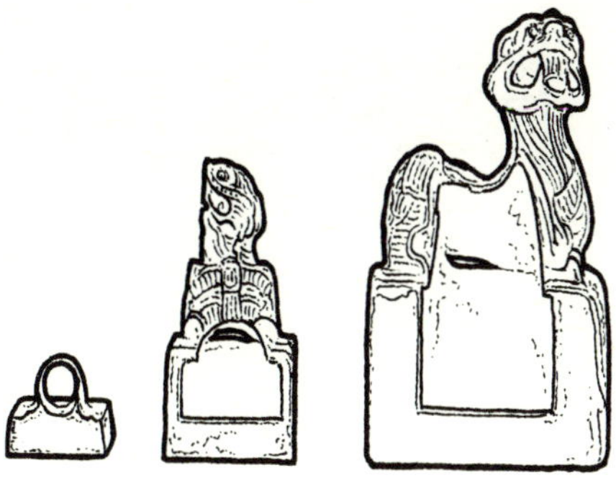

圖貳2・41 東漢·祝遵三套印

(13)拼合印

拼合印指由兩塊或兩塊以上的印體拼合在一起使用,造成完整的印面效果。它們是一枚印由兩位或多位持印人所掌控,待需要用印時,必須聚合在一起方能使用,反映了特殊的用印制度。一般來説,待拼合的幾個印體上具有榫卯結構。

這種拼合印最早見于戰國時期的楚國,不僅有矩形的兩拼合印,還有由三枚扇形印面拼合而成一個完整的圓形印面的三拼合印(圖貳2・42),這在上海博物館披露的出土文獻中稱爲"叁璽"制度。又例見西漢兩拼合畫印(圖貳2・43)。這種拼合印的作用與兵符相類,需要合并起來使用才能生效。元代的押印、合同印中也能見到兩塊矩形印拼合的用法。據文獻記載,明代洪武年間的象牙質"關防"印,也采用兩塊矩形印拼合的做法,但實物至今未能見到。

圖貳2・42 郏陵鉥

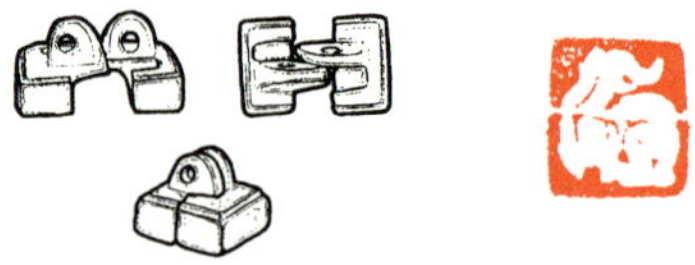

圖貳2・43　上下兩拼合畫印

（三）鈕制

本目討論中國璽印的鈕制鈕式，這是印章上醒目的配置。這些有關印章鈕式的稱謂不但適用于歷史璽印，而且在近現代流派藝術印章上也同樣適用。對這些稱謂具體含義能準確把握，將避免在印章的描述中出現混亂。

如前所述，鈕式是璽印印體的一部分，中國古代在璽印上置鈕，原本是爲了穿繫佩帶而設。大約從東周後期開始，直到秦漢明清，某些印鈕的品種式樣有了區别等級的意義，成爲定制，一些鈕置經歷了由實用向審美化、制度規定的方向演變；到了近現代流派藝術印章創作時，又最終發展爲純藝術裝飾。根據《說文解字》等文獻的解釋：璽印的質地各不相同，"鈕"字有從"金"爲偏旁作"鈕"，從"玉"爲偏旁作"玊"者；印鈕又是璽印的繫帶處，所繫之帶爲纖維質物，故又有以"糸"爲偏旁作"紐"者。

最初的中國璽印便附有鈕置，既有小鼻狀鈕，又有雄奇美麗的龍虎狀鈕。東周秦漢之後，公印的鈕置開始出現了嚴格的等級規定。根據《漢舊儀》、《漢舊儀補遺》等文獻的記載：皇帝和皇后的璽印使用螭虎鈕，諸侯王的印章用槖駝鈕，皇太子、列侯、丞相、太尉、三公、前後左右將軍、中二千石等大臣的印章用龜鈕，千石至二百石等官員的印章用鼻鈕，如此等等，從考古出土的實際情況考察，有關璽印既有與這些規定相符的,也有與之不相符的;一般與制度不相符者,用鈕往往低于規定,向高而"逾制"者比較罕見。與公印相比,私印的用鈕情况並不嚴格。

古代璽印的鈕置之精巧、造型之美麗,受到人們的嘆賞。世人公認:璽印鈕置蘊藏了珍貴的中華民族美學遺産。其獨特的藝術價值,對近現代的治印藝術、雕塑藝術等等均産生了積極的影響。這些豐富多彩的璽印鈕置並非雜亂無章地任意爲之,而是有一定的規律存在。以下,將分爲幾個系列,深入探討璽印的鈕式。

1. 鼻鈕系列

鼻鈕在中國古代公印中的級别不高,但是,它沿用的時間最長、演進的順序清楚,是最爲重要的鈕式系列。這一系列主要包括小鈕、鼻鈕、半環鈕、瓦鈕、橋鈕、碑形鈕、塊鈕、杙鈕、捏鈕、"印把子"等等鈕式或稱謂。

(1)鼻鈕

鼻鈕,亦稱"印鼻",其形式在印鈕各系列中最爲簡略,僅在印背上突起帶有銎孔的一小塊。鼻鈕起源很早,"商璽"上使用的便是鼻鈕(圖貳2·44)。東周時期,鼻鈕就已經得到了很普遍的應用(圖貳2·45)。早期的鼻鈕都很小,人們往往將其稱爲"小鈕"、"印鼻"、"小鼻鈕"等。隨着時間的推移,鼻鈕不斷加高、加大(圖貳2·46),一直沿用到明、清時代。其間,隨着鼻鈕的發展和變異,又産生了不少新的實用鈕式。長期以來,鼻鈕被用爲較低級的公印的鈕式。有時,鼻鈕也聳立附置于其他鈕式之上,這些鈕式有壇鈕(圖貳2·47)、臺鈕(圖貳2·48)、盝頂鈕(圖貳2·49)、亭鈕(圖貳2·50)等等。

圖貳2・44 商・子旬抑埴

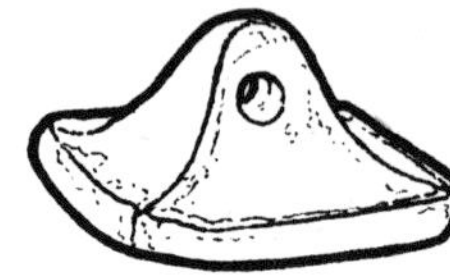

圖貳2・45 東周齊・東武城工師鉨

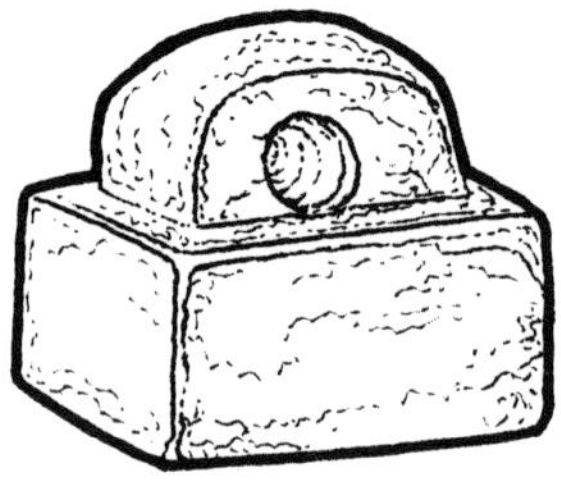

圖貳2・46 東漢・後將軍軍司馬

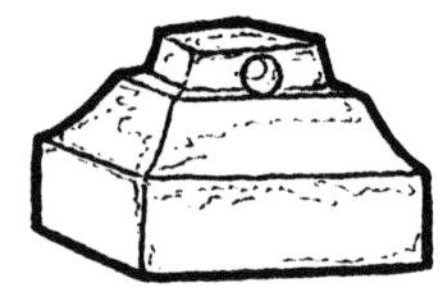

圖貳2・47 西漢・趙赤

圖貳2・48 東漢・後將軍軍司馬

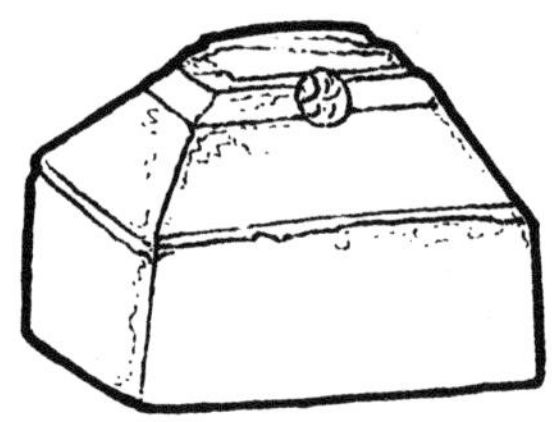

圖貳2・49 西漢・周誘

圖貳2・50 東周・畫印

(2)半環鈕

半環鈕是鼻鈕的一種變異,也被稱爲"環鈕",主要流行于戰國到西漢時期。從側面形狀上看,半環鈕有時與鼻鈕、瓦鈕等相仿佛,但它的孔銎比鼻鈕大,個體比鼻鈕高。半環鈕孔銎的上弧部切面形成圓柱體,彎成半環狀,這一點是它與瓦鈕的最大區别,瓦鈕的這一部分較扁。半環鈕也常爲較低級的官員所用之公印鈕式（圖貳2・51、52）。

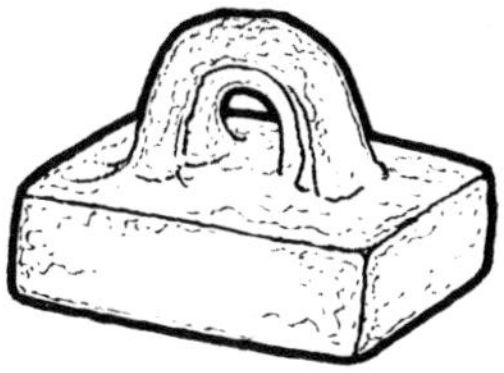

圖貳2・51 秦・芷陽少內

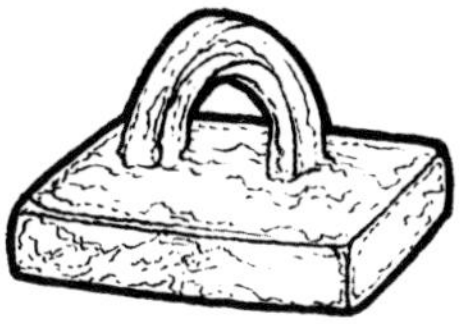

圖貳2・52 秦・右廄將馬

（3）瓦鈕

瓦鈕是鼻鈕的一種發展形式，其將鼻鈕的鈕環部分變扁加寬，形成半筒瓦覆蓋在璽印背上的形狀，瓦鈕的穿銎也比鼻鈕寬大。瓦鈕在秦漢之後成爲常見的璽印鈕式，古代文獻記載的較低級官員使用公印所置"鼻鈕"，通過考古發現參證便可發現多爲瓦鈕，這是瓦鈕屬于鼻鈕系列之一的佐證。瓦鈕在兩漢、魏晉南北朝時比較盛行，公、私印中均有大量使用（圖貳2・53、54）。這種情況到唐宋時期已經發生了改變，從目前的遺存來看，唐宋時期，只有少量私印使用瓦鈕。

圖貳2・53 西漢・都候丞印

圖貳2・54 西漢・成皋丞印

（4）橋鈕

橋鈕是瓦鈕的變形。與瓦鈕相比，其鈕環的兩端跨度更遠一些，一般直達接着印背的邊緣。戰國秦、秦漢、魏晉南北朝時期的私印上可以見到這種鈕式，秦漢之後公印一般不用橋鈕（圖貳2・55）。在考古報告與文物著録中，鼻鈕、瓦鈕、橋鈕往往稱謂混淆，這在今後應當引起注意。

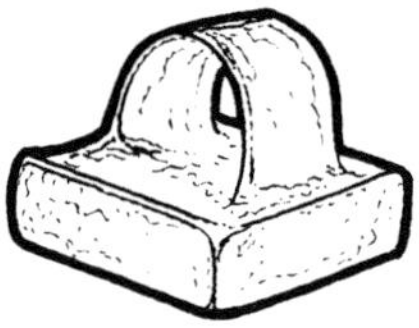

圖貳2・55 西漢·段聖士

（5）碑形鈕

碑形鈕又稱“鼻鈕”、“高鼻鈕”、“板鈕”、“圭鈕”等，屬于鼻鈕的一種新的發展。南北朝、唐宋以後，公用印的鈕置變高、變大，鈕的體形比例比較扁，像碑的形狀，中下部有穿鋆孔，頂部呈圓弧狀，横截面呈矩形（圖貳2・56、57），宋金時期的碑形鈕身遠比隋唐時期的更爲高大。

圖貳2・56 唐·唐安縣之印

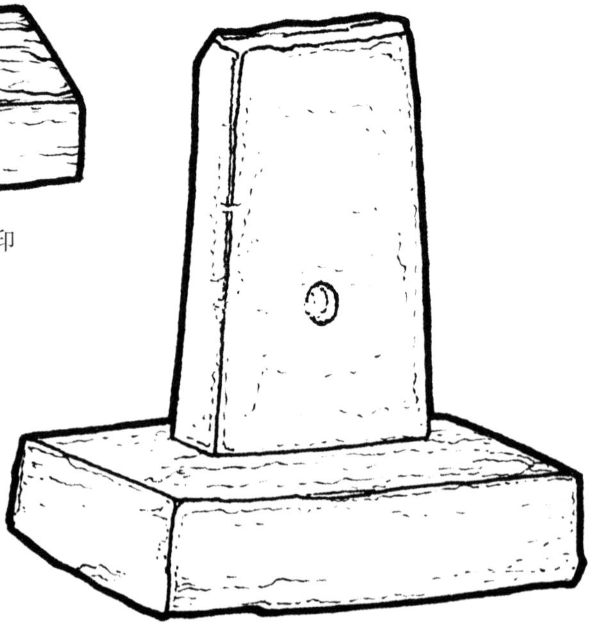

圖貳2・57 金·東光縣陰陽學記

（6）塊鈕

塊鈕，又稱“板鈕”、“長方鈕”、“矩形鈕”等，由碑形鈕發展而來，是宋、遼、金、元時期一種公印的鈕式。它往往與碑形鈕並存，與碑形鈕相比，塊形鈕的鈕身變厚，頂部變方，横截面呈矩形。宋以後，鈕身上不再穿孔（圖貳2·58）。西夏公印塊鈕小而方（圖貳2·59），别具特色。

圖貳2·58　金·桓術火倉之印

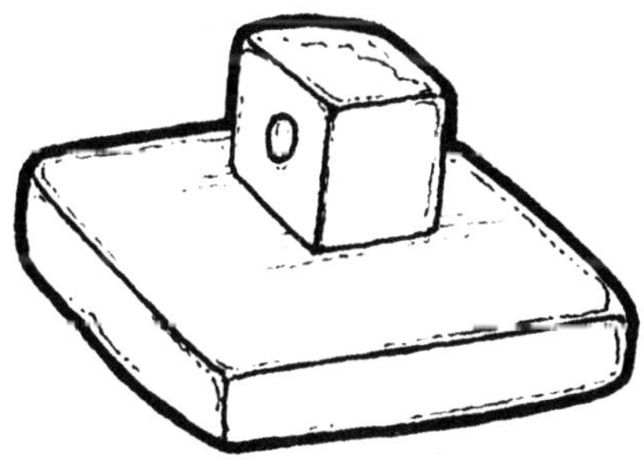

圖貳2·59　西夏·首領

（7）杙鈕

杙鈕由塊鈕進一步發展而成，是明、清直至近現代公用印的主要鈕式，也是鼻鈕系列在公印上使用的最後階段。杙鈕的上部較小，下部較大，整體較高。明代的杙鈕又被稱之爲“橛鈕”、“柱鈕”、“柄鈕”等等，其横截面呈橢圓形（圖貳2·60）；清代的杙鈕又稱“印把子”,其横截面逐漸由明代的橢圓形過渡到圓形(圖貳2·61),時代特徵明顯。杙鈕在近現代的金屬質、橡膠質的公章上依然常見,除了其横截面爲圓形的柱狀體外,其上端隆起形成球鼻形,中段略有束腰,下端根部較大。

圖貳2·60 明·户部督催津糧關防

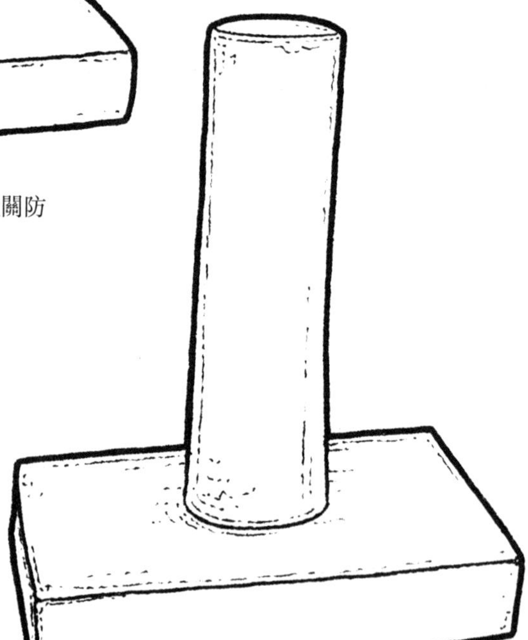

圖貳2·61 清·鑲白旗滿洲二甲喇參領之關防

(8)捏鈕

捏鈕，又稱爲“鼻鈕”、“小鈕”、“扁鈕”、“小片鈕”等，是五代、宋、元、明時期主要見于押印上的一種鈕式。由于它的長、寬、高正好容人的拇指和食指相向一捏，故而被稱爲“捏鈕”。捏鈕的形體很扁，中部常帶穿銎(圖貳2·62、63)。宋元押印上有的使用動物形(如犬、鳥之類)鈕，也往往將動物身體做成扁平，僅容一捏，這是受捏鈕的影響。

圖貳2·62　元·謹封　押

圖貳2·63　元·龍嵒再拜

中國璽印的鼻鈕系列由殷商和東周時期的小鼻鈕出發，經過數千年演進，最終發展成爲清代乃至近現代的杙鈕。如果將其發展史上前後兩端的標本進行比較，其形態完全不同，很難找到兩者的聯繫所在；但是，當循着鼻鈕系列的發展脉絡審視，便可以看出它一步一步變更的脈絡。鼻鈕系列是所有璽印鈕式中沿用時間最長、最具典型意義的一大系列。

2. 仿器用鈕系列

中國古代璽印中仿器用鈕系列的形式與數量比較龐雜。雖然使用的時間很長，使用的範圍比較廣泛，但它們之間的演變順序與相互影響程度並不清晰。這一印鈕系列的發展對公印用鈕制度的影響並不大，主要反映了人們對璽印鈕置的一種審美取向。

(1)覆斗鈕

覆斗鈕，又稱爲“盝頂鈕”，由于它的形狀像在印背上覆蓋了一隻糧斗,四面又均呈坡形,故有此兩種稱呼。有的覆斗鈕上部有穿銎。東周時,覆斗鈕的使用較爲廣泛,公印與私印都曾使用這一鈕式。戰國時的覆斗鈕印所用材質較爲廣泛,在銅印、玉印和瑪瑙印上均可見到。兩漢時期,覆斗鈕主要用于玉印、瑪瑙印、石印和琉璃印上。兩漢時期所用覆斗鈕式的印章一般體形較大,幾乎全爲私印(圖貳2・64)。

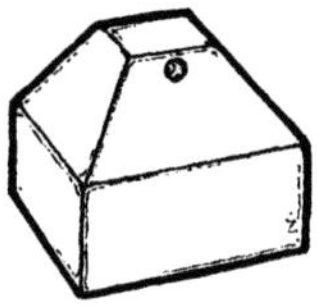

圖貳2・64 西漢・陸糧尉印

(2)壇鈕

壇鈕很可能是受到建築物間的祭壇外形影響而仿製。其外形與覆斗鈕比較相像,但在頂部有分階。戰國到秦朝時的壇鈕頂部經常附有小鼻鈕,秦漢時又常在壇鈕的分階處穿銎。戰國到秦朝時,壇鈕的使用範圍較廣,公、私印皆有,主要爲銅印和玉印等;到了兩漢時期,所見壇鈕印幾乎全爲私印,主要應用于玉印、石印、瑪瑙印、琉璃印等等(圖貳2・65)。

圖貳2・65 西漢・謝李

(3)臺鈕

臺鈕是壇鈕的一種發展,與壇鈕不同的是,它的整個印背鈕上均有分階,有的還形成了多層臺階。東周、秦漢時,置臺鈕的璽印以私印爲主(圖貳2・66),少量爲公印。戰國時的銅印臺鈕的頂部,往往附有小鼻鈕,秦漢時的印章使用臺鈕者並不多。元、明之際,臺鈕成爲品秩等級的標志，在銅質和銀質公印上大量使用，臺階數越多，所代表的品級越高。此外，元明時期在臺鈕的頂部經常附有塊鈕、杙鈕等等（圖貳2・67）。

圖貳2・66 東周秦·杜相

圖貳2・67 元·太尉之印

（4）亭鈕

亭鈕出現于東周，是模仿亭閣建築造型而成。亭鈕有單層亭臺（圖貳2・68），也有雙層亭臺（圖貳2・69），還有三聯亭鈕（圖貳2・70），主要見于單體印，也見于聯珠印上。目前所見最精緻的一件是東周時一枚飛鳥栖于亭鈕之上的形象（圖貳2・71），還有一枚西漢早期的作品，共有三層亭閣，其頂部還有小龜鈕。用亭鈕的璽印全爲私印，未見公印。亭鈕在東漢以後便很少見到。這種鈕式雖然在亭閣的墻、柱、門、窗等建築物的細部表現較爲簡略，但它還是較爲細緻地表現了亭子的大體格局和屋面的複雜情況，比較真實地表現了古代的亭閣，成爲研究東周、秦漢時代建築物很好的微型模型資料。

圖貳2・68 東周·王上之□

圖貳2・69 東周·文

圖貳2・70 東周・王平鉨

圖貳2・71 東周・□□□

（5）環鈕

環鈕是在鼻鈕之上再設套環形成的一種鈕式。這種鈕式有時只有一個環，有時則有成套聯結的多層環，甚或將環鈕聯結印體，仿秤砣狀，亦即是權形印體上再加置環鈕。環鈕大部分用于私印，在東周至兩漢時期可以見到（圖貳2・72）。有時，在一些宗教印和畫印上也可以看到。

圖貳2・72 東漢・黄神越章天帝神之印

（6）提梁鈕

這種鈕式往往高高聳起，形成器物的提梁狀。綬帶就在提梁的孔隙間穿過。這種提梁鈕式在東周至兩漢時的私印中可以見到，在宋元明清的私印中也可以見到（圖貳2・73）。

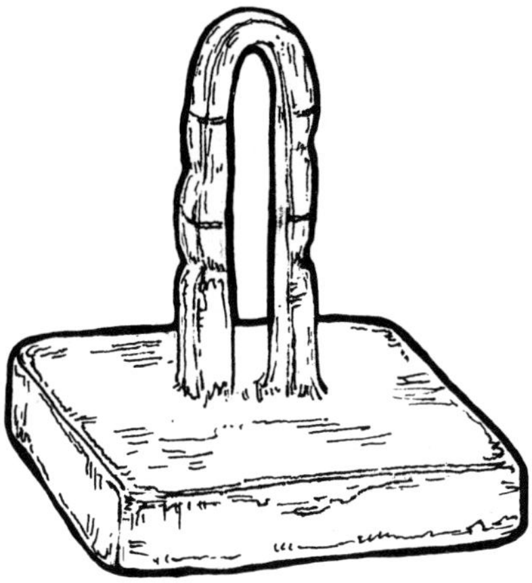

圖貳2・73　明·少堂

(7)泉鈕

泉即古錢,兩漢到魏晉時期,在一些私印上可以見到模仿穿孔古錢、大型厭勝錢甚至摇錢樹狀的鈕式。這些鈕式在印章上統稱爲"泉鈕"(圖貳2・74)。

圖貳2・74　東漢·王僕

(8)法器鈕

法器指佛教儀軌中所專用的器具,元、明、清時期,一些押印、私印以及佛教的公用印章上,會出現佛教法器造型的鈕式,如"蓮臺法輪鈕"(圖貳2・75)、"錫杖鈕"(圖貳2・76、77)等等。這一類鈕式統稱爲"法器鈕"。

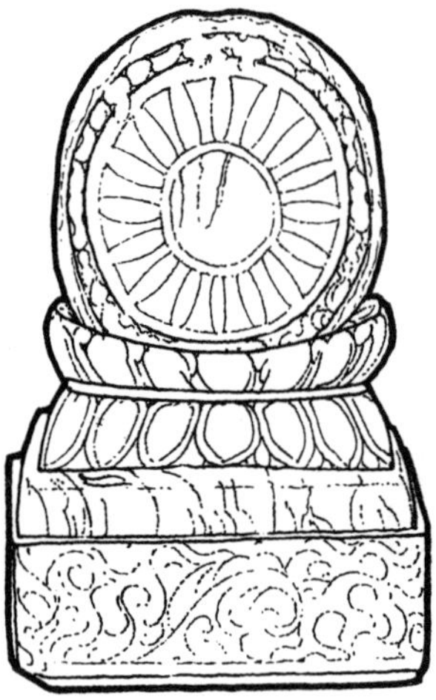

圖貳2・75 明・圖案

圖貳2・76 明・精進修行

圖貳2・77 明・圖案

(9)柱鈕

柱鈕的形狀很簡單,在戰國時期璽印上可以見到。它主要有兩種

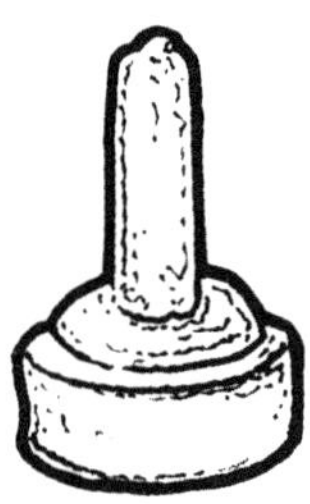

圖貳2・78 東周・中正亡私

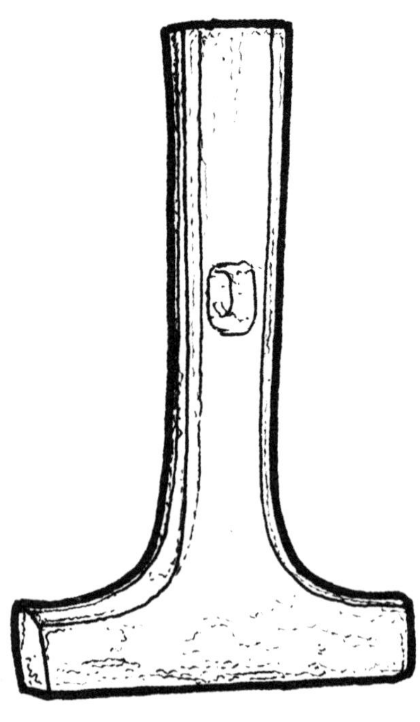

圖貳2・79 東周・山金貞

形狀:一種常配置于圓形印面之背,很像一根小圓柱(圖貳2・78);另一種常配置于條形、長方形、方形印面之背,像是印背上豎起了一根柱子(圖貳2・79)。這種柱鈕不同于全身柱體的印章,是在印臺上配置柱狀鈕。

(10)繩索鈕

又稱作綯索鈕,在西周銅質雙聯璽上最早見到(圖貳2・80),後來各朝私印中也有應用。

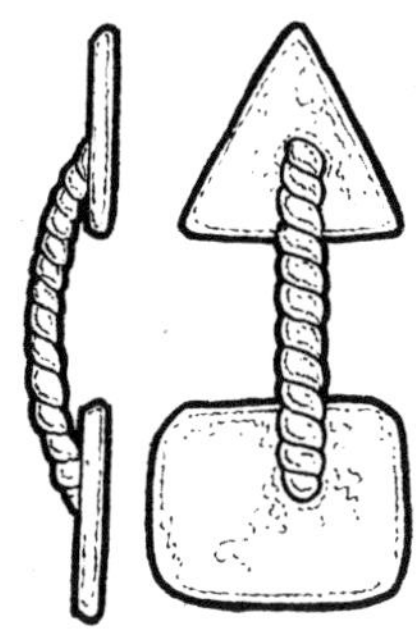

圖貳2・80 西周·圖案印

3. 人形鈕、動物形鈕、神獸形鈕系列

這一系列的鈕式比較龐雜,從藝術的意趣來看,這一類鈕式表現得最爲充分。從各種品類的鈕的發展來看,一些品類的演變的順序比較清楚,有重要的區別等級與時代的學術價值,比如龜鈕。一些品類的使用則加上了特殊的政治或等級含義,比如龜鈕、龍鈕、螭虎鈕、蛇鈕、羊鈕、駝鈕、馬鈕等等。當然,還有一些鈕式無特殊意義,發展演變脈絡亦不甚清晰,比如蛙鈕、蟬鈕、猴鈕等。此類鈕大部分爲現實人類與動物的形象寫照,也有少部分如龍鈕、辟邪鈕、麒麟鈕、天禄鈕等爲神話動物的表現。以下將選取其中比較重要的人形鈕、龍鈕、蛇鈕、龜鈕等若干鈕式進行簡要介紹。

(1)人形鈕

人形鈕就是依據人的形象塑造的鈕式。在印章上,常見的人物造型都比較簡潔,或立,或舞,或箕踞,或蹲坐,有的難分性别,一般都是服飾表現不清晰。這種鈕式的印章都是私印,在戰國、唐、元等時代的印章上都曾見到過。這種印鈕的順序缺乏演變關係,也看不出相互影響(圖貳2·81、82、83、84)。

圖貳2·81 東周·善何

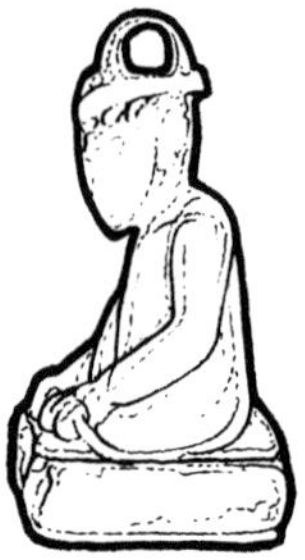

圖貳2·82 元·劉

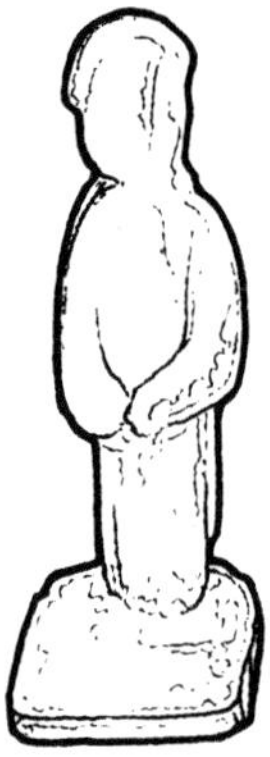

圖貳2·83 元·付押

圖貳2·84 元·合同

(2)龍鈕

龍是在中國人意念中幻化出來的一種重要的神獸,長期以來被視爲天子皇權的象徵,也成爲中華文化的表徵之一。最早的龍鈕見于殷商婦好墓出土的石璽印上(圖貳2·85),接着又見于陝西澄城西周初年墓出土的玉璽印上(圖貳2·6)。後來又見一枚龍鈕璽印是西漢初年南越王的金質“文帝行璽”(圖貳2·86),這枚璽印上的龍呈匍匐狀,情態謹嚴。五代時,前蜀皇帝王建的謚寶上也是龍鈕,其龍曲起呈半環狀，形象呆滯（圖貳2・87）。明清時代帝王之寶上，龍鈕有的昂首挺胸，尾部揚起（圖貳2・88），也有的蒼老雄渾，蜷伏機警（圖貳2・89）。以上均爲帝王璽印上的龍鈕情狀。在私印上，也曾使用龍鈕，兩漢時期，有一種身材驕嬈、騰空而起作圓環狀的龍鈕出現在私印上，因其形狀，又稱爲“盤龍鈕”或“騰龍鈕”（圖貳2・90）。

圖貳2・85　商・畫印

圖貳2・86　西漢・文帝行璽

圖貳2・87　五代・高祖神武聖文孝德明惠皇帝謚寶

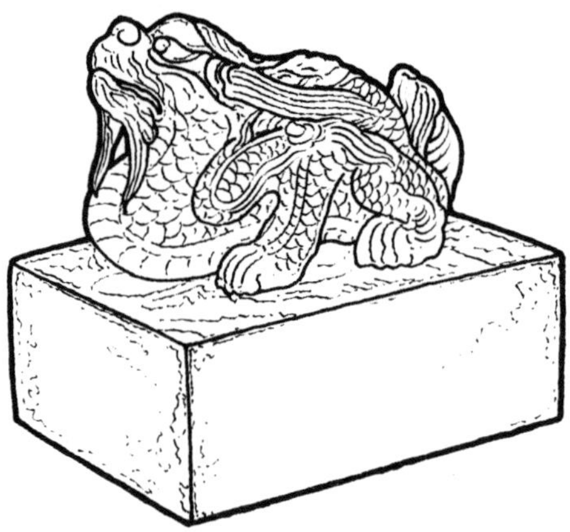

圖貳2·88 明·押印

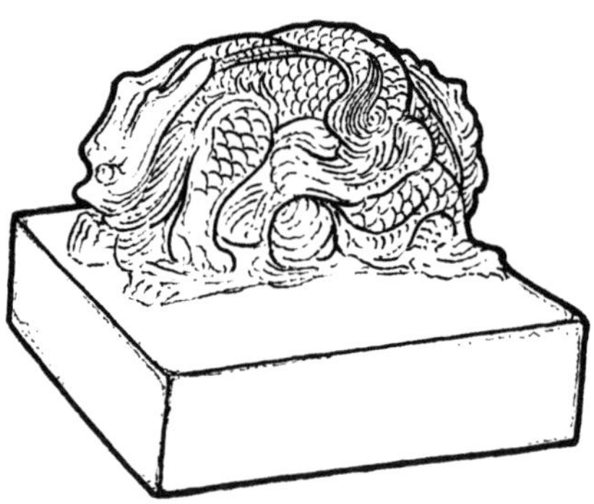

圖貳2·89 清代·天子之寶

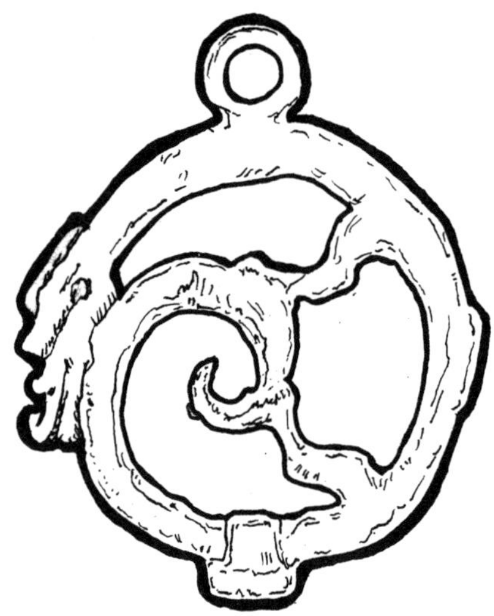

圖貳2·90 東漢·辛脩私印·陝西出土

（3）蛇鈕

蛇鈕最早見于戰國秦或秦代公私印上，見"浙江都水"（圖貳2·91）。雲南曾出土西漢金質蛇鈕"滇王之印"（圖貳2·92），日本也出土使用蛇鈕的東漢"漢委奴國王"金璽（圖貳2·93），據日本研究者考察，這枚金印上的蛇鈕是由原來的駱駝鈕改刻而成。從形狀上來看，蛇鈕有盤蛇、顧蛇、行蛇、騰蛇等區別。在印章上使用蛇鈕並不多見，大多用于公印。蛇鈕寓意值得考量：一，有的見于水官，爲水族之意；二，從古成語"委蛇"，給予遠方藩王用之，當有柔曲和順歸附之意。

圖貳2・91　秦・浙江都水

圖貳2・92　西漢・滇王之印

圖貳2・93　東漢・漢委奴國王

（4）龜鈕

龜是中國傳統文化中"四靈"之一，寓意通靈、長壽、高貴、堅忍、吉兆等等，龜鈕是中國古代璽印中重要性僅次于鼻鈕的一種鈕式，在秦以後公印、私印上皆有用之。因其使用于公印的級別比較高，有着嚴格的制度規定，向爲人們格外重視。龜鈕也是和鼻鈕一樣有着明確的演變規律可循的鈕式（圖貳2・94）。

秦・廣平君印

西漢早・長沙丞相

西漢中晚·張堅

新·校尉左千人

東漢·廣陵王璽

三國·殿中都尉

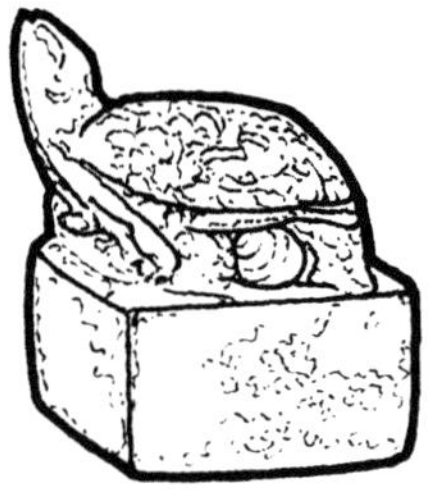

西晉·將兵都尉

東晉·關中侯印

十六國·關外侯印

南朝·龍驤將軍章

北朝·刺史印章

北朝·永新令印

圖貳2·94　從秦到南北朝龜鈕大系

孫慰祖先生認爲,龜鈕最早見于東周秦國"廣平君印"之上。自漢代開始,文獻中便出現了印章使用龜鈕的明確制度規定。對于龜鈕的按規定行用,一直沿襲至清代。從秦代到南北朝,龜鈕的演變規律非常清晰:

秦代,形式比較簡樸,龜身低平。西漢早期,龜形較小,身體平狀,背部略平。西漢中晚期,龜形略小于印背,龜首不外伸,形態較靈活生動。新莽時期,龜背甲高高隆起,四足有力,外形很像烏龜中的"象龜"。東漢時,龜背部如饅首狀,頭伸出較直,龜甲紋較細,仍然比較生動。

三國時,龜殼變扁平,頭長伸,龜甲紋漫漠,形象漸漸失真,曹魏與孫吴政權用印的龜鈕有了區别,曹魏較强悍,孫吴較靡弱。兩晋時,龜身比較簡陋,頭部直翹,且明顯地伸出印背之外,形象失真。南北朝時,北朝的龜鈕龜背殼刻劃繁複,頭部有伸有縮,有的四足高高撑起,雖然刻工繁密,但形象嚴重失真;南朝的龜鈕形象十分簡單潦草,有的烏龜足部難辨。

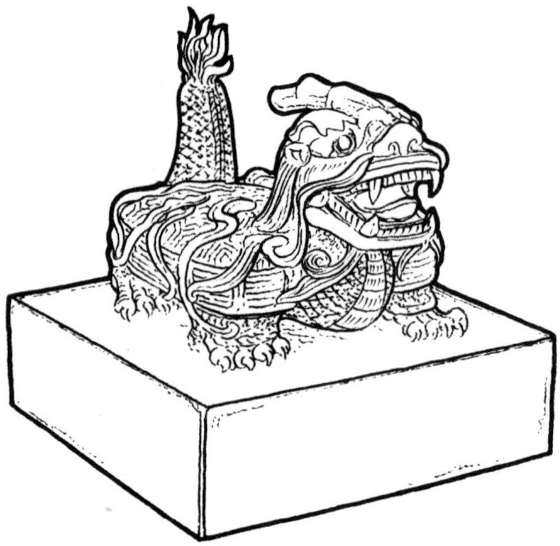

圖貳2・95 清代·珍妃之印

南北朝之後，龜鈕的形狀變化不甚連貫、不甚明晰，開始出現了龜鈕的其他異態形象。明朝時，印鈕上出現了龜蛇相纏的形象，專家多稱之爲“玄武鈕”。清朝時，親王所用印章的龜鈕上，龜已有祥雲盤身，龜首似龍形，身着兩翼，已經是神獸的形象，或是“龍生九子”之一的形象了，有的著録中將這種親王印章所用龜鈕徑直稱爲龍鈕，但其上龜殼清晰作出，還是視爲龜鈕較爲適宜（圖貳2・95）。

上面所討論的主要是公印中龜鈕形象的演變過程。在東周到魏晋時代的私印中，也有使用龜鈕的，其外形的發展脈絡與公印相似，南北朝之後私印上不見用龜鈕。

（5）駝鈕

又稱“槖駝鈕”，有單峰（圖貳2・96）和多峰（圖貳2・97）的區别。依西漢制度規定，這是一種很高級别的官員所用公印的鈕式。存世實物中，大多數是兩漢、魏晋南北朝時期民族地區首領長官所用印章上的鈕式，中央政府及漢族地區的地方政府用印中似乎還没有見到過駝鈕印的使用,可能是中央政府對民族地區頒用的鈕式,寓有“歸順”與“引重致遠”之意。日本出土東漢金質“漢委奴國王”璽,原先也爲駝鈕,後用刀改刻爲蛇鈕,因爲漢委奴國王是遠方藩屬,這種賜印的先駝鈕、後蛇鈕的作法,有深意在焉。

圖貳2・96 三國曹魏・魏率善胡邑長

圖貳2・97 三國魏・魏率善氐千長

(6)羊鈕

使用羊鈕的印章大多數爲兩漢、魏晋南北朝時期的民族地區首領長官所用。與用駝鈕印的性質相似,這也是中央政府對民族地區頒用的印章所用的鈕式,但其級别大約低丁同時代的駝鈕印(圖貳2・98、99)。

圖貳2・98 西晋・右賢王印

圖貳2・99 西晋・晋烏丸率善邑長

(7)馬鈕

存世的馬鈕印,基本上是兩晋及北朝的民族地區首領長官所用之印。中央政府頒發這類印章的意義當與駝鈕、羊鈕相近(圖貳2・100)。

圖貳2・100　十六國・歸趙侯印

（8）獅鈕

從東周時期開始，獅鈕在私印上開始出現（圖貳2・101），也有的獅虎難辨。兩漢時期的獅鈕無翼，頭部比較碩大，體態相對圓渾（圖貳2・102）。兩漢、魏晉南北朝時期，獅鈕繼續在私印上使用，其造型容易與辟邪鈕混淆，兩者的區別在于獅鈕無翼，爲世間實有的動物，辟邪鈕前肢下或身側有翼，爲神話中的形象。不僅普通印章上可能出現獅鈕，連一些青銅套印上也采用這種鈕式。到宋、元、明、清時期，獅鈕發展成爲舞獅鈕或鬥獅鈕（圖貳2・103），到了近現代成爲石質藝術印章上的常見鈕式。

圖貳2・101　東周・□□

圖貳2・102　新・郭尚之印信

圖貳2・103　元・押印

（9）螭虎鈕

螭虎紐上是一種仁厚、温順的伏虎形象。東周時期有無目前不清楚，據兩漢制度規定，這是只有帝、后和諸侯王等才可以使用的璽印印鈕，其極別很高，例如陝西出土的西漢白玉質“皇后之璽”（圖貳 2·104）、江蘇東漢廣陵王墓出土的瑪瑙質印，所用之鈕都是螭虎。私印中也有使用此鈕式。

圖貳 2·104　西漢·皇后之璽

（10）辟邪鈕

辟邪是傳說中的神獸。從戰國晚期開始，私印上便已出現辟邪鈕式。這種神獸鈕式以虎獅類爲原型，但身著雙翼，頭部較小，頸部、身部呈S形盤曲，體態矯健，盤桓生動。有些辟邪鈕的頭頂難以分辨是否有角，因此，也有專家將其稱之爲“麒麟鈕”或“天禄鈕”（圖貳 2·105）。這種鈕式的印章一直沿用到魏晉南北朝時期，有的還以失蠟法技術，做成子母辟邪鈕套印，準確地刻劃出母子依戀的親情，極爲精美。

圖貳 2·105　東漢·審克私印

（11）天禄鈕

陝西咸陽出土北朝末或者隋代“天元皇太后”金璽用鈕，爲獨角帶翼神獸,可以稱爲“麒麟鈕”或“天禄鈕”,有别于辟邪鈕(圖貳2·106)。

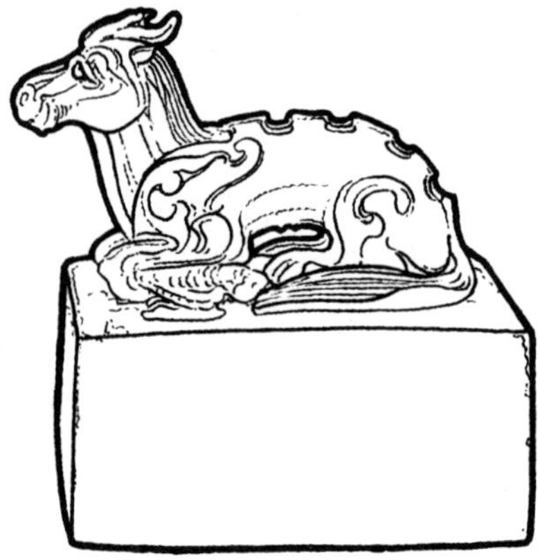

圖貳2·106 北朝末—隋·天元皇太后璽

(12)犬鈕

戰國時期,璽印的鈕置上已經出現了狗的形狀。這種犬鈕印只用于私印,不見于公印。元朝時,在押印上也常常使用犬形鈕(圖貳2·107)。

圖貳2·107 元·押印

(13)鹿鈕

西漢時,私印的印章上曾經見到過鹿鈕,但數量很少(圖貳2·108)。

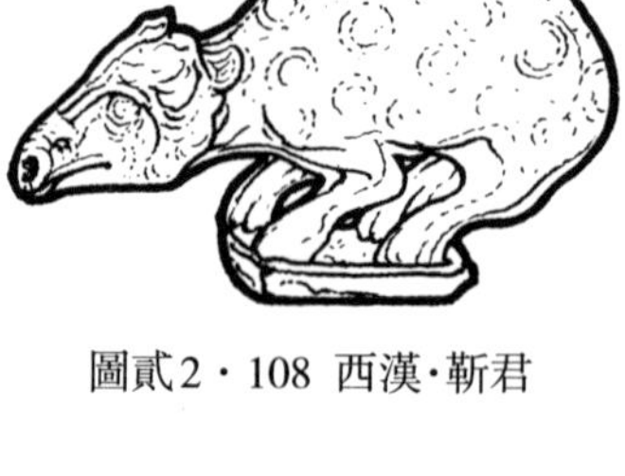

圖貳2·108 西漢·靳君

（14）兔鈕

兔鈕在西漢的印章上開始出現，主要用于私印。元代時，押印中也常能見到。

（15）鳥鈕

鳥鈕的内容比較豐富，主要包括鳩、鷄、鴨、鴛鴦、鳳凰等形象，大多數爲現世的禽鳥，其中鳳凰爲神話中的形象。從東周時起，璽印上便開始出現以鳥爲鈕的情形（圖貳2・109），有的以鳥形蹲于亭鈕之上，主要用于私印上。宋元時代的押印也間或能見鳥形印鈕的踪迹（圖貳2・110）。

圖貳2・109　東周・璽印

圖貳2・110　元・押印

（16）魚鈕

東周時期，印鈕之中開始出現魚的形象，且公、私印章上均有使用，公印如秦半通印“泰庫”上的鈕便曾見魚形（圖貳2・111）。兩漢時期，魚鈕仍在使用，海南出土“朱廬執封”印上，有卧魚鈕（圖貳2・112）。在公印上使用魚鈕，其意義與用蛇鈕大體相近，“泰庫”印用魚鈕，或取其“餘”之諧意。

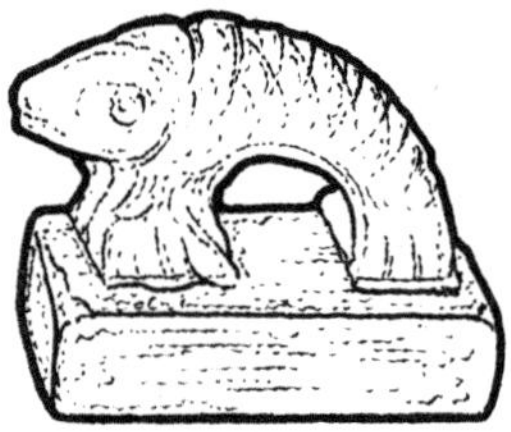

圖貳2・111 秦·泰庫

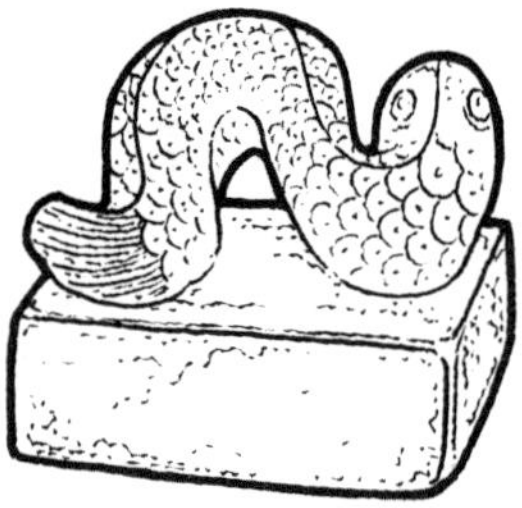

圖貳2・112 西漢·朱廬執珪

(17)犀牛鈕

在古蜀國印上,見有犀牛鈕(圖貳2・113),體態較大。當時古蜀國銅印上還有虎、牛等鈕式,這些可能與西南地區動物形象,與古蜀地區動物崇拜或類似"圖騰"現象有關。

圖貳2・113 犀牛鈕

筆者在分類的時侯,避開了機械地使用獸類、禽類、魚類等動物界的劃分方法;不論是人形還是動物形的印章,都有部分形象在某些時間段内在某些印章上進行了神化,成爲神人、神獸等等。爲了避免叙述的混亂,筆者在此亦未以人、動物和神獸三者,對所有此類鈕式進行分類。

在筆者的分類標準中,考慮的主要是以下三個因素:一、該形象在印章上的使用頻率;二、該形象的特殊性;三、該形象的發展演變軌迹。中國歷代璽印中,使用人、動物及神獸形狀製作完成的鈕置種類並不止以上十餘種,還有蛙鈕、蟬鈕、猴鈕等等。在元代的押印上,這類動物形的印鈕被頻繁地采用。

(四)古代璽印製法

中國古代的璽印根據材質不同,製法也有所區别。從基本的製作法看,可以分爲金屬、礦物和動植物體、陶瓷琉璃和磚瓦等製印等三大類。

1. 金屬璽印

無論是銅、金、銀、鉛和鐵製印,它們的印體均以鑄造的形式完成,成爲青銅鑄造技術的别枝産物。甘暘在《印章集説》中指出:“鑄印法有二,曰翻沙,曰撥蠟。翻沙以木爲印,覆于沙中,如鑄錢之法。撥蠟以蠟爲印,刻文製鈕于上,以焦泥塗之外,加熱,泥留一孔,令乾。去其蠟,以銅鎔化入之,其文法鈕形制俱精妙。辟邪、獅獸等鈕,多用撥蠟。”

所謂的翻沙鑄印法又稱“砂型法”。根據現在已發現的印母來看,這些印母中有以鉛塊製成的,也有以銅塊製成的,也有以石塊製成的,但目前尚未發現以木製成,這大概是由于木質材料難以長期存世。所謂“撥蠟”,又稱“失蠟”、“溶模”,失蠟法是中國古代的一種技術發明,有兩周起源説、秦漢魏晋起源説與隋唐起源説,筆者傾向于秦漢魏晋起源説,這種鑄印方法並不常見,只見于一些極爲精緻的套印、辟邪鈕印中。到目前爲止,絶大多數金屬鑄印采用的是翻沙法來鑄造的。筆者仔細觀察了戰國、兩漢時期的鑄印,試對甘暘所述進行一些補充。

首先,在一些印體上仍留有範縫痕迹,説明有相當一部分印體是合範鑄造而成的。這也就是説,等沙型乾了以後,將其切開,取出印母,再合範進行澆鑄。有鈕印的範縫,在鈕下、鈕内部居中處比較容易找到。

其次,從一些璽印殘存的範縫等迹象來看,鑄造的澆口在一般在璽印的上部,即印鈕的頂部;如果是撥蠟法鑄造,所留出蠟與進銅的孔洞也應在印的上部。這對于在鑄出字樣、畫面的印章上,更加容易理解。

第三,取出鑄好的印體之後,一般要銼去範縫、金屬殘汁。據筆者觀察,東漢"漢委奴國王"金印及"廣陵王璽",其銼痕寬僅二毫米以下。

第四,璽印的印臺、印背一般要經過拋光處理,拋光物可能有精砂、皮革、纖維、蠟脂,等等。

第五,璽印的鈕部有的在鑄造時便已完成,而有的則需要進行進一步的加工,如對鈕部進行修光打毛、動刀加刻如龜鈕的甲綫等細小部位,小管鏨增加獸鈕龜鈕眼睛的表現力或增加鈕上的圈紋、魚子紋等。

撥蠟法鑄造而成的印體,可以從一些辟邪鈕的生動情態如首、項、身、腿、尾的盤桓顧盼和多處孔隙的玲瓏剔透上體會,也可以從一些套印閉合的嚴絲合縫上得知。明以前,印臺與印鈕大都是一起鑄成的;明清時期,一些印的印臺與印鈕開始采用分鑄的形式出現,接合方式主要有兩種,一爲焊接,二爲榫卯。

秦漢之後,出現了一些鎏金銅印,鎏金技術是汞劑調合黄金敷于其它金屬(銀、銅等)表面的技術,這一技術起源于商周時期,鎏金璽印以公印爲多,很可能是金印的替代品。到了兩漢至南北朝時期,又出現了另一類公印,這些公印的印面文字以金銀填塞並加以磨平,無法抑蓋應用。據推斷,很可能是授予"虚爵"者使用,也有可能用于殉葬。

在金屬印章上,還見到主要以裝飾作用的錯金、錯銀、鑲嵌寶石(瑪瑙、松石、琉璃、珍珠,等等)的技術,這種技術見到施于印墻上,也有施于印鈕上。這種裝飾技術見于從東周到明清各代印章,爲數不多,全爲私印。

2. 礦物、動植物體製印

礦物、動植物體所製之印很多,其材料包括玉、寶石、瑪瑙、水晶、石材、動物的骨角牙、植物的根莖、木材等等。這類印體不可能使用鑄造的方法來製作,應當通過雕刻、琢磨、刀修、抛光等工藝形成,動植物印體往往還要經過制前乾燥過程。一些製作手藝高超的匠人能在印章完成之後,幾乎完全湮没去刀痕的存在。

3. 陶、瓷、磚瓦、琉璃

陶、瓷、磚瓦等印章的材質,製作的方法既不同于鎔鑄,也不同于雕刻。

陶、瓷印章的印體有捏塑與模塑兩種成型方法。捏塑的過程中,往往會采用雕刻手段;而模塑則用範以成型,成型以後會略加幾刀,修去瑕疵。窑内燒製之後,陶、瓷印一般不再施刀修整。與陶印稍有不同的是,瓷印在印體上施釉。但在瓷印的印面上,是否施釉是自由的,可以施釉,也可以不施。

琉璃印因存世的印章較少,目前尚缺乏細緻分析,它的製印方法極有可能如金屬印一般,用沙模法鑄造。

隋唐時代的磚瓦印,治印刻字方法與礦物材質製印相似,只不過在此之前的工藝稍有不同,它是選取一些磚角瓦片,磨出方形印面之後,仿照實用公印尺寸、内容,再行刊刻的。

三 印面分析

印面是印章實用内容所在,是其文獻價值與藝術價值的最集中表達之處,是印章文化的重心所在。單面印的印面向下;雙面印印面大多相背;多面印印面除向下者外,印臺、印背上均可以有(參見圖貳2·17)。有些印面上無文無圖,可以稱之爲"光面印"。一些"光面印"可能是制度所需,没有刻上文字或圖様而放置一印而已,但是從考古學收獲可以得知,有些傳世的"光面印",在當時隨葬時,没有鐫刻、鑄造文字,而應當有墨書或朱書的印文,因時間長久或浸洗而文字脱落泯滅了。

(一)面形與邊欄、界畫

中國璽印的"面形",就單面印而言是指璽印上刊刻有文字或圖形部分的印面的形狀。璽印中大多數是單面印,也有部分雙面印甚至多面印。所謂雙面印或多面印,實際上可以看作是多個單印面共存于一枚璽印上。雙面印與多面印的面形分析與讀法考察,是以單面印爲基礎的。

與印面息息相關的,同樣對印面内容起着約束條框作用的,是部分印章印面上的邊欄與界畫,又稱爲邊框與界格。但是,在中國古代璽印中有一些是不設邊欄與界畫的。

1. 面形

中國璽印的面形,大體有方形、半通形、塊形、條形、旁凸形、横長方形、圓形、橢圓形、菱形、異形以及拼合印等幾類,但以"方形"爲主。

（1）方形

方形是中國璽印印面的基本形，在古代公、私印章中所占比重最大。中國印章的面形以方形爲正宗，與它們中大多數印章具有嚴正的取信效用相關，也與印面與方正的漢字相配合有關。中國印章方正的印面，和西亞、中亞地區的以圓形、橢圓形印面爲主，有很大區别。有些璽印在印面的長寬尺寸上稍有差别，若差别不大，仍應視之爲方形印面。

（2）半通印

又稱爲"半印"，是古代璽印印面的亞基本形，這種印面在古代文獻上有所記載。"半通印"是秦漢時期低級官吏和基層機構的一種公用印章，也有的是高級機構處理一般事務或臨時使用的印章，"半通印"的稱謂即得之于秦漢時期的制度（圖貳1・92）。也有一些私印采用這種形式的印面。"半通印"在面形上呈現的特點是寬度大約等于長度的一半。

（3）塊形

塊形介于方形與"半通印"之間，指印面的寬度超過了長度的一半，又未達到正方形的程度的一種印章印面形狀，常常爲竪置。這種印面形狀出現很早，但數量不太多。

（4）條形

與塊形相反，條形印的印面寬度不足于長度的一半，呈現出瘦長條狀，亦爲竪置。這種印面形狀出現很早，戰國燕國一種公用印——記事印即大多采用這種面形。例見東周燕國"大司徒長卩（印）乘"印（圖貳3・1）。秦漢時期也能見到這類印章，如東漢"室孫千萬"印（圖貳3・2）。後世也有不少采用此種形狀的印章，如關防、稅記、條記、戳記、押印、鈐記等上多有體現，作爲條形公印，其級別往往比較低下。

圖貳3·1 大司徒長卩(印)乘

圖貳3·2 窒孫千萬

圖貳3·3 趣盦之鉨

(5)旁凸形

旁凸形是戰國齊國及齊系(如郳國)一種富有特色的公用璽印的面形,例如"趣盦之鉨"(圖貳3·3),目前于其他地區未見。這種面形的特徵是在正方形或近正方形(塊形)印面的上下,各凸出矩形的一小塊,亦見到極少數上下各凸起一小塊之例,這大概是爲了配合符押的特殊設計。

(6)横長方形

一印無論長寬比例與半通印接近,還是與塊形印接近,或是與條形印接近,只要印面的文字依照讀法是横置的,都稱爲横長方形印。自東周始,這種面形在璽印中已經出現,此後歷代均有所發現,多爲私印,數量不大。

(7)圓形

圓形印面是一種亞基本形。東周時代在私、公璽印上便已經出現(圖貳1·85),圓形印面在歷史上多用于私印和畫印等,較少在公印中使用。元末紅巾軍起義時,起義軍所用的印章中可見到外圓内方的結構(圖貳1·147),整體上爲圓形印面。現代中國公用印多采用圓形印面，滾圓的印面從印背、印鈕處無法掌握文字的正方向，所以現有文件和公函上所加蓋的印章，除了專門印刷製作之外，常常發現印章文字打偏打歪甚至打倒的現象，顯得很不嚴肅，削弱了公印的取信功能。所以，綿亘數千年的中國公私印章恪守以正方形爲基本形，實在是很有道理的。

（8）橢圓形

可能是由圓形發展而來的。這種面形自殷商時代即已出現，雖爲數不多，但歷代多有，多爲私印、畫印等（圖貳1・64）。在橢圓形印面中，又可分豎橢圓形印面和横橢圓形印面。近現代也有横橢圓形公用印章。

（9）菱形

菱形印自東周時便已出現，爲數不多，且多爲私印，極少見公印。宋元時期以降在押印中，這種面形又有出現。菱形印又分正菱形印和長菱形印兩種（圖貳1・69）。

（10）異形

從東周時期開始，就有相當一批印章的印面采用異形。異形印中絶大部分爲私印，東周時有少量爲公印。它們的面形有如曲尺形、折磬形、心形、水滴形、多角形、月形、半圓形、腰形、盾形（圖貳1・72）、葫蘆形、三角形、連珠形（連珠形又有雙珠、三珠、四珠等不同的形狀）（圖貳1・74、75、76）等等，不一而足。戰國之後，異形印一度出現較少，宋、元、明之季又出現了不少，幾乎全爲私印或者押印，有香爐形、人形、動物形、琵琶形、雲形、錠形、葉形、花形等等（圖貳1・83），甚至有全自然的無定形。

（11）拼合形

拼合印面指兩片或多片印面拼合成爲一個完整的印面，有類似合符的功用。拼合印出現較早，戰國時，楚國曾有三片扇形合爲一完整的圓形印面的銅印（圖貳2・42），又有兩片矩形合爲一方形的印面，秦漢時期也有拼合印面印例。元代押印中也曾見兩片或多片矩形合爲一塊形的印面。據載，明代洪武年間的“關防”印也是由兩塊矩形印面拼合而成的。

近現代印人進行印藝創作時，仍然多取正方形印面，這從一個側面證明：中國歷史上璽印，由于與漢字表現緊密結合，面形以正方爲宗不僅具有其實用意義，也有千年不朽、亘古永存的美學價值，形成了中華傳統文化的特徵之一。爲了增加藝術興味，近現代印藝創作中也常見到少量采用其他形式的面形。

2. 邊欄與界畫

（1）邊欄

又稱邊闌、邊框，指印面文字或者圖形之外的框。邊欄的設置與印章文字的陰陽有一定的關係。對陽文印章來説，從殷商時代起，一般都設有邊欄（圖貳3・13），只有少量不設邊欄。而對陰文印章來説，早期的陰文印章有不少設有邊欄，例如戰國燕國“徒口都丞”（圖貳3・4）；戰國時，陰文印章不設邊欄的狀況亦有發生，例如齊國“易都邑聖趣盦之鉨”（圖貳3・5）；西漢後，大量的陰文印章不設邊欄，例如西漢“諸國侯印”（圖貳3・6）。

（2）界畫

又稱作界格、界劃等，指刻有兩字以上的文字印章上，在字與字之間將文字分隔開來所用的直綫區劃。

①日字、目字界畫

主要出現在半通印、塊形印、條形印等等的印面上。在印面的

圖貳3・4 徒口都丞

圖貳3・5 昜都邑聖趣盦之鉨

圖貳3・6 諸國侯印

一半處加一横界畫，即形成"日"字界畫；在上下各約三分之一處各加一横界畫，即形成"目"字界畫。如果方形或横長方形印的印面正中加一竪界畫，則形成側"日"字界畫，如戰國齊國"左中軍司馬"（圖貳3・7）；如與其上下各約三分之一處各加一竪界畫，則形成側"目"字界畫。

日字界畫與目字界畫的設立始于戰國或更早，常常用于半通印之上，迨到秦時最盛行，兩漢時逐漸減少，以至消亡。如秦"弓舍"印（圖貳3・8）。

②田字、十字界畫

一般用于正方形印面，一般以十字形交叉分隔四字，也有少量分隔的是三個或五個以上的漢字。十字形交叉與邊欄結合，便是常説的田字界畫。如果印章本無邊欄，或者印章的邊欄已殘損難辨，常將其稱爲十字界畫。十字和田字界畫始見于殷商時期，盛行于秦朝和西漢早期，以後則極爲少見，南朝時見到個別隨葬印用田字界格，恐怕是一種“復古”現象。例見戰國“云子思士”印（圖貳3・9），西漢早期“彭城丞印”印（圖貳3・10）。

③不規則界畫

以方形印面爲例，還有品字界畫，倒、側品字界畫。品字界畫在秦漢之際的私印上應用，如秦漢之際“魏得之”印爲側“品”字界畫（圖貳3・11）。還有隔爲小區界畫印，如馮偉先生所藏秦“邦士”印（圖貳3・12）

圖貳3・7 左中軍司馬

圖貳3・8 弓舍

圖貳3・9 云子思士

圖貳3・10 彭城丞印

圖貳3・11 魏得之

圖貳3・12 邦士

在圓形、橢圓形、異形印面中，界畫的情況要複雜一些，有扇形、不定形等等的分隔。

中國古代印章的邊欄、界畫具有一定斷代的意義。以邊欄爲例，西漢初葉之前，邊欄在公印中較爲常見，西漢早中期之後所見越來越少。而界畫也存在相應的消失軌迹，西漢中期之後，界畫趨于罕見，當然在少許私印中存在着設置邊欄、界畫的隨意性。南朝劉宋時，在一些殉葬印上又能見到一些邊欄和界畫，但也僅存幾例，並不普遍。

（二）文字（附畫印）

中國璽印文化中，大多數璽印屬于文字印章，也有少數屬于圖畫印章。文字印章之中，又以漢字占絶大多數。中國“璽印文化”也好，中國“印章藝術”也罷，它們的重心自然就是各種印章的印面文字、畫面的表現及其内容。

1. 古文字系統

中國漢字“古文字”的定義與國際定義有些區别，國際上一般定義爲“死去的”、不再行用的文字。就中國漢字古文字而言，一般定義爲小篆及之前的字形與字體，它們所屬的漢字體系，並没有死亡，所謂大篆、小篆，甚至甲骨文漢字，至今仍舊在一定領域表現並可以識讀，在藝術印章上的創製尤其突出。所以把漢字古文字定義爲隸體出現之前的一個系統比較合適，今文字系統爲其邏輯繼承。

漢字古文字系統起源的時間與地域尚不清晰，在仰韶文化、大汶口文化、馬家窑文化、良渚文化中已出現與後來漢字結構相類似的獨體文字，相當于大約“夏代”或略早時的陶寺文化中出現了成熟的墨書單體漢字文字，到殷商青銅文字、書寫文字和甲骨契文，已是本系統的完整成熟的體現。小篆是這一系統中邏輯殿後的代表。在古代璽印上,這一系統的文字表現包括商周文字、東周文字、摹印篆、繆篆、鳥蟲書、懸針篆、蟠條篆、後期繆篆、雜篆等等。在近現代,作爲漢字裝飾性的重要表現,漢字古文字系統實際上還存活、發展着,其中最爲主要、最爲經常的載體,就可以算在藝術印章的"功勞簿"上了。

(1)商周文字

這裏所説的"周"指西周。目前考古所見商、西周印璽及文字抑陶很少,現在所舉之例爲商代璽印所用之字(圖貳3·13),以及西周印陶文字(圖貳3·14),這種用字與當時甲骨文字結構近而體態差別較大,和當時金文與刻劃陶文比較接近。

圖貳3·13 㸚

圖貳3·14 圖(賜)作召塡(印陶文拓本)

(2)東周文字

在中國璽印上也好,在東周時期的青銅器、陶器、石刻文字,乃至簡牘帛書文字也好,這類文字曾經被稱爲"古文"、"六國古文"、"六國文字"、"戰國文字"等等。前輩們從這樣的概念出發,成功地辨認出了傳世古代璽印中的東周作品,更正了"三代無印"的錯誤認識。但是,隨着研究向縱深發展,上述種種概念稱謂顯然也不盡妥當。因爲當時列國間文字形態表現差遲較大,雖然韓、趙、魏三國文字風貌相近,情況比較複雜。這類文字入印主要在東周時期(包括春秋、戰國),

極少數主要在私印上影響至秦漢之際，因而筆者在此换以“東周文字”來命名。本來秦國文字應當包括在此内，但由于秦文字大體直接小篆，秦的用印文字直接摹印篆，因此，依例“東周文字”暫不包括屬秦篆系統的文字，儘管這也是不盡妥當的，筆者將在另一部書稿中對此論辨，但本書中暫從傳統的叙述。由于時代、國别、地域等多種因素的影響，所謂“東周文字”並不專指一時一國的文字。

一般來説，東周文字在璽印上的表現與所屬國的銅器、竹帛文字風格、偏傍、結構相近，而與秦小篆的風格、偏傍、結構相去較遠，所以，它們對秦漢之際形成、並對中國璽印文字影響甚鉅的繆篆的發展影響並不大。東周文字中，各國的刻陶文字、竹帛文字、大部分刻銘金文等等，大都爲手工率意之作，對字形、筆劃、偏旁的處理不盡規範，造成了有如“雜花生樹、群鶯亂飛”的複雜面貌，使得東周文字研究疑難叢生。唯有東周璽印文字，因爲要反復抑印，而且要在比較鄭重的場合表現，所以可視作東周文字的“標準化”、“正體”，這是東周璽印文字應當被格外重視之處。

東周璽印上的文字在列國之間的表現是有明顯不同的，對于它們的具體區别，擬在後面第叁章的“蓬勃期”中做比較詳細討論，這裏暫時從略。

（3）摹印篆

戰國時期秦國的璽印在文字風格方面獨具特色，研究者普遍認爲其有别于列國璽印上的“東周文字”，故常常單列研究。當然，“摹印篆”也有别于後來漢代的“繆篆”文字。然而對其命名，長期以來大家莫衷一是。一些人將其指認爲“秦篆”，一些人將其指認爲“小篆”。小篆是東周時期的秦國，到秦統一六國建立秦朝這一較長時間内使用的規範化書體，其源于西周後期比較整飭的金文“籀文”，又加以更爲規範化的改造。當時的印章用字是受到小篆的影響，這是不争的事實。但是，正如《說文解字序》等文獻記載的那樣，秦始皇帝時，更定書體爲八類，分别爲大篆、小篆、刻符、蟲書、摹印、署書、殳書、隸書，因此，將其認定爲小篆或秦篆也存在一定的問題。其實，秦時八種書體中的"摹印篆"應當就是當時這類印章用字的正確命名。摹印篆作爲漢字的一種字體，是以小篆字法爲基礎，參以如署書、刻符、殳書、隸書，等等其他書體的字法，稍變方折而成。這種書體的形成，就是爲了適合印章印面的有限空間，顯出從容、順暢、肯定的風致，是漢字字形統一的作爲之一。簡而言之，"摹印篆"是秦文字中用于"治印"的專門字體。

與列國璽印上的"東周文字"不同的是，戰國末期到秦代的這種"摹印篆"，對"繆篆"影響很大，它開啓了秦漢之際"繆篆"的先河。"摹印篆"雖然很重要，但其行用的時間並不太長，大致爲東周時期的秦國、統一後的秦朝，西漢初葉亦稍有影響，典型作品例如秦代"章廄將馬"印（圖貳3・15）。

圖貳3・15　章廄將馬

（4）繆篆

《說文解字序》在論及王莽新朝時期的書體時曾說："時有六書：一曰古文，孔子壁中書也。二曰奇字，即古文而異者也。三曰篆書，即小篆，秦始皇使下杜人程邈所作也。四曰左書，即秦隸書。五曰繆篆，所以摹印也。六曰鳥蟲書，所以書幡信也。”這一意見與同一序文之前論述秦之“八書”相比，其論述新莽時“六書”書體的邏輯顯然比不上論述秦時的，有些紊亂。新莽王朝存在的時間並不長，而書寫文化、印章文化的影響和變遷却不是一朝一夕的事情，因此，這段文字應當被看作是東漢時人對包括印章文字在内的西漢、王莽新朝用字特徵的整理和總結。

所謂漢代的用于“摹印”的“繆篆”，前人討論得相當熱烈。有的學者將一部分屬于鳥蟲書、或簡化了的鳥蟲書的漢代私人印章所用的字體命名爲“繆篆”，而將兩漢（包括新莽）時代大量公、私印章所用的文字命名爲“小篆”、“漢篆”等等，這種説法影響較大，但却是不正確的。“繆篆”應當是起源于秦漢之際的一種字體，它是用于“摹印”的一種字體，這在許慎的表述中相當明白，表達了“繆篆”是繼承發展了秦“摹印篆”的一種字體，視其字法結構，應當是方正從容、稍加屈曲填滿以適應印章印面的一種字體，《説文》所謂“所以摹印也”，當以其用于公印爲大宗，它的綫條平直匀稱，極易與其他書體區别開來。

這種所謂的“繆篆”在兩漢魏晉南北朝印章中占有最大的比例，它既是對秦“摹印篆”的繼承發展，又在其發展過程中不斷吸取了隸書的結體和筆法。較典型的代表是陝西出土西漢“皇后之璽”（圖貳1・101）、山西出土西漢“王柱私印”（圖貳3・16）、日本出土的東漢“漢委奴國王”金印（圖貳1・107）以及江蘇出土的東漢“廣陵王璽”（圖貳1・108）等等。

“繆篆”在較長時期的發展中，也有可以指認的變化，如：西漢時期的寬博、方正、從容；王莽新朝時期的修長、柔美；東漢時期繼承西漢但又發展成方硬和形式主義風格；三國兩晉南北朝，漸漸趨向荒率、支離、解構，乃至脱離篆意。

（5）鳥蟲書

鳥蟲書又稱“蟲書”，是一種美術字化了的漢字篆書。這種書體除了使篆書漢字顯得修美盤曲外，還常常在字端或短筆道處寫畫出鳥、蟲、魚等動物形象，間或有分枝蔓延的植物形象。在春秋、戰國時期的一些地區，例如楚、吴、越、徐等國，“鳥蟲書”曾經廣泛地應用于青銅器銘文之上。戰國時期，這種文字偶爾作爲璽印文字，但並不成熟（圖貳3·17）。雖然“鳥蟲書”在《説文解字序》中被列爲“秦八書”之一，但目前所見的戰國秦印和秦朝印中幾乎不見，而在秦末的私印泥封中偶然見到。

圖貳3·16 王柱私印

圖貳3·17 賦午（字要反讀，鳥要正看）

《説文》中雖然指出鳥蟲書在漢時“書幡信也”，考古中也見到用鳥蟲書幡信實例，但在兩漢時代私印上，也見到這種字體的摹移應用。從西漢初葉開始，“鳥蟲書”在私印中的使用日臻成熟，如“祭睢（圖貳3·18）、“武意”印（圖貳3·19）等等。過去，有的研究者把印文中可辨鳥、魚等形象的印章文字歸屬于“鳥蟲書”，而將“杜況私印”（圖貳3·20）、“婕好妾娋”印（圖貳3·21）等歸爲“繆篆”。這種劃分方法缺乏考證和依據，因此是不準確的，因爲後兩印均是抽象化了的、簡化了的、仿似植物枝蔓形像的“鳥蟲書”，反而與出土漢魏幡信文字更相近。也有一些研究者依據字形，將鳥蟲書再次細分，命名爲“鳥書”、“蟲書”、“魚書”等等，這是完全没有必要的，也容易造成系統研究的混亂。例如在有的漢印上,同一枚同一個文字中,西漢"武意"玉印(圖貳3·19)之上,筆劃上既有鳥形,又有魚形,該如何命名呢?這類文字還是統一稱爲"鳥蟲書"爲宜。鳥蟲書見于私印,公印中迄今未見用鳥蟲書者。鳥蟲書字體在印章上的應用,在魏晋之後便趨于絶迹了。

(6)懸針篆

懸針篆又稱爲"垂針篆"、"蚊脚篆"等。這種文字上部壅塞,而又引以竪筆下垂,形成一種特殊的結構,在有限的印面空間,具有一定的特殊美感。懸針篆的文字較早出現爲東周時代部分青銅器的銘文和新莽時期的一些銅量的刻銘。自東漢開始,懸針篆開始少量地出現在私印上,到魏晋時期,這種懸針篆開始較多地出現,以私印爲主,極少見于公印。代表性的作品有西晋"樊纘"印(圖貳3·22)及東晋"劉茂封印"(圖貳1·59)南北朝"曹新婦白疏"六面印(圖貳1·28)等。

圖貳3·18 祭睢

圖貳3·19 武意

圖貳3·20 杜況私印

圖貳3·21 婕好妾娋

圖貳3·22 樊纘

（7）蟠條篆

蟠條篆又稱“盤條篆”，由沙孟海先生根據隋唐公印實物命名，它是從南北朝晚期出現，到隋唐、五代時常見于公印的一種篆書漢字。由于公印印面的加大，刻印所用字體變得寬博雍容、蟠曲引帶、迂回舒暢，這與當時印章以及印面文字蟠條焊接的做法有關，本書後文將有所論述。這種蟠條篆的風格影響到北宋初期的部分印章的製作，例見隋“觀陽縣印”（圖貳3・23），唐“柳中縣之印”（圖貳1・159）等。

圖貳3・23 觀陽縣印

（8）後期繆篆

“後期繆篆”由筆者命名，是由隋唐時期的“蟠條篆”進一步發展而成的一種專門用于治印的文字。這種文字多用于公印，亦有一些合同印、私印的文字受其影響。從北宋到金元，印章文字的曲折處理逐漸規範化，多數呈横平綫條加短直綫條處理印面上的一切文字，整個印面日漸填滿，生動活潑的氣息遞減，漢字印章藝術韻味幾乎喪失殆盡。例如北宋“神衛左第四軍第二指揮第五都記”印（圖貳3・24）。元朝建立後直到明清兩代，用于公印上的文字更趨僵硬，叠折有如死蚓，學者多稱之爲“九叠篆”、“上（尚）方大篆”等，例見元代“常樂站印”（圖貳1・97）、明代“洱海衛右千户所百户印”（圖貳3・25）等。下文將討論的雜篆書，在宋元之後，這些雜篆的基本間架結構實際上主要受着後期繆篆之影響。

圖貳3・24　神衛左第四軍第二指揮第五都記（55×55）

圖貳3・25　洱海衛右千户所百户印（70×70）

（9）雜篆

雜篆是淵源于新莽、魏晋南北朝直到隋唐，常常用于刻銘和碑首、志蓋的一些美術字化的篆字，在印章上主要指明、清兩代常用于公印的印面而又不能納入以上所述各類的篆書。這些篆書的名目大部分由當時人杜撰，藝術價值較爲低劣。雜篆雖然在藝術價值上乏善可陳，但是因爲與文獻記載的品官或文武等用印篆文之區别相關，所以仍具有一定的歷史價值。這類印章有：明代武官所用印上的“柳葉篆”，見貴州出土的“規秦將軍之印”（圖貳3・26）；明清帝王所用印上的“玉箸篆”，見北京出土的明代“神宗範天合道哲肅敦簡光文章武安仁之孝顯皇帝之寶”（圖貳1・114）；清代王公所用印上的“芝英篆”，見“和碩怡親王寶”（圖貳1・115）；還有所謂“尚方大篆”、“鐘鼎篆”、“垂露篆”、“殳篆”、“懸針篆”等等名目。這些雜篆有的與以前篆體雖然有相同之名目稱謂，但形象全異。多種名目的雜篆用于公印之上，但對宋元明清時期的治印俗手也有一定的影響，實爲印章藝術之左道。

以上大略地介紹了目前所見中國古代璽印上屬于“古文字系統”的各類漢字字體。其中,東周文字(各國不同的風格)、摹印篆、繆篆、鳥蟲書、(東漢魏晋)懸針篆等,對後來各流派印人的治印藝術影響頗大。而如商周的印章文字、蟠條篆、後期繆篆、雜篆等,在印章藝術創作上則影響比較小。

圖貳3·26 規秦將軍之印
(94×94)

2. 今文字系統

漢字今文字系統是對漢字古文字系統的邏輯繼承,它與古文字系統的醒目區别在于,改古文字系統漢字的綫段式表現爲筆劃式表現,這是從總的方面來看;其它的如偏旁、筆順、筆劃數、形體整齊方面,也比古文字系統的表現更便書寫。今文字系統的某些要素,在商周文字中已經少許出現;作爲有别于、在邏輯上繼承于古文字系統的又一漢字系統的出現,則肇源于隸書,隨着文字的發展,不斷發展到行書、楷書、草書、宋字、仿宋字;當然,在古文字系統中,行書和草書也有了一定的書寫意義上的表現。近現代書寫與印刷品上最常見的書體亦屬于本系統。在中國古代璽印上，這一系統文字的應用表現包括隸書、楷書、行書及草書、宋字及仿宋字等。

（1）隸書

隸書是源于春秋時期的書寫漢字，早期結構受"古文字系統"的一定影響，一般稱爲"古隸"。隸書與古文字系統的基本區別在于改文字表現的"綫段形"爲"筆劃形"，大約在秦朝或稍早時期的秦國以及楚國，隸書基本擺脱了古文字系統的影響，發展成爲一種獨立的書體——"今隸"。從"古隸"發展成"今隸"，成爲漢字今文字系統出現的重要標志。

圖貳3・27　御府長印（摹本）

圖貳3・28　零陵太守章

圖貳3・29　右策寧州留後朱記

在古代漢字隸書印章並不多，最早的一例是湖南出土西漢早期印章印面上的"御府長印"墨書（圖貳3・27），但這不是刻出的印文，可以視作書寫的印稿，由此可知漢代部分印章寫印稿時，是含有隸意的，但當鐫刻成印時，會改作爲"繆篆"文字。兩漢時期，一些"繆篆"文字印章已經略帶有隸意,但這些繆篆文字屬于古文字系統的特點相當明顯,還不能將其視爲成熟的隸書印。江蘇出土的東晋“零陵太守章”(圖貳3·28)可以視爲隸書刻印較早的例子,但其波磔撇捺並不如書法隸體明顯。五代時期的“右策寧州留後朱記”(圖貳3·29)屬隸書印章最典型的代表。在五代宋元明代押印中,見部分隸書印章。

(2)楷書

楷書是漢字“今文字系統”中發展得最爲成熟的書體,起源于秦代,例證爲陝西咸陽出土的刻劃陶文“咸里綵窯”,但這是爲僅見之例,楷書的大量作品見于東漢後期,已經屬于當時最常行用的書體之一。在古代楷書印章不多,目前所知最早的一例是陝西旬陽出土的北朝晚期煤精多面體“獨孤信”印(圖貳1·39),而這枚印在當時並非實用印。隋唐之後,間或有少量公印采用楷書入印,楷書入印較爲成功的當屬元代在押印中的使用(圖貳3·30)。

圖貳3·30 方(押)

(3)行書、草書

行書和草書是漢字書寫時由于快速,而筆劃出現省變以及連屬所形成的兩種字體,源于“古文字系統”中書寫的作品,又都是漢字向“今文字系統”嬗變時出現的主要字體,一般認爲行書與草書的出現要早于成熟的楷書。但是到了楷書底定之後,又促進了行書、草書的進一步發展。行書和草書在中國古代印章中的應用大約始于唐、五代時期,典型之例見五代時的“元從都押衙記”行書印(圖貳

3·31)。宋代、金代、元代、明代時,草書押印較多(圖貳3·32),其中,一些元代押印常采用上楷下草(押)、上行下草(押)、上隸下草(押)的特殊做法(圖貳3·33),形成了押印的獨特的風格。

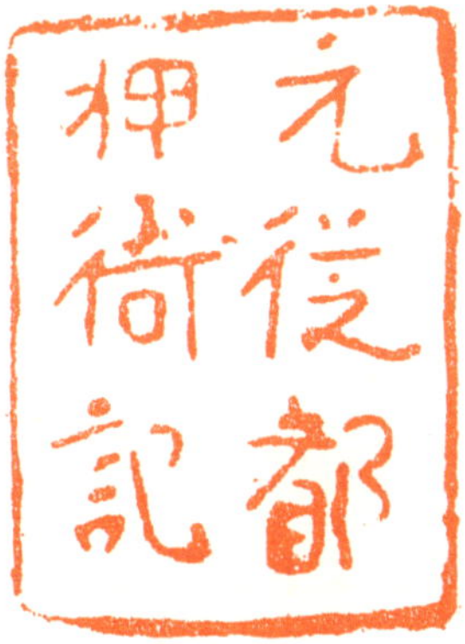

圖貳3·31 元從都押衙記

圖貳3·32(押)

圖貳3·33 孫(押)

(4)宋字、仿宋字

宋字和仿宋字由楷書發展而來,是主要用于印刷書籍的一種字體。宋字印出現較早,比較典型的宋字印有南宋的"壹貫背合同"印(圖貳1·168)。仿宋字印主要見于明清,例見太平天國"旨准"印(圖貳1·172)、義和團"永邑信安鎮乾字北義合團人等全勝"(圖貳1·153)等印。中國公用印章進入近現代之後,廣泛地應用宋字及仿宋字。

以上大略地介紹了中國古代印章之中屬于"今文字系統"的各類文字入印情況。

在近現代流派治印藝術創作活動中,雖然偶有製作隸、楷、行、草、宋字印的情況,亦間有模仿元明押印的情形,但都不成爲主流,這是中國印章文化與藝術重心轉移的重要標志。與藝術印章的創作相反,爲辨識方便，在近現代漢字公用印章中，大量地使用楷、宋、仿宋、隸字入印，更增加了黑體、新仿宋字甚至美術字。

3. 民族文字入印

我國自古便是一個多民族聚居的國家，除了漢族外，不少民族擁有自己的本族文字。許多兄弟民族也用他們本民族的文字來製作印章。

戰國晚期到秦漢時期，古蜀地區民族文字符號即已入印（圖貳3・34），這種文字印章在一般著作中稱爲"巴蜀印章"，但古代巴蜀不是同一地域的文化，巴印至今難以確認，這批爲古蜀國印章。隨着時間推移，用民族文字入印成爲普遍的現象，中華大地上但凡有文字的民族，都有他們自己的民族文字印章。筆者不通民族文字，下面據一些印章發表時的學者研究，主要就宋、遼、西夏、金、元、明、清等時代若干民族文字入印進行簡要介紹。

圖貳3・34 古蜀文字印

（1）契丹文印

契丹文是中國古代契丹族使用的文字，屬阿爾泰語系，分契丹大字和契丹小字兩種。契丹大字創製于公元920年。當時，遼太祖耶律阿保機下令，以耶律突吕不和耶律魯不古爲首，參照漢字創製完成，共有三千餘字。受以漢文爲尊的影響，契丹文的使用範圍有限。契丹小字是由耶律迭剌在契丹大字的基礎上，接受回鶻文的不少理念，對大字進行改造後的成果，屬于拼音文字，共約五百個發音符號。契丹文在中國境内使用的時間共達三百多年，對女真文字的形成有相當大的影響。隨着遼的滅亡，契丹文逐漸退出歷史舞臺，到元朝時已經幾乎没有人認識契丹文。目前，僅有極少數官職、年號、干支等詞彙得到破譯。契丹文見于宋、遼、金時期契丹族的印章上，有公印、也有私印，有契丹大字印、也有契丹小字印（或稱“遼國書印”）（圖貳3・35），近年出土較多。

（2）女真文印

女真文是受契丹文影響産生的，屬于拼音文字。1119年，金太祖完顏阿骨打下令頒行女真文，女真文印主要爲金國印。在製作工藝上，女真文印往往仿漢字印章後期繆篆筆意。女真文印的流傳範圍不廣，目前出土的女真文印主要集中在東北、華北諸省區（圖貳3・36）。

（3）西夏文印

西夏文，又稱“西夏國書”，是西夏開國君主李元昊根據漢字的偏旁部首結構親自製定，經由諸大臣補充完善，于1036年頒行的一種文字，共約六千字，屬于拼音文字。西夏文印主要是宋、西夏時代所刻製的印章，主要出土于寧夏、陝西、内蒙古和甘肅等省區。在西夏文印中，公印和私印稍有區別。公印中比較有代表性的是各地出土的多枚方面圓角“首領”印（圖貳3・37），而私印則近年在北方諸省區有陸續出土。

圖貳3・35　契丹文字印

圖貳3・36　女真文字印

圖貳3·37 西夏文字印

（4）八思巴文印

蒙古語是蒙古民族通用的語言，屬于阿爾泰語系。在蒙古語還没有文字的年代，爲了記録自己的語言，蒙古民族曾經采用漢語標音的方式或者用其他鄰國的語言文字。歷史上蒙古語曾經采用四種文字來記録，其中一種便是八思巴字。這種文字是元朝忽必烈時代由當時的吐蕃國師八思巴創立並使用，爲拼音文字。八思巴文印主要見于宋、元時代，在内蒙古、青海、西藏等省區有些種類的印章（如宗教印章）之上一直沿用至明代，一些書上將其稱之爲“蒙古文印”。八思巴文印應用範圍較廣，在全國大部分省區均有出土，有公印、私印，也比較多地出現在押印上，大部分八思巴文公印在其印背有漢字譯出的印文内容。許多八思巴文的公印（圖貳3·38）、私印（圖貳3·39）模仿漢字印章後期繆篆筆意，間有八思巴文私印、押印上仿行書、草書筆意。

圖貳3・38　八思八文字公印（55×55）

圖貳3・39　八思八文字私印

（5）維吾爾文印

維吾爾語，屬于阿爾泰語系突厥語族，是中國維吾爾族所説的語言。八世紀時，維吾爾民族曾經使用古突厥魯尼文，九世紀開始到十五世紀使用回鶻文。到1949年後，曾經采用過以斯拉夫字母拼寫本族文字，後又于1970年改用新疆的維吾爾族創製的拉丁字母維吾爾文字。而現在所有的維吾爾語所使用的文字，則是以阿拉伯字母爲基礎的書寫體系。維吾爾文印又稱之爲“回文印”，主要行用丁新疆、甘肅等地區。現在所見維吾爾文印主要是明、清時期以阿拉伯字母鎸刻的公印和私印。

（6）藏文印

藏文是藏族人民的書面交際工具，屬于拼音文字。其歷史之悠久在我國境内僅次于漢文，許多藏文史籍將藏文的創製歸功于吐蕃王朝松贊干布時的大臣吐彌桑布扎。現在，學者對此有所質疑，並認爲藏文可能是在松贊干布時代以前便存在的一種古代文字，是用來記録原始宗教經典的。經過八世紀中葉至九世紀初葉、九世紀中葉和十一世紀初葉三次大規模的釐定規範藏文活動，藏文逐漸規範，日益完善。藏文印的主要行用區域爲西藏、四川、青海、甘肅等省區，藏文印也主要是明、清時期的公私印章。

（7）滿文印

滿語是滿族人所使用的語言，屬于阿爾泰語系，是在蒙古文字的基礎上通過改進發展而成的一種竪直書寫的拼音文字。1599年，努爾哈赤下令創製滿文，通行于當時的建州，是爲舊滿文。後經過達九海完善舊滿文，增補字頭十二個，並添加了圈點，形成新滿文，通行于後金。清朝前期多用滿文發布詔告，是官方和民間常用文字。進入中原後，逐漸以漢字作爲官方文字，康熙晚期開始，滿文奏摺逐漸淡出歷史舞臺。滿文印章始見于明代，在清代大量流行。清代公印中

圖貳3・40　滿文字印

圖貳3・41　漢篆加滿楷字印
（82×82）

圖貳3・42　漢篆加滿篆字印
（75×75）

多爲左滿文右漢文印，也有少量全滿文印（圖貳3・40）。乾隆之前，印章上的滿文多用楷書（圖貳3・41），乾隆之後，印章上的滿文多用篆書，主要仿自雜篆體（圖貳3・42）。

（8）哈薩克文印

哈薩克語亦屬于阿爾泰語系突厥語族，是哈薩克民族所使用的語言。此語言據説是受烏孫語、突厥語以及蒙古語的多重影響發展而成的綜合産物，原來使用以阿拉伯字母爲基礎的文字，中國境内的哈薩克族于1964年起開始使用以拉丁字母爲基礎的新哈薩克文。哈薩克文印主要流行于新疆地區，如清代以阿拉伯字母鐫刻的哈薩克文公印。

（9）彝文印

彝文是彝族使用的一種文字，屬于漢藏語系，原有一種表意文字，也有部分學者認爲它是音節文字，史稱"爨文"。曹錦炎先生研究指出，雲南省文物部門曾徵集到一枚蛙鈕古彝文銅印，時代大約不晚于南北朝時期，漢譯其意爲"統管堂狼印"（圖貳3・43）。1975年，四川製定了《彝文規範試行方案》，在四川省凉山彝族自治州推行，此方案共確定了八百一十九個規範彝文文字。彝文印又見于清代，如雲南出土"以諾"印（圖貳3・44）。

圖貳3・43　統管堂狼印（彝文）

圖貳3・44　以諾（彝文）

（10）傣文印

曹錦炎先生研究指出，雲南西雙版納地區曾發現傣文印，漢譯爲“宣慰使第二大臣懷郎曼凹印”，從印面風格看，可能爲明代之遺物（圖貳3・45）。

圖貳3・45　宣慰使第二大臣懷郎曼凹印（傣文）

（11）苗文印

苗語屬于漢藏語系苗瑶語族，是苗族的民族語言，其内部又分爲湘西、黔東和川黔滇三種方言。雖然苗族没有本民族的統一通用文字，但披露過有所謂“苗文印”。苗文印見于清代，如雲南出土的杜文秀起義“南軍後參軍篆”印，于漢文左側附有苗文（圖貳1・152）。

（12）在中國西北如新疆、青海、甘肅等省區，出土過古波斯文、佉盧文、古阿拉伯文印章，有的爲域外傳入，有的爲當地政權或部族使用，這些印章的時代跨度很大，有的早于漢晋，有的近于隋唐，成爲近年有待研究的一個課題。明、清之後，隨着各國文化交流的加强，我國公、私印章中還出現了外國文字印、阿拉伯數字印、漢語拼音文字印等等。

自宋以降，各個時代的民族文字入印情况很多，遠不止上述十餘種。筆者少見寡識，又不識少數民族文字，所以也有一些少數民族的文字印無法介紹，期冀更多學者的共同探討。

4. 畫印

畫印是中國印學遺産中的重要組成部分。在大部分的論著中,畫印被稱之爲“肖形印”,也有部分論著稱之爲“圖案印”。將畫印稱爲“肖形印”的歷史已經很長,但這不够準確。《説文解字》中如此解釋道:“肖,骨肉相似也。”其引申意爲“相像”。《方言》中也説:“肖,類、法也。”以此推論,印璽中所見大量龍、神人、神獸以及工藝圖案等等,它們在這個世界上又是肖誰、類誰、法誰呢? 顯然,“肖形印”的説法有其定義上的缺陷。

“圖案印”一説其實也不够準確,因爲“圖案”是具有裝飾意味的花紋或圖形,它以構圖整齊、匀稱、連續、調和爲特點,多用在紡織品、工藝美術品和建築物上,圖案大多是較爲抽象的、大多爲幾何結構的作品。以“圖案”來概括這類印章上所有的内容與表現,顯然也不太合適。

正因爲如此,筆者認爲,還是比較寬泛地名之爲“畫印”恰當些。在畫印中,比較具象的可稱爲“畫像印”,比較抽象的可稱爲“圖案印”。

(1)畫像印

畫像印指印面内容爲比較具體畫像的印章。這種印章起源很早,在西亞、中亞地區同類印章出現得相當早,應當是中國畫像印章淵源所在。在我国,山西風陵渡春秋墓中出土的魚形畫像印是目前所知較早的一例。戰國、秦以及兩漢時期,畫像印相當流行,但凡人間生活、鳥獸魚蟲、樹木建築、仙人神獸,等等内容,都在印面上得到了一定的反映(圖貳3・46、47),在東周直到兩漢泥封上,也見到畫印抑蓋遺痕(圖貳3・48)。此外,不少文字印章的印面上,文字兩側或四周往往加上了畫像,如青龍白虎、四靈、四神等等(圖貳3・49),有的或可作畫印使用。

圖貳3·46 戰國畫印

圖貳3·47 西漢畫印

圖貳3·48 西漢畫印泥封（拓本）

圖貳3·49 西漢畫印

從東周到兩漢，畫像印印面有三種：一種印面内容爲鑄成，一種畫像本身爲塊面狀剪紙狀反映，另一種爲較細的綫條刻畫。鑄成的畫像印印面畫像部分向内凹下，並且起伏不平，有的鬣毛眼目都凹凸有差，若抑蓋在泥封、陶胚上將顯現如浮雕狀細部畢顯的立體圖像。塊面狀的，從平面看有剪紙般藝術效果。綫條刻畫的畫像印印面則顯得簡潔明快。

東漢三國以後，畫像印日漸式微。到五代、宋、元、明時期的押印中，人物、動物、花果、瓶壺等等圖像再次出現，但是風格與東漢以前的畫像印迥然有别，它們都是鑄造成的，以凸起的綫紋構成畫像，印底没有凹凸不平的感覺，並呈現出很强烈的民間藝術風致（圖貳3·50、51）。

（2）圖案印

圖案印所呈現的是裝飾意味很强的圖案。這種印章形式從商周到兩漢時期就很流行。其中，一些圖案印還可以分辨出是由某種具體形象演變而來，例見新疆出土約爲魏晋時代的圖案印，可能與獸面形象有一定關係（圖貳3・52），而另一些則由極爲抽象的綫條組成，例見東周倒三角圖案印（圖貳3・53），也有一些爲文字印的印面配備邊飾的做法。

圖貳3・50　金代押印

圖貳3・51　元畫印

圖貳3・52　新疆出土圖案印

圖貳3・53　東周圖案印

宋元時期，有些押印也采用抽象圖案的做法（圖貳3・54）。元末，在紅巾軍起義軍的公印中，往往在印章的方圓之間填以圖案（圖貳1・147）。太平天國的公印印文四周也往往填以圖案（圖貳1・150）。

圖貳3・54　押印圖案印

近現代各流派印人的印藝創作中，往往可以見到模仿古代畫像印的作品，他們所模仿的對象主要是東漢以前的畫像印，也有少數模仿宋元押印畫像印的；采用圖案印的做法在現代印藝新設計創作中較爲少見。

中國古代的畫印反映了古典審美情趣，記載了時代習俗風尚。目前，大量畫印的確切含義、具體作用以至内容區分等方面仍有待更加深入的研究。

（三）璽印的專稱

中國璽印所謂的“專稱”，是指印面上的文字中的自銘，大部分綴于印文的最後，“自報家門”，是文物的自我定名，一般爲實指器類的意義，有些也含有等級制度的意義，有些反映了印章的用途用法，還有些亦反映了時代的、地域的風格或某些政權的用印區别。自從中國璽印産生以來，它們之中有相當多的一部分是不綴以專稱的，比如湖北出土戰國秦國“泠賢”印（圖貳3・55），湖南出土西漢早期“長沙丞相”印（圖貳3・56）等，公私印皆見。對凡用專稱的古代璽印，筆者試分璽、印、章、寶、記、圖書圖章、合同、關防和一些農民起義印等等，按系列予以叙述。

圖貳3・55 泠賢（共兩枚）

圖貳3・56 長沙丞相

1. 璽

這是古代璽印最重要的專稱系列之一，也是最早出現的中國璽印專稱。“璽”本身即爲專指璽印的用字，本系列在秦漢之前應用面較廣，秦漢之後局限于最高統治階層用印，在後代文人流派印之中，也有嬉戲而爲之。

（1）璽

在東周時期的單字璽印上，璽字常寫作“𠇍”字，表現了一個帶鈕的璽印側面形象“⊥”，再加一筆指示向下着力的方向，成“⺌”，當它壓抑在泥質受體（陶坯、泥封等）上，泥因受力而被擠出部分便表現爲“）（”形（圖貳3·57）；又，古“𠇍”字又與古“尔（爾）”形近、音近，意亦相近，有人稱指代之意，故璽印的這個專稱最早當出現于私璽之上。這個字包含了中國早期璽印形象與使用的若干重要信息。

此字有的因璽印本身的質地而衍附以質符成“鉨”、“珎”、“壐”、“璽”等等。戰國時各國璽印上的“璽”形像字各不相同，可供判斷國別之用。“璽”的字形到秦漢時代有了變化，據《説文》：“壐，王者印也，从土爾聲，籒文从玉。”《釋名·釋書契》：“璽，徙也，封物使可轉徙而不可發也。”例如陝西出土東漢“朔寧王太后璽”（圖貳3·58）等等。

（2）私璽

爲“璽”的延展，説明其性質以區别于公用璽。東周時常見這樣的兩字璽，文字經隸定曰“私璽”（圖貳3·59），到了秦漢之後則極少見到。

圖貳3·57 𠇍（璽）

圖貳3·58 朔寧王太后璽

圖貳3·59 厶𠇍（私璽）

(3)鉨

這是戰國燕國公印的一種專稱，其他地區則不見。一釋爲"鍴"，又有釋爲"瑞"。但從形、意分析，似釋爲"璽"字爲妥，例如"外司鑄鉨"（圖貳3·60）。

圖貳3·60 外司鑄鉨

圖貳3·61 荼大夫之鉨

圖貳3·62 王閒信鉨

(4)之璽

爲"璽"的延展，用以説明本璽印所屬。戰國時出現，如山東出土"荼大夫之鉨"（圖貳3·61）。秦漢之後仍用之，並有了帝王專用的等級意義，如陝西出土西漢"皇后之璽"（圖貳1·101）。後來發展爲"天子六璽"、"天子八璽"之一。

(5)信璽

戰國時出現，意爲取信用之璽，有人釋爲"訊璽"、"迅璽"、"計璽"等。如"王閒信鉨"（圖貳3·62）。秦漢之後仍用之，如秦"皇帝信璽"。後來發展爲"天子六璽"、"天子八璽"之一。

(6)行璽

戰國楚璽中即有之，早期意爲行用或游畋時用之，秦漢之後發展爲"天子六璽"、"天子八璽"之一,例見廣州出土西漢初南越王"文帝行璽"(圖貳1·102)。

據《漢舊儀》説:"秦以前,民皆佩綬,以金、銀、銅、犀、象爲方寸璽,各服所好。秦以來時,天子獨稱璽,又以玉,群臣莫敢用也。"這是符合考古所見的實際情況的。在戰國時代,屬于"璽"專稱系列的還有"敀璽"、"政璽"等,它們的具體意義待考。自秦而唐,最高統治者的璽印專稱發展爲"皇帝行璽"、"皇帝之璽"、"皇帝信璽"、"天子行璽"、"天子之璽"、"天子信璽",這就是所謂的"天子六璽",再加上後來出現的"神璽"、"受命璽",便是所謂的"天子八璽"。《漢書·霍光傳》孟康注:"天子之璽自佩,行璽、信璽在符節臺。"據《漢官舊儀》記載:"皇帝六璽,皆白玉螭虎鈕。……皇帝行璽,凡封命用之;皇帝之璽,賜諸侯王書;皇帝信璽,發兵;其徵大臣,以天子行璽;策封外國事,以天子之璽;事天地鬼神,以天子信璽。"此内容在多種文獻中均有記載,兹不贅録。到了唐代武則天時期,因爲武則天厭惡"璽"之音與"死"相近,于延載元年(694年)改"璽"稱"寶"。唐中宗即位後,復以"璽"稱呼皇帝所用之印。唐玄宗開元六年(718年),又一次改"璽"稱"寶"。此後,"寶"、"璽"在歷朝天子璽印中通用,但臣屬與百姓所用的印章上已經不再使用"璽"字了。作爲公用印的專稱,"璽"字一直沿用到民國時期的"中華民國之璽"。在清末和現當代一些文人刻印上,又開始出現了"璽"、"鉨"等字。

2. 印

"印"字專稱系列的重要程度僅次于"璽",其出現可能略晚于"璽",因爲"璽"在秦統一之後爲帝后、諸侯王專用,所以"印"字使用數量反而大大超出"璽"字系列。

（1）印

“印”字在殷商甲骨刻辭中即已出現，作一手壓按一屈腰人形，當爲“抑”，爲壓抑之意而最早並没有璽印之意。到了東周時期，此字由動詞轉而有名詞璽印之意。《説文》載：“印，執政所持信也，从爪卩。”段玉裁注曰：“凡有官守者，皆曰執政。其所持之卩信曰印，古上下通曰璽。”在實際運用中，公、私印皆可用此專稱。較早之例見于戰國秦印，如“昌武君印”（圖貳1・99），秦漢之後至今使用極爲廣泛。

（2）鉨

這是戰國齊國璽印的一種專稱，其他地區不見。曾有多種釋讀，有釋爲“節”。筆者認爲從形、音、義諸方面分析，上有兩個“卩”部（方向可能不一致），與“印”字有此部一致，下有“金”部爲質符，中有“口”爲聲符，音與“印”近，自當釋爲“印”字，如山東出土“子坴子鉨”（圖貳3・63）、山東出土印陶文“平巷(巷)市鉨”（圖貳3・64）。

（3）卩

這是戰國燕國公用璽印的一種專稱，其他地區不見。一釋爲“節”，又有釋爲“伏”。約爲“印”字之省略體，留有“卩”部也，如“昜都私王卩(印)”（圖貳3・65）。

（4）私印

爲“印”的延展，用以説明該印章的私用性質，以區别于公用印。秦漢直至南北朝時可見，如内蒙古出土漢代“韓貴私印”（圖貳3・66）。

（5）之印

爲“印”的延展，用以説明本印的所屬。最早見于戰國秦璽印“工師之印”（圖貳3・67）。

圖貳3・63 子坴子璽

圖貳3・64 平巷(巷)市璽　賜攻師鉢(陶文拓本)

圖貳3・65 昜都私王卩(印)

圖貳3・66 韓貴私印

圖貳3・67 工師之印

(6)印信、信印、之印信、之信印、私印信、私信印

加"信"字表示取信用之意,加"之"、"私"等字均表示屬有關係,所以用這些專稱的印章絶大部分爲私印,極少見公印。這些專稱的印章與通信書簡之用有密切關係。它們的行用時代從西漢直至南北朝時期,如新莽時代的"郭尚之印信"(圖貳3·68)、"馮常私印信"(圖貳3·69),東漢的"宋畢信印"(圖貳3·70),三國時代的"劉承印信"(圖貳3·71)。

圖貳3·68 郭尚之印信

圖貳3·69 馮常私印信(泥封拓本)

圖貳3·70 宋畢信印

圖貳3·71 劉承印信

(7)印封、印完

這些是東漢、魏後南北朝時期的私人書簡用印,如東漢"周隱印封"(圖貳3·72),東晋南朝六面印的頂面有"印完"(圖貳1·60)例。

(8)記印

最早見於西漢,爲另一專稱"記"與"印"的結合,數量不多,用于私印,2016年在江西南昌發掘的西漢海昏侯墓出土"大劉記印"。筆者認爲所謂"記印",與古之"左史記言,右史記事","左記言,右記行"之類制度相關,所以它們又是一種特殊的私印。如東漢末到三國

時的"河華記印"（圖貳3・73）。

（9）名印

湖南、湖北省曾出土一些兩漢魏晉時代的私印，例爲"××名印"，如"李伉名印"（圖貳3・74），明確標示出是人名用印，實爲蛇足之舉。

圖貳3・72　周隱印封

圖貳3・73　河華記印

圖貳3・74　李伉名印

3. 章

根據有關文獻記載，兩漢時期曾經有規定，"列將軍稱章"，但是從存世實物所見，這一制度施行得並不嚴格，文武職官印皆有用此專稱者，一般地位較高，縣之令、丞未見用"章"。用此專稱的私印明顯少于公印，致使有人誤以爲私印不得用"章"。

（1）章

《說文》載："章，樂竟爲一章。"並無"印章"這一意思，可能後由"文章"一詞而轉義，又呈奉之文章須在文末加蓋印章泥封，所以借用爲璽印的一種專稱。《漢舊儀》記載："丞相、將軍，黃金印，龜鈕，文曰章；……一千石、六百石、四百石，銅印鼻鈕，文曰印。"說明"章"和"印"一樣，都已經是印章的專稱，但是有等級之區別。西漢以降，公印始用"章"，如山東出土東漢"平東將軍章"（圖貳3・75）。私印上也有用的，但是比較少見，如東漢"賤臣臣章徐周氏"（圖貳1・22）。

（2）印章、之印章

這是兩種專稱“印”、“章”的合體，重屋疊架，加“之”字强調其所屬。如東漢時的“琅邪相印章”（圖貳3·76）、四川出土的東漢末至三國時期“校尉之印章”（圖貳1·127）。私印上比較少見，如新莽時期的“李君之印章”（圖貳3·77）、東漢“趙當時印章”（圖貳3·78）。

圖貳3·75　平東將軍章

圖貳3·76　琅邪相印章

圖貳3·77　李君之印章

圖貳3·78　趙當時印章

4. 寶

從“寶”字之用即可知此專稱之高貴，非一般公私印章可用，文獻中常以“大寶”象徵王朝、政權、國家。最早在印章上出現可能早于唐，自唐代武則天惡“璽”之音而改稱“寶”之後，歷代最高統治階層長期沿用之（間或有“璽”、“寶”共行），元、明、清時佛教用印中亦見之。

（1）寶

從有關著作介紹所見較早一例爲玉質“中山王寶”（圖貳3·79），有人猜測爲漢、六朝印，但是從印面形及文字風格看，不太可能早于隋唐，此印例雖然有名，但其時代及用途仍在疑信之間。“寶”字專稱在帝印和后印上，自唐代以後一直沿用，到明、清和袁世凱“洪憲”帝制時期。明、清親王、藩王印上也有用者，如清代“和碩怡親王寶”（圖貳1・115）。

圖貳3・79　中山王寶

（2）之寶

爲“寶”的延展，表示本印章的所屬，如明代“神宗範天合道哲肅敦簡光文章武安仁之孝顯皇帝之寶”（圖貳1・114）。

（3）謚寶

爲帝王、后妃、親王、藩王等殉葬用印的專稱，前冠以謚號，後綴加“謚寶”二字。較早一例見四川出土五代前蜀王建墓隨葬的“高祖神武聖文孝德明惠皇帝謚寶”（圖貳1・113）。當然，作爲殉葬用印並不是都綴加了“謚寶”二字，如唐代、明代帝王、藩王殉葬“之寶”印也是謚寶性質。

5. 記

“記”用于印章專稱，爲“行用記録”之意，相對于前四個系列較爲隨意，常用于行政的非正式場合，或者用于金融商貿等活動。公、私印皆有之。

（1）記

較早一例見于東漢私印，爲“周化曰記”（圖貳3・80）。隋唐以後多見于公印，私印中較少見，如傳世唐或五代“大毛村記”（圖貳3・81）。

圖貳3·80 周化曰記

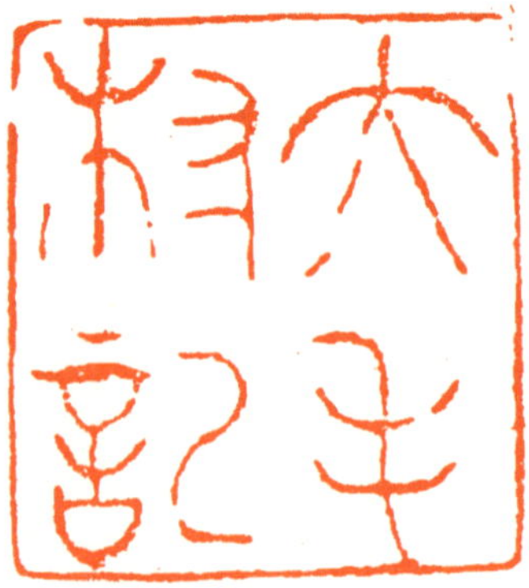

圖貳3·81 大毛村記
（53×53）

（2）白記

“白”爲“言傳告白”之意。此當爲私人書簡用印，源于東漢晚期，流行于魏晋南北朝時期，如江蘇出土東晋“良貢”六面印之中有之（圖貳3·82）。

圖貳3·82 良貢六面印頂部之“白記”

（3）私記

爲印“記”的延展，用以説明其私用印的性質，以區别于公用的“記”印。在唐、五代以後常見之，如五代“欒安逢堯私記”（圖貳3·83）。

（4）朱記

表示用朱紅色印油、印泥鈐蓋于紙張布帛之上的印章。以公印爲多，約始于唐代，五代、兩宋以後常見，如吉林出土的“都提舉使朱記”（圖貳3·84）。

（5）戳記

自宋、元以來，“戳”即爲除了正式公印之外的一些印章的專稱。“戳記”專稱在明、清之後的一些公、私印上見之，這些印章常用于商貿金融活動（圖貳3・85）。

（6）鈐記

“鈐”表示抑蓋印章的動作，清代至民國初年的公印上曾見“鈐記”專稱，如“福建省銀行總行鈐記”（圖貳3・86）。

宋元時代之後，在一些公印、私印上還見到如“條記”、“圖記”等等屬于本系列的印章專稱。

圖貳3・83　樂安逢堯私記
（55×44）

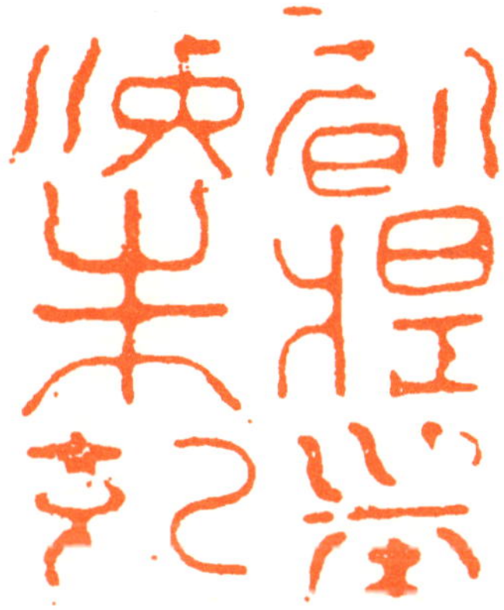

圖貳3・84　都提舉使朱記

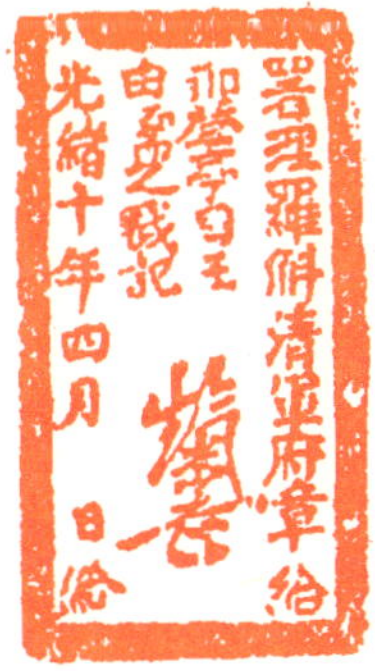

圖貳3・85　光緒年戳記

圖貳3・86　福建省銀行總行鈐記

6. 圖書、圖章

“圖書”之稱始見于唐代,有研究者推測爲鑒藏圖畫書籍用印,但是可能“圖書”單指印章而已,並非鑒藏圖畫書籍用印。例見河南出土唐代“渤海圖書”(圖貳3·87)。在文獻中,有專稱印章爲“圖章”者,在近現代人們的口語中,也常將印章稱之爲“圖章”者。但無論傳世實物或近現代創作,將“圖章”或“圖書”二字附于印面作爲印章專稱者極其罕見。

圖貳3·87 渤海圖書

前列的“圖記”亦可置入圖書、圖章系列。

7. 合同

這種印章見于五代、兩宋之後,常與經濟生活有關,涉及金融商貿活動。例如曾見于南宋“會子”(一種早期紙幣)上鈐蓋的“壹貫背合同”(圖貳1·168)印。在元代,由于商貿活動頻繁,“合同”押印存世很多(圖貳3·88)。

8. 關防、朱關防

明代洪武年間,爲防止科舉考場作弊,專設“關防”印。據記載,這種印章原爲象牙質地、長條形的兩塊,使用時必須勘合加蓋于考卷上方有效，其原件至今没有見到。後來發展爲銅質或木質、長條形的一整塊，清代、民國沿用之。用途非常廣泛，如駐兵、設卡、税收、官營工商業、郵驛、文教等等，都可用“關防”印以節度，如在北京發現清代“鎮守福建臺灣等處總兵官之關防”（圖貳3・89）。又因鈐朱而稱“朱關防”，如明代“前軍都督府都督僉事朱關防”（圖貳3・90）。

圖貳3・88　合同

圖貳3・89　鎮守福建臺灣等處總兵官之關防（100×63）

圖貳3・90　前軍都督府都督僉事朱關防（100×63）

9. 一些農民起義印的專稱

中國歷史上某些農民起義、農民政權，爲表示與統治者分庭抗禮，他們的用印另有一套專稱，此系列僅舉以下兩類：

（1）明末李自成“大順”政權

李自成的父親名“印家”，爲避其父諱，其所建“大順”政權改公印的專稱爲“符”、“契”、“記”、“信”等等，分别區别其爲中央、行政、地方用印，近年出土或發現不少，如北京發現的“夔州防禦使符”（圖貳1・148）。

（2）清代杜文秀起義

其起義軍活躍于西南地區，它們的公印專稱爲“篆”，如雲南出土“南軍後參軍篆”（圖貳1・152）。

對于中國古代的璽印，如果印面文字之中没有專稱者，叙述時可以在印面文字内容的後部加質地和印稱，其印稱可以根據時代及級别的習慣稱謂，如東漢“漢委奴國王”金璽（也可以稱東漢“漢委奴國王”金印）。可是，如果印章的本身文字後面綴有專稱，叙述時可將質地提前説明，而不必在印文後再加印稱，比如稱“東漢金質‘廣陵王璽’”，完全没有必要再稱爲“東漢‘廣陵王璽’金印”，這種重屋叠架的稱謂現象在今天考古、文物著述中比較多見，應當簡練、準確地表達。

在討論古代璽印的專稱時，可能還有一些有待發現認識、整理總結。東漢、魏晋南北朝的一些私印上，可見“白事”、“言事”、“白牋”、“啓事”、“啓信”等，似乎這些後綴詞是表明了印章的用途而非固定專稱。

（四）印面的讀法

研究中國古代文字璽印的讀法，包含有兩個層次的工作：一是辨識單字，二是將單字聯綴成句。第一個層次的工作往往是文字學特别是漢語古文字學的任務，這一任務的完成是第二個層次工作的前提。第二個層次的工作又可視爲文字的正確閱讀問題，相當于古文獻學的正確閱讀，這是璽印文字順利通讀的實踐。這裏主要解決第二個層次，即正確通順地閱讀的問題。殷周時期的徽號文字璽印存世很少，其問題比較複雜難斷，所以就目前掌握的古代印章資料的"量"而言，主要工作在東周時代之後，但不含文字的畫印一般没有這個問題。熟練地掌握古代璽印的讀法，不僅會提高璽印的歷史文獻價值，也會提高讀者的藝術欣賞水平。所以，在解決了古代璽印讀法的第一個層次即識字問題之後，第二層次的工作將成爲利用文字璽印進行相關研究的關鍵。

在叙述璽印的讀法之前，有必要確認印面的"正方向"。璽印的上、下、左、右等概念均服從于印面的文字分布。上、下的概念一般不會出現混淆，印章的左、右概念則應該引起注意。印面效果是要抑蓋出來的，因此，當印章蓋在泥封、陶文或鈐印打本上時，看到的印面效果所呈現的左、右概念與正常的看法一致；若將印章持握手中，其左、右概念則與正常的看法恰好相反。下面討論時以抑蓋出來的左右爲準（參見圖貳2・17）。

中國古代帶文字的璽印，存在着由上至下（在泥封、陶文，以及鈐蓋的印譜上）、由右上至左下等基本讀法順序和非基本讀法順序的區别。本節討論中國古代璽印的讀法順序，主要依據方形、"半通印"、條形、圓形等幾種基本形、亞基本形所提供的基本讀法與非基本讀法的例子。

1. 基本讀法

印章讀法的基本讀法順序爲由上至下、從右至左，在印章的實體印面則是從左至右。

（1）方形印面

爲先右後左讀。具體説來，若該方形印爲兩字印，則先右後左讀，如戰國“長宜”印（圖貳3・91）。若該印爲三字印，且分爲兩行，則先讀右行一字或兩字，再左行讀兩字或一字，如戰國“上官黑”印（圖貳3・92）。方形四字印多分兩行，先讀右行，再讀左行，各行皆自上而下讀，如三國“討虜司馬”印（圖貳3・93）。五字或五字以上印，一般分兩行、三行或多行，自右向左、自上而下讀，如東漢“牙門將印章”（圖貳3・94）。

圖貳3・91　長宜

圖貳3・92　上官黑

圖貳3・93　討虜司馬

圖貳3・94　牙門將印章

（2）“半通印”、塊形、條形印面

依據字數及行數不同，讀法稍有不同。爲由上而下讀，如西漢“北鄉”印（圖貳3・95）。在這類印面中，如果排成二行或二行以上，則往往先讀右行，再讀左行，皆自上而下讀，如戰國齊國“鄭郘市鑍（印）”（圖貳3・96）。

圖貳3・95 北鄉

圖貳3・96 鄭郘市鑍

（3）橫長方形印面

依據字數及行數的不同，讀法稍有不同。兩字印先右後左讀，如西漢“路恭”印（圖貳3・97）。兩字以上凡不分行者仍先右後左讀。如分行，讀法略如方形印面的順序，如西漢“安陽鄉印”（圖貳3・98）。

圖貳3・97 路恭

圖貳3・98 安陽鄉印

（4）圓形印面

圓形印面者有兩種基本讀法，是將印面“視圓作方”而爲之。之一便是由上而下讀，如戰國印陶文“格氏”（圖貳3・99）。除此之外，其余圓形印章的基本讀法順序都是從右向左讀。具體説來，兩字印中先右後左讀的，如秦朝“張隗”印（圖貳3・100）。多字印如果分行，則從右向左、自上而下讀，例如戰國“西方疾”印（圖貳3・101）、“左桁榖木”璽（圖貳3・102）。

圖貳3・99 格氏(陶文拓本)

圖貳3・100 張隗

圖貳3・101 西方疾

圖貳3・102 左桁斅木

(5)外圓内方結構的印面

其内部文字的讀法略如方形印面之順序,如元末農民起義紅巾軍“汴梁行省管句所之印”(圖貳1・147)。

(6)菱形印面

如在正菱形的印面内做出方形結構,則大略如方形印面的讀法順序。

(7)異形印面

一般異形印面文字的讀法與方形的中國璽印文字的基本讀法順序一致,先右後左,從上至下。如果在異形印面上依照基本的讀法順序依然讀不通,可以援以下面即將介紹的多種非基本讀法順序來進行試讀。

2. 非基本讀法

自戰國以來,各種不同印面的印章均存在着各種不同的非基本讀法，介紹幾種如下。

（1）方形印面（個别塊形印面）

①兩字印，不考慮左右，自上而下讀，如東漢時的“日利”印（圖貳3・103）。

②三字印，先右後左，分三行排讀，如西漢“田慶忌”印（圖貳3・104），此讀法公印很少見。

③三字印，先右後左，先讀上部兩個字，然後再讀下部一個字，如西漢“許信中”印（圖貳3・105）。

④三字印，按先右上、再左、再右下的順序讀，類似下例之“環讀”，例如東漢“馬穰印”（圖貳3・106）。

⑤四字印，按先左後右、自上而下的順序讀，例如戰國時楚國的“客弄之鉢”（圖貳3・107）。

⑥四字印，按照右上、左上、右下、左下的順序讀，如秦代“宜春禁丞”（圖貳3・108）、漢代“傅賞之印”（圖貳3・109）。

⑦四字印，按照右上、左上、左下、右下的順序讀，又稱爲“環讀”，這在秦漢魏晉私印中比較多見，例如西漢“畢侠君印”（圖貳3・110）。

圖貳3・103　日利

圖貳3・104　田慶忌

圖貳3・105　許信中

圖貳3・106　馬穰印

圖貳3・107　客弄之鉩

圖貳3・108　宜春禁丞

圖貳3・109　傅賞之印

圖貳3・110　畢俠君印

⑧四字印，按照右上、左下、左上、右下的交叉順序讀，如秦朝的“右廄將馬”印（圖貳3・111）。

⑨四字印，按照左上、右下、右上、左下的交叉讀法順序讀，如秦朝的“南宫尚浴”印（圖貳3・112）。

⑩四字印，按照右上、右下、左下、左上的讀法順序讀，如秦朝的“上林池郎”印（圖貳3・113）。

⑪四字印，按照左行自上而下，然後右行自下而上的順序讀，如戰國“右將司馬”璽（圖貳3・114），但此印也還有不同的讀法，如“司馬右將”、“右司馬將”等。

⑫四字印，分作兩行，右行有一字，左行有三字，按照先右後左，自上而下的順序讀，如東漢的“姚少功子”印（圖貳3・115），此讀法不見公印。

⑬四字印，分作三行，右、中行各有一字，左行兩字，按照從右向左、自上而下的順序讀，如東漢“周竟之印”（圖貳3・116）。

⑭五字印，分作三行，右、中行各有兩字，左行有一字，按照右上、

中上、右下、中下、左的順序讀，如內蒙古出土新莽時期的泥封“漁陽太守章”（圖貳3・117）。

⑮五字印，分作三行，右行有兩字，中行有一字，左行有兩字，按照從右向左、自上而下的順序讀，例如新莽時期的“司馬昌私印”（圖貳3・118）。

圖貳3・111　右廄將馬

圖貳3・112 南宮尚浴

圖貳3・113　上林池郎

圖貳3・114 右將司馬

圖貳3・115　姚少功子

圖貳3・116　周竟之印

圖貳3・117　漁陽太守章（泥封拓本）

圖貳3・118　司馬昌私印

⑯五字印,利用界畫及排字疏密等手段做出種種不規則的讀法順序,如秦朝的“泰上寖左田”印(圖貳3·119),此印又有讀作“泰上寖田左”,亦是非正常讀法;西漢初葉的“南越中大夫”印(圖貳3·120)、西漢的“納功勇校丞”印(圖貳3·121)。

⑰六字印,利用界畫及排字疏密等手段做出種種不規則的讀法順序,如東漢的“三老毋死萬歲”印(圖貳3·122)。

⑱東周璽印中字的顛倒放置,形成了讀法的不規範。如“翁果師”(圖貳3·123),先右起向下讀,再顛倒180°右起向下讀。又如“蘆堨鉨”(圖貳3·124),從右向左先讀出“蘆堨”,再轉90°臥讀出“鉨”字。這類讀法在東周璽印中可以見到,秦漢之後就很少見到了。

⑲漢代私印中拆字不規範讀。如某位先生藏“樂成高印”(圖貳3·125),把“樂”字拆成一個外框,再加“成高印”三字由上而下排出,純屬藝匠構思。

圖貳3·119 泰上寖左田

圖貳3·120 南越中大夫

圖貳3·121 納功勇校丞

圖貳3·122 三老毋死萬歲

圖貳3・123 𥄎果師

圖貳3・124 蘆堨鉢

圖貳3・125 樂成高印

正方形（個別塊印）印面内文字非基本讀法順序大體如以上所列。雖五字印和六字印亦偶有特殊，但整體來説，五個字以上的多字印，其讀法順序大多是比較規範的基本形。

（2）"半通印"

三字印有上一字下兩字的"品"形或者上兩字下一字的倒"品"形讀法順序，如秦朝的"殷買臣"印（圖貳3・126）。四字印以上的多字印，其非基本讀法順序略如方形塊形印面。

（3）横長方形印面

兩字印有由左向右讀者，如戰國時楚國的"大府"一讀作"冰府"璽（圖貳3・127）；關于此印，亦可疑作"大府"或"冰府"的正讀符牌，並非璽印。三字及三字以上的多字印參見方形、"半通印"、塊形印的非基本讀法順序。

圖貳3・126 殷買臣

圖貳3・127 大府

（4）圓形印面

①按照逆時針方向順序環讀，如戰國的“王之上吉”璽（圖貳3·128）。

②按照順時針方向順序環讀，如戰國的“君子士”璽（圖貳3·129）。

圖貳3·128　王之上吉

圖貳3·129　君子士

東周的璽印中，有大量文字增損、合文及挪讓等現象。這一現象在秦漢時期已有所減少，但未絶迹。雖然它們在辨認識别方面造成了一定的困難，但是，絶大多數仍依循的是基本讀法順序，因此，當人們面對這樣的一些璽印文字時，只要仔細隸定排讀，不難按照規律正確識讀。

戰國秦到秦朝時的公印，四字印文排列中常見不規則的環讀、交叉讀、逆讀等現象，幾成爲秦的一種公印用印制度，其政治、社會原因應深入探究，也有待找出固有的規律。

秦漢之後，公印上的文字讀法順序趨于規範化，除了極少部分還有非正常讀法，大多數均按照基本讀法順序來排列，比較容易識讀。但私印仍舊活潑多樣，有相當數量的印章按非基本的讀法順序排列，需要細心排讀。

（五）印面文字、圖形製法

1. 印面文圖的稱謂

在璽印的印面文字表現上，有的采用凹下筆道成文字，類似金石學所謂“款”;有的采用凸起筆道爲文字,又類似金石學所謂“識”。歷代的私印在選用或凹或凸成字時比較自由,還有文字半凹半凸的印章出現。與私印相比,公印用字凹凸的變化較爲明顯。一般來説東周時期公印依國别不同,有的多凸字(如三晋),有的多凹字(如齊、秦、楚),有的凸凹字皆有(如燕);之後到秦漢魏晋南北朝,公印以全凹下的文字爲主,只有少量爲全凸出文字,凸出的文字似與烙印、抑陶文等相關;南北朝末期到隋唐五代宋元明清,公印以全凸出的文字爲主;歷代公印當中,同一印中文字半凹半凸的極爲罕見,押印或私印中半凹半凸用字現象由古至今一直不絶。有關印面的文字因凹凸筆道的稱謂問題也由此産生。

有的文論中稱爲“凹文、凸文”,由于叫起來不太順口,使用並不普遍。中國古代一般稱器物上凹下文字爲“款”,凸起文字爲“識”,可是對于印章文字一般不見這樣稱呼。到了文人流派藝術印章創作時,所謂的“款識”已作爲印臺印墻上文字的專門稱謂了,又稱作“邊款”。

稱古代印章上的文字爲“朱文、白文”者較多。雖然這種稱呼使用歷史較長,但並不完全準確。所謂“朱文”,應當指以朱紅印色抑蓋出字劃之意;反之,所謂“白文”,當指以朱紅印色抑蓋出字劃四周,而使字劃露白。這種稱呼是反映了印章抑蓋在帛紙上的表現,這在大量的公印用朱色印油,鈐蓋在紙質文獻的情形出現之後,或者是在流派藝術印章盛行之後,可算作是正確的稱呼。在魏晋南北朝之前,用印許多并不是用朱紅印色抑蓋的,大量印章用于製作泥封,或抑印成陶文,所以,對先秦至西漢時期的各類璽印,也以“朱文、白文”來稱呼顯然不太妥當。

我國傳統以凸出體爲陽、以凹入體爲陰。因此,筆者認爲,將印章印面的文字凡凸出的筆道稱爲“陽文”，凡凹下的筆道稱爲“陰文”比較適宜。

有的朋友可能會指出：若古代的璽印抑蓋在陶胚和泥封上，或者烙現在竹、木、漆器上，或者用古代的倉廪印打蓋在現在的糧、鹽等物上，那麽所留下的印記與印章印面文字的凸凹痕迹正相反，在這種情況下，又該如何稱呼呢？確實如此。但是，所謂璽印的“陰文”、“陽文”，都只是對璽印印面文字本身而言的。因此，如果遇到陶文、泥封、烙印、打蓋甚至拓片、照片等，但凡文字顯現凹凸，便可以這樣説：其上所凸現的文字是由“陰文”印章抑蓋或灼烙所造成的，凹現的文字是由“陽文”印章抑蓋或灼烙所造成的，即可以説明了。歷代印章文字的陰、陽可以分爲以下三種：

（1）全陰文

全陰文就是印面文字的筆道全部凹陷，如西漢的“魏莫如”印（圖貳3・130）。

（2）全陽文

全陽文即印面文字的筆道全部凸出，如東漢的“蘇文印”（圖貳3・131）。

（3）陰陽文相間

所謂陰陽文相間，顧名思義，即在同一枚印面文字中，存在一部分凹陷的筆道文字，也存在一部分凸出的筆道文字。這種印章基本上爲私印、押印，等，這種情況在商代的“子旬抑直（埴）”印上即已出現（圖貳3・132），東周及秦漢私印中也經常見到，後世亦有少量見到。根據印章的陰陽文分布情況，又可以細分爲以下幾類：一陰一陽，如西漢“臣廣”印（圖貳3・133）。二陰一陽，如新莽時期“臣奉世”印（圖貳3・134）。一陰二陽，如西漢“司馬度”印（圖貳

3·135）。二陰二陽，如東漢“田賓私印”（圖貳3·136）。三陰一陽，如東漢“田子孫印”（圖貳3·137）。一陰三陽，如東漢“田破石子”印（圖貳3·138）。印章上字數如在五字以上的多字印，如果其間也有陰陽文相間印，則其稱呼也可以參照上述類型加以數字變化進行描述。在一般描述中，當然也可以不作如此複雜表達，稱爲印文“陰陽相間”即可以。

圖貳3·130　魏莫如

圖貳3·131　蘇文印

圖貳3·132　子旬抑直

圖貳3·133　臣廣

圖貳3·134　臣奉世

圖貳3·135　司馬度

圖貳3·136　田賓私印

圖貳3·137　田子孫印

圖貳3・138 田破石子

在宋元以降,直至近現代各流派印藝中,藝術印章的文字表現以全陰文和全陽文爲主,采取古代璽印那種陰陽文相間的做法入印的尚屬少見。

至于古代畫印,其凹凸陰陽的稱法與文字印章大致相同,但是東周、兩漢時代的畫印具有一定的特殊性,陰鑄畫印的印面凹下去那一部分,往往不如文字印章的筆道那麽單純,其間往往十分精細地顯現出人物、動物、器物、建築物乃至神靈等等的細部,這恐怕是受到域外印章的影響。如果使用朱紅印色將其抑蓋在紙張上,那麽,這些凹下去的部分在畫面上只能看到一片白色,分辨不出是什麽具體形象;而當用它抑蓋在泥封、陶胚上顯示時,便會出現極富立體感的形象。正是因爲如此,如果遇到這種情況,應當采用膠泥等物質來仿製抑蓋在古代泥封上的效果,再將它與拓墨相結合進行觀察。在對這種畫像印章進行説明時,自然也要多用一些筆墨來表達細部,不能以簡單的“陰、陽”來描述它。

2. 金屬印印面的鑄造

金屬印面的鑄造與印體的鑄造有很大的關聯。從戰國時期開始,不少金屬印的印面文字和圖形是連同印體一同鑄造出來的。這樣鑄造而成的文字印一般均匀柔美,陰文印各文字筆劃的底部、陽文印所有無文字筆劃處的底部,都顯得相當平整潔浄,文字筆劃的壁也比較竪直,印面上一般都不見刀痕。這樣鑄造出來的畫印也非常柔美,印面上所見其陰陷凹下的圖像往往起伏凹凸、鱗毛畢現,其抑蓋在陶胚、泥封上的印樣多有浮雕狀立體感。

東周時期因地域不同，在公、私璽印中，鑄字的璽印比例有所不同（詳見第叁章第四節第一段“蓬勃期”的介紹）。秦代以後，直到魏晉南北朝時期，雖然陽文印基本上是鑄造出來，但這種鑄印的方式在文字印的總數中並不多，以此工藝完成的陰文公印更少。五代和宋朝之後，在公印中，由中央機構頒發的鑄字陽文印的數量回升，以至于文字鑄造印在公印中占有絶大多數。一些研究者將文字鑄印數量比例的高低作爲區分時代的重要因素，誤認爲兩漢時代印文文字整飭所以鑄印數量多，而南北朝時期大減。另一些研究者對比各時期的公私印章數量，誤認爲兩漢、魏晉時期，公印的鑄字印比例要大于私印等等。這兩種意見都不够準確，恐怕是對于古璽印實物直接觀察過少所致。

值得提出的是，僅僅靠閱讀印譜是難以判定某一枚璽印的文字是否爲鑄造的。在中國古代的衆多能工巧匠所製作的印章中，從打本效果來看，有些鑿字印的筆劃甚至比鑄字印的筆劃還要精緻細微、流暢勁挺。正因爲如此，在判定一枚印章時，必須對璽印實物資料進行仔細觀察。

3. 金屬印印面及一些非金屬印印面的刻制

非金屬璽印包括以石、玉、水晶、琥珀、木、骨角牙等等爲材質的璽印，這些印章的印文不可能是鑄出，都由外力廣義地“刻”出。刻印，又稱爲刊、鑿、鎸、奏刀等，其意義相近，廣義地包括刀刻、鑿、鉈治。施用于部分金屬印章以及全部其它質地的印章。甘暘在《印章集説》中曾講道：“鑿印以錘鑿成文，亦曰鎸，成之甚速，其文簡易有神，不加修飾，意到筆不到，名曰急就章，軍中急于封拜，故多鑿之，以利于便。”這一番論述相信的人很多。結合實物來分析，這段話裏很多地方是經不起推敲的。

根據甘暘的意思，凡是鑿印都需要一錘一鑿（或刀），此説不知有何依據？從成印效果看，但凡刻印，既有“成之甚速，其文簡易有神”的，也有運刀徐緩，其文或規整肅穆、或妖嬈纏綿的。這種成印效果與璽印的材質有一定關係，在銅、錫、鉛比例合理的青銅印上奏刀，一般表現比較爽手；而在黄金印上雕刻則顯得相對澀滑，不易受刀；在刻某些石印時，比較乾脆如意；在刻木印則常常出現夾刀，運行困難。所有這些，如果人們使用放大鏡對各時代、各質地印章的印面加以觀察，不難發現其行刀、滯刀的痕迹，也不難體會用印材質對印章效果的影響。所謂的疾刻“急就章”問題，那其實是由于時代風格不同而造成的面貌。

通過較長時間對較多實物資料的觀察，筆者認爲：東周之後、魏晋南北朝之前，古代璽印文字以刻鑿而成者占大多數。從刻法來看，這些璽印的製作方法主要有以下三種：

（1）一刀刻

在刻印時，無論横、竪、撇、捺、點，但凡印面上的文字筆劃均以一刀刻成，不加修飾，刀痕一般不太深，刀痕的斷面尖鋭，文字風格屬于快捷猛利型。這種刻法始見于東周，所刻之印全爲陰文，如戰國時齊國的“荼大夫之鉨”（圖貳3・61），東晋的“壯武男印章”（圖貳3・139）。

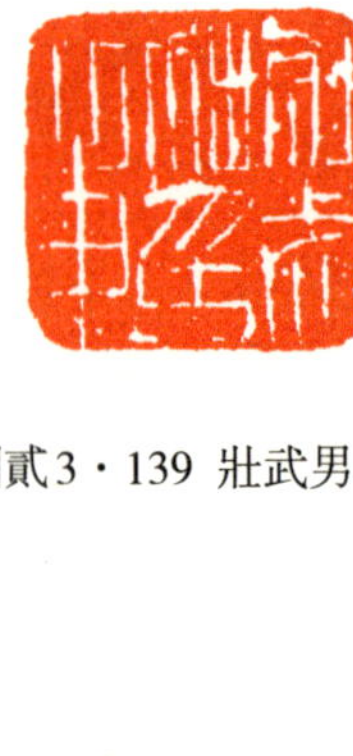

圖貳3・139 壯武男印章

（2）雙刀刻

是對于印面文字的筆劃，無論横、竪、撇、捺、點，均以來、去兩刀刻成，偶有部分筆劃要補施一兩刀，對字劃稍加修飾。在日本，雙刀刻被一些研究者稱爲"藥研雕"。雙刀刻的刀痕比一刀刻要深一些，但深淺不匀，刀痕的斷面往往呈V字形。從文字風格來看，雙刀刻酣暢猛利，可以是沉穩大度，還可以秀麗纖細。這種刻法始見于東周，多爲陰文印，也有少量陽文印。

（3）多刀刻

這是對印面文字的大多數筆劃以來、去兩刀完成，下刀較雙刀印垂直；在一些較長筆劃的底部，往往增加上一刀剔地；在一些轉角和點頓部位還要特意補施刀；這種鑿刻方法，實際是對雙刀刻的加刀或延長。多刀刻常對字劃加以較多的修飾，刀痕比較深，深淺也比較均匀，刀痕的斷面一般呈U形。多刀刻的文字風格可以嚴正寬博，也可以嫵媚多姿。這種刻法始見于西漢，以陰文印居多，也有部分陽文印，如東漢"漢委奴國王"印（圖貳1・107）、"廣陵王璽"（圖貳1・108）。

商周之後、魏晋南北朝之前，不少璽印用于泥封的抑蓋，要求印面的字劃具有一定的深度，所以鑿刻文字印以用雙刀法、多刀法爲主，而一刀法常見于所謂的"急就章"，這種所謂"急就章"文字風格製成的泥封幾乎没有見到過。

在許多古代璽印的雕刻過程中，往往不拘泥于單一刀法的施用。根據材質、字形美觀、佩帶用途等需要，一枚印章甚至同一個字上采用多種刀法，如上提及的東漢"漢委奴國王"印上，僅"王"一字便采用了雙刀、多刀兼施的雕刻方法。

明清以降，流派藝術印人常用"衝刀"、"切刀"之法治印。如果以這些篆刻方法來看古代璽印，則古代璽印中略似“切刀”的刀法比較常見，即是所謂的“鑿印”，也有類似後來“長衝短切”的作法，這種刀法在短筆或補施刀時常常可以看見。雖然這些不能與“切刀”完全類比，但這些古代璽印的刀法的存在肯定給了後世治印藝術家一定的啓發。

4. 玉、瑪瑙、水晶、琥珀印和琉璃印的鉈治

自戰國至秦漢，許多玉、瑪瑙、水晶、琥珀印和琉璃印上的印文往往十分秀美，筆道勻稱，轉挪自然。仔細觀察它們的筆道，都是沿事先書寫印面文字的筆道，用琢玉工具鉈床、鉈車加水沙精工車碾、鉈製而出。歷史上的印章鉈制，與鑄印相對，自然也是“刻鑿”作法之一部，鉈治不用于金屬質地的印章。用鉈治印時，其車鉈的頭部應當有寬窄之分：在長筆劃上，用直徑較大的鉈，這樣治出來的筆劃健挺婀娜；在筆劃的每一端均以直徑較小的鉈，這樣圓融均勻，不致造成尖頭失態。正因爲寬窄頭部的同時使用，所治之印往往或方齊、或圓潤，賞心悅目，如西漢的“魏嫽”印（圖貳3・140）。

圖貳3・140 魏嫽

5. 陶、瓷印印面製法

陶、瓷印的印面文字作法以鑿刻爲主，也有一部分直接用模印印出。如果陶、瓷印文字是雕刻而成，則其工藝步驟上各分兩種：對陶印來説，一種是刻成後再焙燒，另一種是焙燒後再雕刻；對瓷印來説，一種是在刻印後挂釉，另一種是在施釉後刻印。還有一些瓷印，其印

面并不施釉，純以素胎雕刻。

6. 蟠條印印面製法

這種做法首先由沙孟海先生指出，隋唐時，公印往往用銅絲盤曲成字的筆劃，再焊在銅質印面的内底之上，全爲陽文，叫做“蟠條印”，具有明顯的時代特徵。如“天門軍之印”（圖貳1・96）。也有一些磚瓦印模仿這種風姿，如唐代“夏州都督府之印、銀州之印”雙面印（圖貳3・141）。

圖貳3・141　夏州都督府之印　銀州之印

四　用法及遺痕

探討璽印的使用方法，對于研究古代璽印文化的表現非常重要。人類最早使用璽印的地方是西亞兩河流域地區，那裏古代的用印方法可能比較簡單，只將有標識意義的印章打在泥板或泥器上，也還包括造成泥封之用、製陶之用。與其他地區相比，中國古代璽印的使用方法明顯要豐富許多，這與中國古璽印的功用、用印場合、抑印載體、抑印方法，等等因素有關。由于中國古代璽印使用方法的豐富，遺痕及存在遺痕的物質資料也非常豐富，大部分璽印自身的效用與價值，除了用肉眼直接觀察如目驗泥封、陶文等等之外，通過抑盖拓撲出的陶文、烙文、泥封和鈐朱的紙張等等用後的痕迹來證實，也可以用照相、描摹的方法顯現，于是，用印的痕迹至少反映了兩種以上物質文化的結合。

（一）抑印

抑印就是將印章用力地壓抑在另一物質上，使其顯現出印面上的文字、圖形等内容。由于存在璽印和被壓抑的受體兩者之間的關係，這種印章的使用方法一般反映了兩種物質文化的結合，但也有例外。根據受體的硬軟程度，抑印的用力方式也有所不同，主要有徐緩壓下型和强力砸打型兩種。

1. 印陶

中國璽印胚孕于印陶，新石器時代中期，在有些陶胚上便出現了抑印紋飾的做法。使用在陶胚（包括磚、瓦）上的璽印的質地是多樣的，既有金屬質，也可以是陶質及其他質地的。這一時期便産生了用于抑印紋樣的陶製、木製、石製拍子。它們中有塊狀的，一塊一塊地在陶胚上壓抑出紋樣，後世的印章應當大多肇源于此；還有圓柱狀的，在陶胚上滚動式以壓抑出連續的紋樣，這種印章在西亞兩河流域也曾經較多地見到。

對印陶的分析，導致了對陶紋和陶器文字研究的深化，即陶紋中存在着抑印紋樣和刻劃紋樣、捏塑紋樣的區别；在陶器上、磚瓦上的陶文中存在着書寫陶文字、刻劃陶文字與抑印陶文字的區别，三者在表達方法、性質、作用上是會有所不同的，在古文字學上的意義，也會有所不同。

殷商時期,單枚文字璽印印陶開始出現(圖貳4·1)。東周以後,單枚文字璽印印陶已經相當常見(圖貳4·2)。兩漢時,在如陶甕、板瓦等一些大型的器物上,出現了用滾筒式連續抑印的文字璽印遺痕(圖貳4·3),雖然這種滾筒式連續壓印的印章在中國古代要少于西亞兩河等地區,但是認爲中國古代璽印中缺乏滾筒式連續抑印的璽印品類是不準確的。

圖貳4·1 从(陶文拓本)

圖貳4·2東周陶文(陶文拓本)

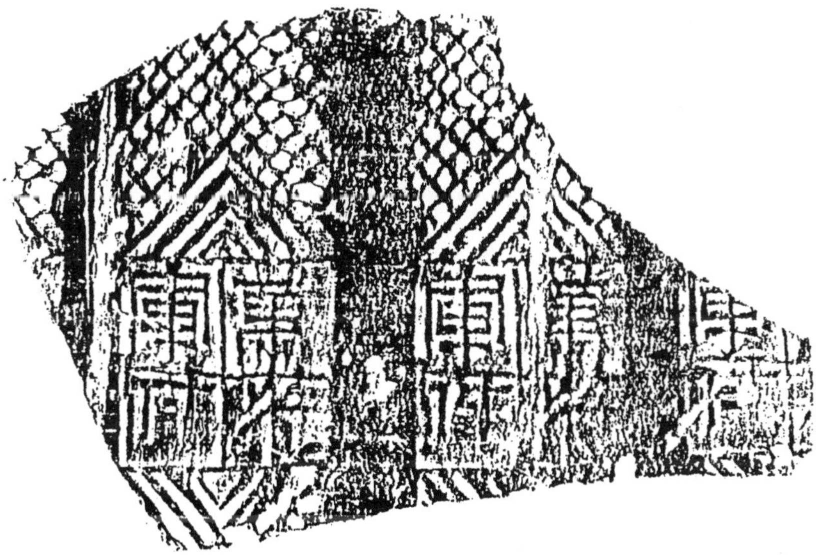

圖貳4·3西漢滾筒式抑印陶文(陶文拓本)

印陶（包括磚、瓦）上的用印遺痕，除了用肉眼直接觀察外，也可以采用拓墨法、照相法來揭示。

2. 泥封

泥封，在許多考古學、文物學、印學著作中一般又被稱爲"封泥"。"封泥"在前節中也曾經討論過，應當指用來封緘文書、財貨的泥土本身，也是與古璽印文化、古泥封制度有關的重要文物，它後來被用作製作壓抑了璽印的"泥封"。在中國古代傳遞文書時、寄送物品時，在其簡牘或囊笥外加繩捆扎，再在繩結處以黏土膠泥即"封泥"加封，上蓋鈐印，以防泄密或者失竊；也有將簡牘等盛于織品囊内，在囊外繫繩並封印于泥之上者；還有用繩索胶泥加印封護錢幣的；還有封護計量土石方工程的；等等，其遺留的文字泥塊，按文獻稱謂，以"泥封"爲宜，"封泥"當是指爲準備製作"泥封"而準備的專用黏土。但在考古界、文物界、印學界稱"封泥"已成習慣，包括筆者也曾經這樣稱呼，現應當予以更正了，應當認識到"封泥"與"泥封"是有相互關聯的兩種不同的古代遺物。

在古兩河流域、古埃及、古中亞地區，普遍地見到泥封之制，可見用于封門、封財貨（包括飲酒之瓶瓮）、封文書檔案，包括已出現了成熟的"封泥匣"。從時代來看，它們要早于中國古代璽印泥封之制，中國的古代泥封制度是否受到它們的影響，值得考慮。

中國古代最早提及泥封制度的文獻的是《後漢書·百官志》，其中指出守宫令的職責如下："主御紙筆墨，及尚書財用諸物，及封泥。"這裏的"封泥"顯然是指準備待用的黏土，是預備的文具之一，也由守宫令掌握並頒發，不能設想打過璽印内容，封發輾轉之後，經啓封又當垃圾拋弃的泥封塊塊，守宫令保持它有什麼作用。《東觀漢記·鄧訓傳》也記載："訓好以青泥封書。"《兩漢詔令》載："《輿地志》曰：漢封詔璽用武都紫泥。"《漢舊儀》（或稱《漢官舊儀》）、《兩漢博聞》、《東漢會要》等書籍中亦有類似記載。宋代趙彦衛的《雲麓漫鈔》記載："蓋用以印泥，紫泥封詔是也。今之米印及倉廒印近之。"很清楚，泥封之制所用材料爲"泥"，加抑印後則成爲"封"，顯然，"封泥"與"泥封"是兩種先後有聯繫的古代文物，這在今天應當辨別清楚了。

從考古發現來推測，泥封可以用于以下各處：（1）竹簡、木牘等文件和信函的封簡；（2）各種罐、笥、囊等儲藏器物的封儲；（3）一些工程的土石方考驗封標，采用的辦法是用繩索把已完成土石方圈牢，然後由官署在繩結處打上封泥進行證明；（4）封固門户；（5）封存錢串，等等。

泥封之用可能會早到商周時期，目前所能見到的最早的實物，爲山東泗水尹家城遺址出土泥封"獸虡"（圖貳4·4），關于它目前有商周之際、西周晚期、東周時期等分歧意見，筆者基本認同西周晚期到春秋時期的意見。

圖貳4·4　泗水出土西周晚期封泥

泥封制度盛行于東周秦漢時期（圖貳4·5），自東漢至魏晋逐漸減少。魏晋之前，泥封中公、私印皆有，字、畫印并存，但以公印中的字印泥封數量最大。在泥封中，還見到一泥雙印或一泥多印的現象，反映了當時制度之嚴謹（圖貳4·6）。

在西安的唐代大明宫遺址中，出土了唐代用來封閉貢物罐缶的泥封(圖貳4・7),這一出土將泥封的使用時間下限向後推移了上百年。但唐代泥封與秦漢泥封相比,形式與用法都有着很大不同,唐代是用黏土泥皮加施白堊封于罐瓮口部,再加墨書,最後再加以公印抑蓋,唐泥封呈泥皮片狀。據傳奇《李娃傳》記載,唐代有將印用于泥封封于門户的習俗,元代也有類似記載,但至今未見當時泥封封門的實物遺存。

左司馬聞㺶信鉢
(戰國·齊)

博昌
(秦)

齊鐵官丞
(西漢)

沈意之印信
(新莽)

圖貳4・5 戰國到漢代泥封舉例(拓本)

圖貳4・6 倉印+庫印封泥(一泥多印)

圖貳4・7　唐代泥封
“褒州都督府之印”
（印面約大 55×55）

早期的泥封本身常是近方形或圓形的小泥塊，泥質細膩程度不一，主要爲青、紫、褐、紅等色的膠泥，到了西漢時代，泥封的用泥泥質，色澤趨于一致，應當由中央政府統一頒發使用。一些秦漢泥封有火烤變硬、變色的情況，據楊廣泰先生等研究這是用火焚燒簡牘檔案笥囊時燒硬了所綴繫的泥封所致。泥封的正面是被璽印壓抑出來的文字及圖形等内容，背面常常有簡、笥及繩結的痕迹，馬驥先生研究認爲秦泥封背面的繫痕，當爲馬藺草繫結的遺留，我觀察後認爲明確地見到有馬藺草繫結痕迹是不錯的，但也不能排除有麻繩等繫結的情形。唐代時，泥封的泥質明顯粗糙，因爲直接封于罐瓮口部之上，所以面積較大，像一張泥皮皮，而且很容易碎裂，唐代泥封表面上、抑印之下多有墨書文字内容。

泥封之制的實物遺存爲世人認識比較晚。清末，在陝西、四川和山東等地曾經出土秦漢泥封，但當時人們曾經將它們誤認爲是“印範”。在中亞地區，早在距今4000多年前的烏爾第三王朝時，即有“泥封匣”或稱“封泥匣”之制。而在中國，人們發現，戰國封簡、竹簡、木牘的泥封往往不帶“泥封匣”；秦泥封中始見部分帶有“泥封匣”；而漢代所用泥封，往往帶有木製中凹的“泥封匣”，一些高級別陵墓、遺址中還出現銅質泥封匣；還見有比較複雜的雙層泥封匣，即以木製較長大的匣外框，内還有金屬製正方的内匣；此外還有籐、竹類編織成的泥封匣。

傳世及考古出土的璽印中，有很大一部分是墓葬隨葬用印。這種隨葬用印無論怎樣接近當時的用印制度，與實用璽印之間一定存在差别。但是，歷代抑印在泥封上的，都是當時實用璽印的遺痕，其重要性自當不言而喻。泥封除用肉眼觀察外，常採用拓墨法來揭示，現代也常用攝影方式表達。人們在研究璽印文化時，越來越重視泥封資料，泥封中的大量公印遺痕更是研究職官制度、歷史地理和政治制度史的重要資料。

3. 倉廩印

倉廩印，以倉廩内囤積的物品不同，又可分爲若干細類，如米倉印、鹽倉印等等。

中國自古便是一個農業大國，倉米的管理歷來受到管理者的重視。從東周時起，便存在一些反映倉米管理的公用印，這個制度一直沿用到現代。倉米印又稱“倉拍子”、“米拍子”、“糧拍子”等等。將穀物堆積好後，在存糧囤表面的糧粒堆上用倉米印將印文的内容拍抑上去，使得糧堆的表面出現文字，目的是爲了防止有人盜糧。受糧食顆粒大小的制約，倉米印的字道也有所變化：如果是麥、稻一類比較粗大的糧粒，印的字道比較粗壯；如果爲粟粒、芝麻一類比較細小的糧粒，印的字道則稍微窄小一些。但不論如何，倉米印比一般的璽印要大出許多。現在所見存世的個别漢代巨印，很可能就是倉米印（圖貳1・173）。

近年,山東出土了西漢"右鹽主官"巨印(圖貳1・175),是鹽倉管理者所用之公印,其用法及意義與倉米印同。

歷代的倉廩印以木質爲多,容易朽爛,大多難以傳世,衹有少量在戈壁沙漠中漢代關塞障置中保存下來,近現代考古工作中也有一些發現,例如内蒙古居延肩水金關漢代遺址出土木質"萬石"倉印(圖貳・174)。而倉廩印的用印痕迹,除非有心人曾經將它用朱抑壓在易于保存的受體上,並用攝影等方法留存,否則,人們只能以肉眼在短時間内進行觀察。歷史上曾經使用的情況不太可能保存下來,而到目前爲止,除了現代實驗仿蓋之外,還没有發現刻意將它保存下來的其他受體。

4. 製範

這種用印遺痕、用印方法往往涉及兩種或兩種以上的物質文化資料。製範的具體方法大致如下:首先,將印章印面上的文字壓抑在砂質模型上;等待模型乾硬,然後,鎔鑄金屬灌入砂質模型,待金屬成品的毛坯冷却取出。這樣一來,金屬器上便表現出了印章印面的文字。另外,也有將璽印壓抑在母範之上,再由母範翻印到模型上,然後由鎔鑄出的金屬器物表現出來的情況。製範法與金屬器皿銘文以及金屬鑄幣工藝等均有密切的聯繫。製範用印遺迹資料的識别,拓印方法與拓撲印陶、泥封相似。

一些研究者指出,最早使用類似印章製範的作品出現在少量的録有銘文西周青銅器上。近年,山東出土的東周青銅馬飾上,鈐有"十四年十一月工師絽"幾字,就是傳世該印製範的遺痕(圖貳4・8)。陝西省出土的西漢"樊氏"印(圖貳1・4),也應當是製範所用。瓷器印也有通過製範完成者。

圖貳4·8 銅範銘文拓本及"十四年十一月工師絡"傳世印章

5. 鏨戳

鏨戳與前四種方法的徐緩壓抑不同的,它將璽印以采取較强力量進行砸擊,使印文内容出現在另一金屬體上。戰國時,楚國便出現了"陳爯"、"郢爯"等帶銘金幣(圖貳4·9),這是鏨戳印較早的例子,郢爯的印戳用青銅製成。戰國秦漢時期的金器、銀器、馬蹄金、麟趾金上,常見鏨戳文字與符號。唐宋之後,在一些金銀器皿上也出現了不少印戳鏨現的文字,這些文字或代表工匠,或代表工場,或代表物主。鏨戳法與金屬器皿、金屬製幣等方面所用的冷鍛出紋飾的方法有密切聯繫。與印陶法相似,這種用印遺痕資料的識别采用的也是拓印方法,也可以輔以攝影表達。

圖貳4·9 楚金幣印文(拓本)

（二）烙現

烙現是指借助火將金屬器物加熱到一定的高温後，將其印文、圖形等内容烙記在另一種物質的材料上。這種方法起源很早，但施用的範圍不如抑印廣泛。

1. 烙革

對古代遺存下來一些戰國和漢代印面面積較大的印章，内容往往涉及車馬之制，研究者對其用途往往不得其解，自清末羅振玉指認漢"靈丘騎馬"印（圖貳4・10）屬于烙馬印之後，學者們才開始對這些巨型璽印進行深入研究，發現其中部分屬于烙馬印。其中，最爲雄奇、瑰偉的烙馬印是戰國時期燕國的"日庚都萃車馬"又讀作"晎都萃車馬"巨璽（圖貳1・162），近年有研究者認爲它不是烙在馬身上，而是烙在"萃車"車構件上，但認爲它是烙印没有異議。這種烙馬印的使用方法是：用燒紅後的璽印灼烙在馬的表皮上，用以表示馬的品質、屬主、數量等。五代見鐵質"汗赭"烙馬印（圖貳2・5），還見許雄志先生所藏漢代"許牛"烙牛印（圖貳4・11）。這種烙印的方法，一直沿用到近現代。

兩漢、魏晋時期，存在着私人部曲制度，亦即常説的豪强家族武裝，不受中央及地方政府轄控。這些部曲的兵卒身份低微，無人身自由，形同奴隸，作爲豪强財産的一部分存在于世。因此，當時的部曲統帥也有可能在這些兵卒、家丁的身上（如腿部、臂部、肩胛部）烙以印記。直至二十世紀五十年代，我國一些邊遠待開發的民族地區仍對農奴采取類似的措施，以防止農奴逃跑、勞動力流失。兩漢時期的"曲革"印（圖貳1・163），就是具有這種性質的烙印。近來有收藏家出示西漢時期長柄形、中空納銎、長方印面"沈丁"青銅印，又一次證明了此類用途。

這一類烙印無論是烙在牲畜皮上還是人的身體上，古代的印記均無法保存下來，現在只能根據遺留的印章實物及文字内容，來推測它們在古代的用法。

圖貳4·10 靈丘騎馬（摹本）

圖貳4·11 許牛（烙牛印）

2. 烙竹木

烙竹木就是用加熱了的金屬璽印抑蓋在竹子或木頭上，使金屬璽印的文字顯現的一種烙印方法。這種烙竹木印最早發現在東周時期的大型墓葬中，一些木槨上烙有文字印記，所烙内容大抵有記事、記墓主及記木材來源等若干類。

除了印記遺存外，這種烙竹木的璽印實物也有所發現，如山東出土的戰國"左桁正木"璽（圖貳1·164）、傳世的西漢"柜司空"印（圖貳4·12）。戰國"左桁正木"璽的文字在印陶文字間也有發現，不止出現在竹木上。

研究烙竹木印，既可以研究烙竹木印遺痕的拓撲顯現，如戰國墓木椁上"左王既正"烙痕（圖貳1·165）。也可以直接研究存世的烙印本身。

圖貳4・12　柜司空

3. 烙漆

烙漆印文常常用來記載市府的名稱、簡單的地名、工匠的名稱以及數字等等。具體的用印烙漆方法有兩種：第一種方法是先將印烙在漆器内裏的竹木質胎骨上，再進行髹漆處理，使漆汁覆蓋在印文之上，形成一層保護膜，這層膜透明，可見印文。另一種方法是在完成的漆器上進行烙印處理，這樣，印文便顯現在漆汁之上。烙漆印遺痕最早在戰國時期的漆器上發現，秦朝和兩漢時期的漆器上比較多見（圖貳4・13）。

圖貳4・13　楚漆器烙印（摹本）

漆器上的烙印肉眼容易辨識，但不易拓取。一般只能依靠照片或摹本來反映它的面貌。參照漆器上的印文内容，還可以從存世的古璽印中指認某些印章可能屬于烙漆印。

4. 火漆印

火漆印的做法與一般烙印的方法有些不同,它加熱的對象不是璽印本身,而是受體。具體説來,就是將加熱融化的漆汁滴在文函、器物、裝袋等的封口處,趁火漆汁尚未冷却凝固時,將印章迅速抑烙上去,留下文字字樣。火漆印所表示的内容常常是由哪級官署或哪個人進行的封閉處理,與古代泥封的做法意義有相似之處。目前所知中國這種方法的使用起源于清代,沿用至今,火漆印很可能曾受到外國做法的影響。這種火漆印塊上的内容可以采用墨拓取驗的方法進行研究。

(三)鈐色

鈐色,就是在印章的印面上蘸以某種顏色,並將其鈐印表現在另一種物質材料的表面,這是現代世界各國經常采用的使用印章的方法。現代人們習慣于認爲在紙質文書、字畫上鈐以紅色的印文才是鈐印,這種認識稍嫌片面。實際上,在如絹帛、竹木、金屬、皮革、肉類、多種商品,等等,一切物質材料上所加的各色戳記,甚至食品上的色點戳記等都屬于印章鈐色的範疇。在中國歷史上,鈐印的顏色也有黑色、紫色、藍色等等,一般來説,不同顏色有時代表不同的使用意義,例如爲中國帝王服喪期間,爲家中服喪期間,人們鈐印不得用紅色。當然,雖然所鈐的顏色多種多樣,但絶大部分爲朱紅色,自遠古一直沿用至今,已爲現代人所習慣。至于硃砂紅色調色料的質地,也有多種,如蜜質、油質、水質、化學顏料等等。

因爲鈐色是現今中國乃至國際上最常見的印章使用方法,所以關心璽印史的學者,往往特别注重關于中國璽印鈐色使用的起源問題。研究者首先從實物資料遺存中進行分析,認爲這種用印鈐色的方法始于隋唐時期，因爲此時印面放大，印文由陰轉陽，紙質文書多見，等等要素的呈現。後來，研究者在翻閲文獻記載時發現，在一些更早的文獻中便有相關記載。《魏書·盧同傳》載：北魏孝明帝（公元516～528年）時，“人多冒竊軍功，同閲吏部勳書，……乃表言，……總集吏部中兵二局勳簿。……若名級相應者，……令本曹尚書以朱印印之。明造兩通，……仰本軍印記其上，然後印縫，各上所司、統將、都督并皆印記，然後列上行臺”。《北齊書·陸法和傳》亦載：梁元帝（公元552～554年）“以法和爲都督、郢州刺史，封江乘（一本作：江業）縣公。法和不稱臣，其啓文朱印名上，自稱司徒”。類似記載的出現，使學者開始將鈐印産生的時間向前追溯。此後，羅福頤先生研究指出，在敦煌出土的經卷上所鈐的朱印“永興郡印”（圖貳1·158）是南齊隆昌年間（約公元494年）之事，可是經過學者們的再次考訂，實則此印爲隋代鈐用。而在陝西出土的北朝晚期“衛國公印”（圖貳4·14），已是大印面的陽文公印，當爲用朱色鈐蓋的印章。這樣，印章用朱色鈐蓋的歷史上推至南北朝時期，這是已經得知用印鈐色的上限了嗎？

早在二十世紀八十年代，筆者就曾經指出，湖南省戰國時期楚國墓葬中出土的絹帛和湖北江陵馬山戰國時期楚國一號墓出土的絲織品上（圖貳4·15），便曾出現多處朱紅色璽印的鈐蓋痕迹，這才是中國古代璽印鈐色用法的較早實例。較之南北朝、隋唐等説，這種推斷將中國璽印的鈐色出現時間大爲提前。更爲重要的是，這解决了存世的某些東周時期尤其是三晉地區小璽、陽文璽的用法問題。這些東周小璽和陽文璽的筆畫細微，難以抑蓋出清晰的陶文或泥封，即便施用製作泥封，也會陷于黏土之中，拔出印時而弄壞筆劃，起不到應有作用。但如果這些小璽蘸蓋印色，鈐蓋于絹帛等材料之上，便可以明晰地顯現出來。可惜的是,東周以來的許多小璽印鈐色于絹帛等有機質織物上,而這些織物極易朽爛,存世罕見。

圖貳4·14 衛國公印
(53×53)

圖貳4·15 楚絹帛朱印鈐蓋(摹本)

留存在絲織品和紙張等受體上的鈐色遺痕只有依靠照片、摹本及摹本再翻刻來顯現。宋代開始,研究者們將各代各類璽印鈐蓋集譜,印刷術又使各種各樣的印譜化身千萬,成爲後來對古代璽印資料的集見方式之一。印章與中國古代印刷術淵源極深,印章的鈐色運用是其直接淵源,多字印和畫印是雕版印刷之源,單字印是活字印刷之源。

(四)佩印

根據有關歷史文獻的記載,從東周時期開始,便有這樣一些璽印,它們並不是用來抑蓋、烙現或者鈐色的,而是供人們隨身佩戴之用,在社會交往中用于直接目驗檢視。它們之中,有的是爲了表明身份,如蘇秦所佩六國相印、張儀所佩五國相印等;有的帶有宗教色彩,如《抱朴子》所記"古之人入山者,皆佩黃神越章";還有一些供玩弄或具有其他意義的印章。東漢遺址中曾出一種模製陶印,火候很低,帶虎鈕或龍鈕;印面多見半通式,少量正方;印文有"黃神"、"神虎"、

“天帝神師”等,陽文正字,陶軟不能抑蓋,可能即爲出入山澤,佩帶以避邪穢之用。

但凡佩印,其印面的文字應當是正文,而不應當是一般印章那樣的反文。正因爲佩印的正文特徵和无須抑鈐的特徵,它一般不會在另一物質載體上留下遺痕。因此,在分析佩印時,除依實物進行分析外,别無他法。需要注意的是,古代文獻中常見的“佩印”一説,有的實際是指具有抑印、鈐色等功用的印章,而未必是本目所言具有“佩而不抑”之意的印章。

以上介紹了中國古代璽印豐富多彩的抑蓋、鑒戳、灼烙(包括火漆印封)、鈐用方法,以及同樣豐富多彩的用印遺痕,由于對文獻深究不够,加之對文物所見未廣,中國古代璽印的一些使用方法仍然有可能遺漏。在全世界範圍内,在很長的歷史階段内,使用印章的民族或國家很多,但將璽印以如此多樣的使用方法來加以運用,加以表現的,恐怕也只有中華民族。

五　古代印章的鑒定

文物是人類社會的遺物,中國古代璽印是中國歷史文物中的一個種類,人們有欣賞、收藏、研究的希求欲望,社會也會出現復製、仿製的“作僞”行爲。文物需要鑒定,鑒定既有辨别“真僞”的問題,也有正確闡釋説明其時代、製作方法和用途的問題。同樣,古代璽印也存在正確認識與辨别真僞的問題,由于許多印章近同于古代文獻的價值,爲人們所重視,應當避免誤識、誤讀、誤導,所以璽印的鑒定問題就更加顯得必要。

（一）辨誤

正確闡釋、説明璽印或疑是“璽印”的時代和用途，和辨僞工作既有一定關係，又不完全相同。本目討論的有關標本並不是刻意作僞的産物，只是在時代、作用等方面由于人們的誤判造成了認識上的錯誤。

1. 時代的誤判

“皇后之璽”（圖貳1·101）是西漢精絶名品，它出土于西漢開國皇帝劉邦的長陵塋域範圍之内没有問題，它和吕后有關也没有問題。人們往往將它定爲漢初的璽印作品，就不對了，它應當是西漢後世帝王修葺長陵時，製作並供奉于吕后享廟之中。玉璽爲吕后神魄所用，但從印制及文字風格看，它的製作時間不會早于西漢景帝、武帝時期，這在對璽印本體時間及風格考量上有一定意義。

“永興郡印”（圖貳1·158）曾經被斷代爲南朝遺迹，後經過詳盡考釋，應當定爲隋代作品。“豫州留守印”、“金山縣印”（圖貳5·1）、“會稽縣印”（圖貳5·2）、“宜春縣印”（圖貳5·3）、“萍鄉縣印”（圖貳5·4）出土報導曾經定爲唐代印，經過考證與印制研究實際上都是隋代遺物，迄今爲止，羅福頤先生指出的隋唐公印的區别，在于不用“之”和用“之”，這個意見還是基本可靠的。

“宋丞相忠定趙周王印”（圖貳5·5）出土于湖南省一座宋墓之中，但它的風格，全然爲民國早期作品。它應當是趙氏後人在修葺祖先舊墓時，製作並放置其中的，而不能如出土報告中認爲是宋代的文物。

内蒙古赤峰出土“雁門郡記”印（圖貳5·6），據報告稱爲漢印。但該印使用陽文且文字爲後期繆篆，更爲重要的是，該印章所用的專稱"記"字是在宋、遼、金時使用的有關專稱，尚不同于漢朝所用，此印不應斷爲漢代。

圖貳5・1　金山縣印
（55×55）

圖貳5・2　會稽縣印

圖貳5・3　宜春縣印

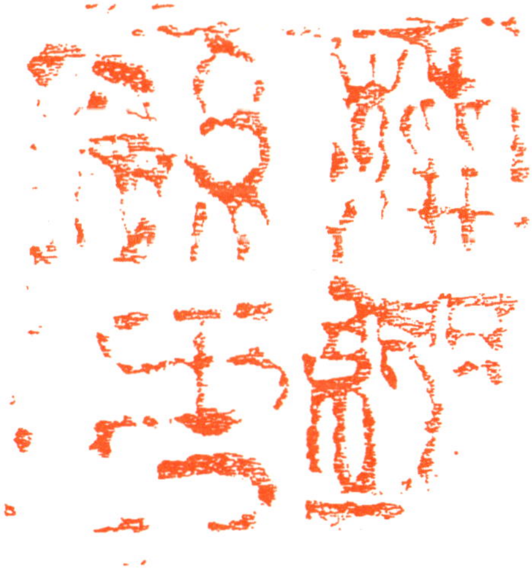

圖貳5・4　萍鄉縣印

圖貳5·5 宋丞相忠定趙周王印

圖貳5·6 雁門郡記

山東臨淄徵集"臨淄縣印"(圖貳5·7)。發表時印譜上稱爲明代遺物。該印闊邊細字,不用九叠篆,印背、印側刻款"印刷局造,華字第壹柒捌號"等字樣,顯然爲民國用印。

圖貳5·7 臨淄縣印

2. 作用的誤判

著名的所謂"王兵戎器"菱形印(圖貳5·8),收藏于天津博物館,爲周叔弢氏捐贈,這是介紹中國古代璽印及藝術時名居前列的大名品。它是東周時代重要遺物没有問題,從文字看屬于秦系也没有問題;它背後附鈕,和東周時代璽印相彷彿,也没有問題。但它在器面上字是正的,用于手持直接看視;並且在東周時期直到秦漢時代,公印用菱形印面絶少見到。因此筆者認爲它不是璽印,而是"王兵"武庫或武器即"戎器"所用的挂牌、符牌,是反映秦兵器管理制度的重要文物,把它視爲璽印屬于誤認。

圖貳5·8　王兵戎器(符牌拓本)

如西漢"婕好妾娋"玉印(圖貳3·21),曾被誤認爲是西漢時代趙婕妤的印章而價值連城,連原印的打本也賣到若干銀元一紙,這牽涉到印面文字的誤讀而造成的誤判,這個誤判已得到糾正。但在印學界,又有研究者認爲是西漢女官遺存之官印,這又是一種誤判,這枚衹是一件精緻的隨葬印。

有學者將元押圖案、圖像印混稱"戰國兩漢畫印",元押圖像、圖案常爲陽文,形象比較寫實,並無夸張浪漫色彩。元押往往于印背置小捏鈕,不似戰國兩漢畫印常用小鼻鈕,元押印的用途和戰國兩漢畫印不能一樣。

（二）辨僞

從廣義的角度來看，文物本身不存在所謂絶對的“真僞”問題，宋代仿製西周青銅器，它們就是宋代文物；清代乾隆年間仿明代永樂年間的瓷器，它們就是清代乾隆年間的文物。但如果要從一件器物的時代、功用等角度進行具體、有針對性的分析，即它所“自報家門”的時代與生産它的真實時代有没有矛盾，一切文物便有了相對的“真僞”的鑒定識别問題。以上述兩例來看，對于真是西周所製作的青銅器而言，宋仿西周青銅器即是“僞品”；對真是明代永樂年間燒造的瓷器而言，乾隆年間所仿永樂年間的瓷器也是“僞品”。本書所討論的中國古代璽印辨僞，也就是從具體的、有針對性的角度來進行的璽印鑒定識别工作。

在中國，許多朝代都存在仿製前代器物的現象，就這種行爲的動機探究主要有以下兩條：一是爲了擴大有關文物研究面、審美面的需要，爲滿足作爲一般科學考察、教學利用需要，這也是直至現在仍有大量仿製古代工藝美術品生産的原因。二是爲了謀取經濟利益的需要，因爲“作僞”古代文物出售，騙取人們的珍視、收藏，即可以獲取極大的利潤收益。這是一種特殊的人類行爲，這種行爲本身雖也留下如齊魯“贋鼎”、唐代重臣摹仿“蘭亭序”等等重要的文物，但總體上看必然造成古代文物魚目混珠的現象。現在，對文物所進行的深入辨僞鑒定研究工作，不僅包括對這種行爲所産生出來的産品進行分辨與剔除，還包括對這種行爲的動機與造僞方法進行揭示。

與中國古代陶瓷器、青銅器、書畫、玉器等品類的文物相比，對中國古代璽印、泥封文物進行鑒定識别，無論從其總量還是重要性而言，璽印、泥封之類都顯得相對的要小一些。但古代璽印、泥封辨僞工作量也並不輕鬆，例如，傳世的古璽印印譜，也包括近年出版的若干部由各博物院、博物館出版的館藏璽印譜録，幾乎無一例外地包含了數量不等的印章“僞品”。筆者認爲“無譜不僞”，筆者這樣説，並不是在否認各種集譜應有的科學價值，而是以此來説明防僞之難、辨僞工作量之大。

在這數以萬計存世且被收藏的古代璽印中，不可避免存在一定數量的後世作品，這些作品針對其所仿對象而言就是“僞品”。一般來説，科學的田野考古發掘品中不會含有後世摻入“僞品”，但是，近年出土的一些遺址、墓葬、窖藏中，也出現一些有問題的印章，這甚至關乎有關遺址、墓葬、窖藏的時代與性質的判斷。此外，在對一些古代“印章”進行鑒别時，也很容易出現認識的錯誤。近現代考古學的發展與深入研究，爲科學鑒别數以萬計的中國古代璽印提供了更爲直接有力的武器和手段。

不論是單枚印章、多枚藏印的窖藏，還是將這些印章收集在一起出版的印譜，都需要人們去認真辨别、鑒定。與其他文物一樣，古代璽印是具體歷史時代的産物。因此，凡是“真的”就是屬于這個應屬時代的産物，它們總帶着某一具體時代的某些特徵。相反，不管後世的仿製品即常説的“僞品”模仿得與“真品”有多麼相似，它們也總是帶有仿製時代的特徵，而不能够全面地具備所仿對象那個時代的特徵：在一些關鍵的地方，它們往往會露出馬脚。這就是文物——自然包括古代璽印、泥封等——能够通過科學鑒定來辨别他們時代的真實性最基本出發點。

對于文物進行鑒定的工作，目前學界所采取的科學方法主要有以下三種：

第一種科學方法是傳統鑒定法，又稱爲“眼學”。這種方法結合歷史文獻、傳統經驗和器物形態學（標型學），對某一類、某一件文物進行鑒定和識别，有時也與近現代考古學的收獲相結合來進行分析研究，這種方法的基礎是經驗型的實踐，也是所謂文物鑒定的"社會學派"的根基所在。

第二種科學方法是現代科技法。這種方法主要依靠現代物理學、地礦學、化學、生物學等知識手段，以取值比較的方法進行有關測定。這種方法前途看好，但目前因實驗條件限制，普及不够。更爲重要的是，運用這種方法，應當具備的全面取值數據尚拿不出來，這就産生了問題：每當測出一個標本全面詳盡的數值之後，仍然難以斷定數值在鑒定這件標本真僞方面的作用。

第三種科學方法是傳統法與現代科技法相結合的方法，這是最爲理想的方法。它可以以第一種方法的結論來審核並協助建立第二種方法所取得的數值庫。但是，如果因爲經費、器材、人才等實驗條件問題，這第三種方法也不常采用。因此，目前對文物進行鑒定時，仍然主要按照第一種方法。

以上三種方法都是具有科學實踐與理論探討的重要方法，到了現代，有關科研院所和大專院校也基于這三個方面進行總結、教學，從這個角度看，凡是具有科學精神的文物鑒定的"學院派"與"社會派"，是並不矛盾的。

筆者曾提出文物鑒定工作要從古代文物的"質、形、文"等三個方面入手的基本原則。

第一方面：質。質指的是古代文物的材料質地因素，從質的角度進行鑒定，也就是比較研究古文物在材料的選擇和使用上所反映的各個時代的特徵，從而進行時代的判斷。

第二方面：形。形指的是古代文物的基本造型，對造型進行鑒别時,不僅要注意器物主體的造型,還要注意器物附件。不僅要關注肉眼可以直視的外形,還要通過輕重、容量乃至X射綫的測定,瞭解肉眼難以看到的厚薄、内壁等部分。文物的外觀形態,往往提供了最直觀的、最基本的時代特徵。

第三方面:文。《説文解字》上解釋道:"文,錯畫也。"《古今韻會舉要》説:"文,理也,如木有文亦名曰理。"文物鑒定工作中所謂的"文",包括文字、圖案、紋飾,還有其他裝飾手段;也包括上述各類手段所表達的具體内容(例如制度、典故、地理)。"文"所包含的内容複雜、覆蓋寬廣,所體現的時代特徵也十分具體,但是,它基本是附于"質"、"形"之上的。

對以上三個方面,在鑒定時,要進一步分解爲多個要素,不是説僅憑有一兩個要素相符就行;但是,在文物鑒定時,要講"一票否决",即在諸多要素中,只要有一個要素露出馬脚,一般整體也應否定之。文物的品類紛繁多樣,各品類間的要素也不能整齊劃一,舉個簡單的例子,鑒定書畫作品,其質地要素爲紙張絹帛,鑒定陶瓷器皿,其質地要素爲陶土瓷胎,質地内涵就截然不同。因此,當對待各種不同品類的文物時,便有不同的要素劃分標準。目前,對"質、形、文"這三個方面的研究仍主要停留在傳統法的範疇之内,如能够與現代科技手段相結合,那自然是如虎添翼。

目前對于中國古代璽印進行的鑒定,筆者認爲,應當注意"質、形、文"三個方面再分解爲以下十個要素:屬于"質"的方面有用材、銹蝕等兩要素;屬于"形"的方面有製法、面形、印體、鈕式、制度等五要素;屬于"文"的方面有文字、圖形、内容等三要素。對中國古璽印之辨僞,乃是上面三方面與十要素之綜合研究,是"一票否决"與"全盤否定"的分析與綜合的科研實踐活動。

1. 從"質"入手辨僞

（1）用材

某君曾出示"軍司馬印"打本，以印的面形來判斷，這印似乎是東漢至三國時期遺物；但是見到實物，其材質居然爲赤銅；到了明清時代，赤銅印所見較多，在南北朝之前不可能有，因此，它只可能是後世所仿製。又曾經見一枚所謂的"水晶印"，持印者説是兩漢時期的，但是，以此印迎日光，不見水晶礦體特有之"綿綹"；手握之，溫而不涼，這所謂的"水晶印"是近現代比較純浄的透明玻璃製品。當今在古玩攤子上，常見玉質仿漢"大司馬印"、仿東漢三國"别部司馬"玉印，根據用印制度，這些印章都應當是銅質而非玉質，其僞不辨自明。在一部印譜上，見到一枚"軍假司馬"印，注曰東漢三國的"金印鼻鈕"，按制度軍假司馬絶不可能使用金印，必僞無疑。在同譜上，還曾見兩枚所謂宋代"招討使韓琦印"，一枚爲均窑窑變瓷印，一枚爲陽江（疑爲"陽羨"之誤）窑沙均陶印，依質地分析，最早也是明代遺物，絶不可能是宋代製品。

（2）銹蝕

銹蝕包括金屬璽印的銹蝕與玉石印章的蝕變。

傳世久遠的青銅璽印，銹色沉著自然，與胎骨浸潤無間；被收藏者摩挲時間較長的"熟坑"，包漿充足，神采内藴，銹色黝暗，或在濃緑、翠緑中隱現赤褐之色；近年剛出土的"生坑"則緑銹斑斕，直透肌骨，有的銹塊堆集，銹下閃爍水銀狀光點。反之，若印章屬于後世所仿製的，則經常用和漆法、化學蝕法、掩埋蝕法等手段來"造銹"，銹迹浮淺，與肌骨相離，内部銅質如新，蝕造出銹色如粉輕勾，極不自然。用手掂量，近世所造的金屬璽印有"壓手"的感覺，不如真品手感適中，這是因爲，近世所造物氧化程度（有的憑肉眼看不出來）較低，物質損失量較小。由于各地地質條件不同，古代璽印出土時表面銹蝕情況會有差別，這一點，只需對照當地出土的其他古代金屬器，便可建立正確的評判標準。隋唐之後，青銅印章因爲歷年不久或埋藏條件變化，有些銹蝕並不深，但其上薄薄的一層古銹也是無法仿製出來的。

傳世久遠的玉石印章，受土壤地下水等因素影響，蝕變自然，有鷄骨白、血沁、尸古、焦土等多種沁色，這些沁色和綹裂互相纏繞滲透，全無做作之感。舊玉石的光芒不刺目，顯得深沉内藴，此類璽印的邊角比較柔和。近世新製作的玉石印章，經常采用油浸法、油炸法、强酸蝕變法、土埋法等等方法來“做舊”，其蝕變往往只限于玉質的表層。這種人爲造成的仿古“沁色”如同畫上去的一般，與油炸出的綹紋邊限的僵硬程度也相當分明。造僞的玉質印章往往光芒賊射刺目，邊角比較尖鋭，手感滯膩。

從“質”入手來進行古代璽印鑒定，有一定的局限性。比如，如果造僞者采用舊材料、舊印章磨平後重新刻上印文，或用古代的無字玉石印加刻上文字，僅憑質感就會出現偏差。另外，有一些宋、明時代仿前期所做的璽印“僞品”，因爲其存世的時間也相當長遠，往往在質地上給人的感覺也屬于“真”的範疇。

2. 從“形”入手辨僞

（1）製法

古代璽印文字常以鑿刻的手法製出，在古董攤子上見到的一些鑄印印文，分明是以原鑿印製模翻砂鑄就，字劃軟弱失神。秦漢時期的玉印，絶大多數是采用車砣法製文，印面能見到似碾道一般的凹槽，不會見到刀痕，一些後世的仿製品，往往采用硬質刀刃刻文，往返的刀痕畢現。秦漢時代，用車砣法刊製的印章文字，筆道停匀安適，而在一部印譜上所見的玉質“談陽王印”，筆道兩端尖尖，字劃僵直，定爲後世仿作無疑。對于一些原本是鑄印的印文，仿製者又用刀刊刻出，其馬脚也容易發現。

在璽印鈕制、範縫等的處理方面，古代的璽印有自身的特點，比如在半環鈕、瓦鈕、橋鈕、龜鈕、動物形鈕鋬之内，常見有下凹上凸的半球形或球形空間，範縫必存現于鈕之暗處，範縫澆口必在鈕的上端。後世仿製者多不明白這些道理，再加上近現代合金收縮處理、金屬鑄模工藝與古代已大有不同，所以仿製品常在這些地方暴露出作僞的痕迹。

(2)鈕式

筆者曾介紹了古代璽印的鈕制應用，凡不合者自然可能有僞作的存在。

對于古代公用印的鈕制鑒定，還牽涉到是否符合有關制度規定的問題。一方戰國璽印使用了龜鈕，成熟的、背部隆起的龜鈕“超前”出現，顯見其僞。曾見仿自東漢晚期“别部司馬”印，因使用了更早時期的壇鈕而見其僞。一方仿東漢三國時代“部曲將印”，采用了立馬鈕，與制度不合，此印必僞。近年出土的一個清代窖藏中，有一石質“漢匈奴惡適尸逐王”印(圖貳5·9)，它仿自東漢時代的真品(圖貳1·133)，當時考古報告稱其爲“漢印”，考查其鈕，所用爲塔形，必僞無疑，當然它的質(石質)、形(尺寸、鈕式)、文(裝飾及文字)風格都全然不對。一部印譜上有所謂宋代“岳飛”印(圖貳5·10)，從所附照片可以看出，鈕爲玄武，可以判斷此印最早也是明代的作品，與名將岳飛無涉。某譜録一方級别較低的“虎步司馬”(圖貳5·11)，不僅字迹疲弱，所用鈕爲龜形亦不合各朝規範，其僞自見。有人持鎏金“淮陽王璽”兜售，這枚漢印原來應是玉質，已見其僞;此印用龜鈕,龜的甲文深峻,頭向上直伸,四足撐立,無論如何都不屬西漢龜鈕形象,愈見其僞。

圖貳5·9　漢匈奴惡適尸逐王(僞)

圖貳5·10　岳飛(僞)

圖貳5·11　虎步司馬(僞)

從鈕制來判斷,還需要注意兩個方面。首先,但凡真的璽印,絶大多數鈕制的方向與印文的正方向是一致的，因此，横貫的穿鋆口置于璽印的兩側，而僞印則常常弄錯。其次，關于鈕内有半球形或球形空間的問題，範縫、澆口問題，這些都涉及用鈕式來進行古代璽印的辨僞鑒定，前面已詳細提及。

（3）面形

從其尺寸來分析。自秦以降，歷代對公用印一般有着明確的尺寸規定，但凡面形尺寸明顯不合的，自然屬于僞印。在北京、西安見過海外來人欲"捐獻"所謂幾枚秦朝的"傳國璽"、"受命璽"，一見其大，甚至超過了隋唐公印尺寸，當是仿自宋代版本之上，則不能認其爲真品。前面通過鈕式辨僞時介紹"漢匈奴惡適尸逐王"石印，面形尺寸長寬達8.9釐米，大大超過漢"方寸璽"規制，明顯屬于僞作。還曾見一枚仿西漢"西陽令印"，其印面長寬僅1.8釐米，屬于因過小而見其僞。

除以面形尺寸來判斷，還需注意：凡仿各代璽印，如面形怪異，都必須認真分析。戰國時，齊國有旁凸面形的公用璽印，常見上下一側或兩側旁各凸出矩形一小塊，但在不少著名印譜上，所見有"戠㔾氏之鉢"（圖貳5·12），不僅文字俗僞，在面形也上一凸、下二凸，左右兩側各有三凸，似龜似蟹又似蝎，僞得可笑。曾經見有一圓形印面"别部司馬"印，謂東漢物，實僞。

圖貳5·12 戠㔾氏之鉢（僞）

（4）印體

在古代印章印體需要鑒别的内容比較多。主要有三個方面需要注意。首先是高矮尺寸，若過高、過厚或過矮、過薄都不太可靠。見一枚所謂的“漢官印”，印臺高達4釐米，印臺之上另置鈕式，存世的漢代公印中没有如此高大的。其次是印體的形狀，例如，著名的“裨將軍張賓”銀印，曾在三處見到，三枚中僅有一枚可能屬于真品，其餘兩枚爲僞品，僞品的印臺四面向上收分，做成臺狀，漢印中没有這種印臺類型的印臺。再次就是印體的某些裝飾，例如，所謂的“漢印”印臺的上部出現了凹綫裝飾、臺階形裝飾、蓮瓣裝飾，等等，明顯是僞作。

（5）制度

在辨僞鑒定時，“制度”用印的掌握是不可或缺的。以上談及印章的質地、鈕式、面形尺寸等内容，但凡所舉之例爲公用印，實際上都已涉及有關朝代的制度規定。

首先要熟悉各代的制度規定，還要熟悉多年來的考古收獲資料的梳理總結；既要看到絶大部分公印符合制度規定，也要看到個别“出了格”的例子。如湖南、湖北、廣東出土的一些西漢初葉璽印就有尺寸違制的狀況，這顯然有“天高皇帝遠”因而不循制度的地域因素作祟。只要掌握了“出格”的幅度，了解了“出格”的相關原因，進行鑒定時，就可以説，凡明顯與制度不合，又没有“出格”正當的情理者，必僞無疑。

從“形”入手進行古代璽印的鑒定，是最爲直觀、最爲基本的鑒定方法。古代璽印上“形”所表現的時代特徵最爲鮮明，也最不容易爲後來者全面模仿。僅從“形”入手進行鑒定，光憑一般的感覺是不够的，這需要鑒定者的悟性。所謂鑒定者的“悟性”，也就是他鑽研的勤奮程度，考量他看過實物的多少，讀過圖譜的多少，是否將一些有考古學依據的“標準器”爛熟于胸，反復揣摩，找出一些關鍵之處、關節之點以獲得對各個時代、各個地域遺物的特徵充分的敏感與把握，並且善于聯想，横向地調動同時代其他類文物的有關因素，進行認真比對，找出規律，尋找破綻，力求準確。所以，包括中國古代印章在内的文物鑒定學絶非玄學，而是一門老實的、刻苦的學問，是一門基于實踐，得出正確認識又能指導實踐的學問。

3. 從“文”入手辨僞

（1）文字

在一部名譜上刊有一方仿戰國楚國“行府之璽”（圖貳5・13），楚國近似尺寸的陽文璽印罕見，其“璽”字用的是近乎齊國或近乎燕國璽印的文字風格，這屬于雜湊之作，此印必僞。同譜上還有著名的東周“大車之鉢”，文字雜湊，不辨國屬，也應當爲後世作僞（圖貳5・14）。這兩方“古璽”的鈕置也有不諧，遺憾的是上兩方璽印至今被許多人認作名品、典範。在一些印譜上見到的“干水市取”（圖貳5・15）、“陽□工師璽”（圖貳5・16）、“右庶長之璽”（圖貳5・17），等等所謂東周時代印例，皆屬于文字雜湊、混淆陰陽、炫耀奇異的造僞，有的用字更是毫無字理，完全憑空杜撰而成，這種造僞印章在日常所見的古董地攤上經常見到。一些比較著名的僞作，如所謂秦朝的“傳國璽”、“受命璽”，也存在文字方面的問題，給人一種很不舒服的感覺，必僞無疑。“歲昉信璽”（圖貳5・18）、“趙盦之璽”（圖貳5・19）、“廣睦男家丞”（圖貳5・20）、“上谷學官令印”（圖貳5・21）等例，則是模仿原印的劣作。

圖貳5・13　行府之璽(僞)

圖貳5・14　大車之鉨(僞)

圖貳5・15　干水市取(僞)

圖貳5・16　陽□工師璽(僞)

圖貳5・17　右庶長之璽(僞)

圖貳5・18　歲昉信璽(僞)

圖貳5・19 趙盦之璽(僞)

圖貳5・20 廣睦男家丞(僞)

圖貳5・21 上谷學官令印(僞)

前些年見某家拍賣公司見到拍品有"晋高句驪率善佰長"金印，按原内容其原印藏于某博物館，爲青銅質，這枚拍品質地不對，不符合制度規定；從文字看，應當是刻意仿自原品，氣息大略相近，有八九分逼真，但對于原品銹蝕處掩蓋了的字迹和細部，仿造者顯然不知如何處理，終露馬脚。

對于古代璽印文字，還有"誤認"的現象，這種"誤認"不是將文字讀錯，而是將其時代風格搞錯。前面談到某高校藏"岳飛"（圖貳5・10）之印，就是混淆文字，套用明代將軍印制度作類似"柳葉篆"的後世作品，這也是此印作于明代的旁證。

辨僞時要看文字的所謂"精神"。後世傳摹翻砂而製成的"古印"，或者受仿製者的水平限制，或者因爲對仿製材料掌握不到火候，往往造成仿製的文字布局鬆馳、紊亂，筆劃或肥厚軟弱，或生硬死板，缺乏生氣。如果人們仔細觀察這些文字的"精神"，便可以對一些璽印的造僞作出判斷,失神者往往不真。由于仿製者的製作馬虎或不具備某些專門知識,有些作僞的璽印上文字存在明顯的錯字入印現象,這種現象與見到的古璽印中異體字性質完全不同,這也可以看出僞印作假的痕迹。

可以説,只要在文字上露出馬脚,人們就可以判定它屬于僞印。這裏需要强調指出的是,憑文字鑒别只可能做到辨僞,但絶對不能憑此確認一枚印章之真,也就是不能"認真",因爲有的僞印往往是用真印作爲母模,采用細砂精工翻製而成的,這樣製作完成的僞印文字效果相當逼真。所以,一定要記住:"認真"往往比辨僞難! 這也是僅憑印譜不能進行真僞判斷之處。

(2)圖形

圖形指的是印面上所表現的一些具象圖形,或者印面上的一些圖案表達,對圖形的辨僞往往使用在"畫印"或者兼有其他内容的印面裝飾圖像或紋樣上。筆者曾見過一顆較大的圓形印面所謂秦漢時代的畫印,印臺球隆如權,印面畫像綫條生硬,似漢畫印老虎形象放大而成的圖像,此印的虎身凹下部分(即陰刻部分),凹底很平,並無起伏及鬚毛紋,顯爲後世仿作,仿作者顯然没有見過真印,而憑印譜臆造。筆者還曾見過一枚仿製元末紅巾軍起義用印,除了印面文字很彆扭之外,一周所填圖案也極爲生澀,充滿了木刻般僵硬死板的綫條,當爲僞作無疑。元押畫像或圖案印的辨僞首先就要看畫面或綫條是否生動自然,近年已見到有多例翻砂再造的僞品。

(3)内容

從内容進行辨僞,就是看印章表達的内容是否符合所屬時代社會政治、經濟、文化、軍事、地理等多方面的特徵。《匋齋藏印》一書中有仿西漢"武陵郡長"印,而兩漢時期,在武陵不可能有"郡長"這一職官,露出了内容上的破綻。有些“僞印”在内容上故作驚人之筆。曾見“王莽信印”,銀印龜鈕,較公印略大,這純粹是借“名頭”以欺世的做法,是真品的可能小之又小,這種僞作見之于舊的集古印譜中,並不少見。“司武管粟”(圖貳5·22)、“冠軍侯印”(圖貳5·23)皆爲類似的作僞之例。

從中國古代璽印文物的特殊性出發,還有三個方面的問題需要特别强調:

第一,單憑印譜來鑒定古璽印是靠不住的,雖然印譜上一些破綻畢露的印章很容易辨别,但僅憑印譜,要將其内所有的印章逐一確認真僞,尤其是“認真”,幾乎是誰也不能做到。首先,印譜本身就存在真僞的問題,這在後面將會討論。其次,真本集古印譜中也有僞印混入的問題。再次,看鈐朱打印在紙張上的效果,與仔細端詳原印,其中具有極大的差距,感覺很不一樣,某些鑄造、鑿刻的關鍵之點,在印譜上是難以看到的。如果所遇到的爲刻本印譜,那麽,這種印譜更是僅僅具有參考價值了。

圖貳5·22 司武管粟(僞)

圖貳5·23 冠軍侯印(僞)

第二,極少數的印章真假參半,筆者曾見一方“部曲將印”使用的是犬鈕。這方印章讓筆者深感奇怪,因爲這一方印從印面到印臺皆可毫無疑義地斷定爲真印,但是細察印背,可以隱約看有瓦鈕被鑿去的痕迹,也有可能是瓦鈕殘失後再經修平的痕迹,此印很可能是在瓦鈕失去之後,重新于其印背焊上了一只來自元押上的犬鈕,作僞者用這種手段來炫奇搞怪,達到牟利之目的,這就是“半真半假”的例子。及至後來,在明清流派印人的藝術作品中,“真印假款”、“假印真款”的情况均有出現。

第三,隨着工藝技術的進步,古代璽印的作僞方法也愈來愈精到,有些印章已經可以做到以假亂真的程度。所以,人們的辨僞水平、辨僞技能甚至辨僞儀器用具都要隨之提高,並盡量在技術上領先至少不落後于造僞者,對于一些標準,能做到量化更好。在現當代僞作之中,還出現了僞作的地域特徵、作坊特徵,這些都應當詳加掌握。當然,人們應該充滿信心,只要是僞作,不露一點馬脚是不可能的。只是,現今的僞作,存在的“馬脚”藏匿得比以往更爲隱蔽,需要人們花更大的氣力來揭露。

4. 關于泥封的辨僞

泥封是古代璽印抑蓋的産物,上文所講到的璽印辨僞的理論、方法、内容也都適用于對泥封的辨僞。對于中國古代泥封鑒定還需要注意幾個問題:

(1)用泥

古代泥封所用泥土是質地相對比較純淨的黏土,東周及秦代泥封用泥似有地域區别,色質並不一致,但比較純淨。西漢泥封用泥爲中央統一頒發,更爲純淨一致,應當是所謂的“武都紫泥”。古代的泥封有的還經過輕微燒烤,據楊廣泰等先生研究指出,這是焚燒簡牘、包囊時連帶燒結的結果。曾經見過一些夾砂粗劣的所謂“泥封”,有的焙燒所用温度很高,看起來像殘陶片,這些比較肯定是後世的僞作物。近年來,又有采用高級樹脂材料調合黄土所僞作的古泥封,質地過于細膩，作爲泥封抑用的印章常爲出土的真印，在拓本上不易分辨，這種土的土色過純，手感過于潤滑，較真正的泥封黏土要略重，從實物角度則不難分辨。

（2）背紋

古代泥封大多數在其背部存有簡囊繩節、繩束的痕迹，即使殘失，也會留下不規則的破碎面。具體説來，這些痕迹主要有所封簡牘、笥囊等等的痕迹和槽狀、塊狀封泥匣的外凸痕迹。有些所謂的“泥封”，背面光滑如紙，屬于僞品。還有所謂“泥封”，背面竟有整齊的蘆席編織紋，想來這是作僞者曾將泥團如晾餃子一般置于席箔子之上留下痕迹的緣故。關于這一點，現代作僞者似已知曉，故僞作泥封的背面竟有類似簡牘的痕迹，乍一看與真無異，但刻意爲之顯得很不自然。

（3）厚薄

真的古代泥封在先秦時期往往比較渾厚，這與所封物品有關，到了秦漢之時泥封用于簡牘時往往偏薄而適度，而用于封瓶罐、笥囊處則厚薄不一，但過渡自然。而僞造的泥封則有的厚如一印，有的極薄且背弓邊翹，顯得誇張過分，這些很容易加以識别。

（4）手感

真的古代泥封手感略沉于同等體積的陶片，而僞造的泥封則往往經過高温燒焙，手感偏輕。目前在僞造的泥封中，亦有比真品過實過重者。

（5）顔色

真的古代泥封色澤自然，呈現土黄色或灰褐色或黑褐色，而僞造的泥封常常顔色偏深，色澤過于一致，也常有很不自然的顔色不一致的絞纏的現象。

值得注意的是,近年來也曾出現真假參半的古泥封,如將殘存的真泥封用樹脂黄泥“修復”,甚至補字修剔,使之成爲半真半假之文物。有的用殘存泥封的背面,再用樹脂黄土做正面,然後使用真印抑造出半真半假有夾層的泥封。還有用兩塊或多塊殘泥封粘合爲一塊“完整”泥封的現象,用全是真實的材料作成了假泥封,這要從尺寸、文字、内容、背紋上細細分辨。

5. 關于陶印文的辨僞

古代璽印與泥封的辨僞要點,都適用于陶印文的辨僞。抑印陶文的僞作可能價位不高,所以數量不太多,但也確實存在,在近年有數量漸漸上升的趨勢。對于這類僞印的鑒定,有時要借助對陶器本身的辨僞。

在這種陶器印文中,也有不少半真半假的情形,且往往是在真陶器、真陶片上仿刻古印文,這種仿刻與一般的陶器隨意刻文並不相同。也有用真璽印加蓋現代陶泥,再焙燒爲“真印假陶”。這些都應當不難分辨。

一般來説,抑盖有印章的秦漢時代的陶器要比不帶陶文的同類器貴重,于是這幾年又發現新近拉胚燒製的仿戰國、秦漢等時代的灰陶、黑陶壺、罐、碗、盤等等,在底部抑盖有真的、或者仿秦漢印章,非常清晰,形成假器、假陶文合一的狀况,筆者還見過一罐子的肩、腹底部抑有多枚印章的狀况,估計原來是想打碎了多片分别出售之用,商賈之姦,無奇不有。

6. 關于印譜的辨僞

明清之際的不少印譜,已具有珍貴的文物價值,亦引起姦商仿僞,因此印譜的辨僞,是中國文物、古籍的一個特殊現像,除了璽印學的研究之外,還要參以文獻學、古籍版本學的專門知識。

（1）單枚打本的辨僞

印譜是單枚打本的集合，某些著名印章的單頁打本，也曾經相當貴重。僞品的單頁打本主要有兩類：一類是仿製一印，逐頁抑蓋；第二類是使用真印抑蓋一頁後，采用近世印刷法進行單頁複製，或者乾脆采用照片製版印刷而成。前一類打本因爲是僞印所爲，如果觀察仔細，尚能分辨；而後一類常能做到與原印打本不差分毫，因此，鑒定的方法只有借助油墨與朱泥的區别。一般來説，印刷油墨的僞製打本單頁印蜕缺乏凸凹感，而且印蜕邊緣有"走油"的現象，這一現象在宣紙上能表現出來；而真品打本的單頁印蜕有凸凹感，宣紙上一般不見印刷油墨造成的滲油、"走油"的現象，但是也有古代印泥造成的洇染現象。

（2）印譜的辨僞

印譜的發現、研究、發展已成爲印章學的一個分支——印譜學。由于某些傳世久遠的印章和某些以珍貴的古璽印原件打蓋的印譜都有着昂貴的價值，所以，雖然印譜的作僞數量不大，但自明代開始便已出現。

北宋時代大觀年間楊克一所撰的《集古印格》、宣和年間官修的《宣和印譜》，長期備受研究者推崇，引來收藏者的垂涎，殊不知，這兩種古譜早已亡佚，幾乎没有原本存世的可能，但凡托名爲這兩部印譜，大多爲明清時代的産物。同樣，早年如宋姜夔《集古印譜》、元楊遵《印譜》、元吾衍《續古印式》等著名印譜也都早已佚失不傳，凡在世面上出現皆屬可疑。

明代顧氏的《集古印譜》，如獲原本，價格逾鉅萬，但是，這部印譜的清代本、民國本和現代印本大量流行，所以在辨别時必須細察。曾有人持《簠齋藏古玉印譜》求售，聲稱此譜爲原印逐枚打本，實際上却是民國十九年時所印比較精美的珂羅版印刷(宣紙)本,其價不及原物之百一。

筆者曾以《十鐘山房印舉》、《印郵》、《十六金符齋印存》等著名印譜多種原打本與後世珂羅版本作比較,它們在多年的多種版次、録印數量、編次順序、抑印位置等方面均有不同,尤其是原先的打本純屬手工抑蓋,仔細觀察便能發現有的印章印面抑蓋得稍有輕重不匀或者稍許不正的現象,頁與頁之間也有鈐印效果不一致之處,而後世的印刷本往往枚枚印蜕濃淡均匀、整齊端方,看似更爲精美,反而失却不少神韻,價格也遜色許多。

前些年,有一家出版社以函套宣紙印製了一部某博物館藏印,稱全爲原印手蓋而成,僅印四百部。實際上,這些書籍都是采原印印蜕,用照片製腐蝕鋅版,再以鋅版逐一抑蓋而成,這實質上也是一種複雜的"作僞"手段,這種版本的價值與印譜真本的價值自然也懸殊甚大。

在近年出版的湖南、山東、吉林號稱"出土"印譜中,有一個帶規律性的現象,凡屬墓葬或遺址所出,僞印極少;凡屬文物商店購進或零星徵集,僞印比例相當大,這不僅影響了所收藏印章的鑒定質量,也造成了對印譜質量的影響。

筆者早已指出過"無譜不僞"的現象,但那僅僅是指出印譜中具體的某些璽印的真僞問題,實際上,印譜本身也需要辨僞。明清以來,古璽印集譜大量流行,其中如原鈐本《十鐘山房印舉》之類的印譜更是因各種需要而一版再版,這種版本的變化,實際上就已經存在着原本與重印本之間的差别,需要認真鑒識。現代出版的這些印譜一般都會附加前言或出版説明,應該認真閱讀以弄清出版時所據的底本是真譜佳册還是後來傳本,亦或是僞譜劣作,這些將影響到新的出版物的内在價值。不僅如此,有些著名的古譜,還會有後來再次或多次輯補修全的情況,如筆者曾見的一部明代顧氏《集古印譜》,由于日久殘破,需要精心補繕,或者請工匠細緻接筆,或者用後出的本子中補足數頁,形成了"七真三假"本。對于這些的鑒定,需要與古籍版本學、書畫裝裱學相結合。

本節簡略地討論了古代璽印、泥封、陶印文以及印譜的辨僞鑒定問題,材料並不充分,討論也不深入。這項工作是個"系統工程",需要從全方位考慮,單打一個或者從有限的幾個方面入手,結果往往很不可靠。同時,僅從膚淺的表面現象去判斷也是不够的,除了外觀的考察外,還需要許多的"内證",還要從歷史的、文化的、文獻的、民俗的角度縱深地加以考慮,這項工作需要博大與精深的結合,囿于篇幅,本節不再詳細介紹。

筆者認爲,璽印、泥封、印陶文、印譜等作僞,有一定規律可循。凡是大名頭、典範之作往往被人一仿再仿。還有一些現象,例如:秦泥封爲人關注了,造假者蜂起;秦漢印被重視了,僞品如流;印陶文火了,僞者伴隨而出。摸清這些規律,對于辨僞工作是有益的,甚至可以做一些先期的預防。

人們進行某一兩個例子的辨僞討論可能相對比較容易,面對一大批古代璽印進行"認真"工作,就必須慎之又慎了,對古代璽印鑒定工作"致廣大而盡精微",尤其需要格外地注意。中國古璽印的鑒定工作並不神秘,其實踐性很强,心領神會的能力如何,或者説"悟性"的程度高低,全在于對實踐投入的深淺和認真與否。文物鑒定行内有句俗話:這是一門人人能學但不是人人能幹的事,即便是人人能幹但不是人人都能作到"精準"的工作。所以,包括古代璽印在内的文物鑒定工作，光憑紙上談兵不行，“實踐出真知”、“實踐是檢驗真理的唯一標準”用于這一行當可謂深切之至。筆者至今尚未見過一個靠讀書讀出來的、聽課聽出來的、看圖册看出來的成功的有真知灼見的文物鑒定家。當然，每位初學者都不必膽怯害怕，在文物鑒定工作中，終身未遇一次“走眼”挫折的專家是找不出來的，關鍵在于，人們不僅要肯定成功，更要認真琢磨失敗，往往一次失敗給予人們的啓示和教訓，要遠遠超過幾次乃至幾十次順利成功的經驗。

叁　古代印章的考古學分期

與舊有的金石學實踐不同,考古學的發展使得中國古代印章遺物可以做到更爲科學的分期。古代印章是客觀存在,分期工作是基于文學、文獻,尤其是科學考古發掘而進行的科學實驗工作。人們可以依據考量角度的不同,提出多種分期方法。

一　已有的認識

對于中國古代璽印進行的考古學分期,是在通過科學手段取得資料的基礎上,對這些資料加以斷代分析,找出其發展規律,彰顯其歷史價值與藝術價值。對于中國古代璽印進行考古學分期,是要揭示璽印在延續發展的進程中,發生了哪些變化? 這些變化是如何表現在其質地、外形、文字、裝飾甚至某些功用上的? 造成這些變化的原因又是什麽? 比如,在政治方面,歷史上各種制度的規定與修正;在審美方面,璽印的體形、面形、文字、圖像的選擇以及鈕式的創用,還有對這些不斷的揚弃、否定、替换,等等;在材料方面,開始多以木、陶爲印材,後逐漸過渡到以青銅爲主,最後中國藝術印章又以葉臘石爲主;在使用方面,印章的主要功用由抑陶到抑製泥封及抑陶,再過渡到主要在紙張文獻及書畫上全面鈐朱;在抑蓋載體方面,由抑陶、泥、絹帛爲主向鈐于紙張爲主;在功用的變化方面,始由實用型(包括隨葬)向實用與藝術結合轉變,後又造成實用型與藝術型的分裂,中國印章文化的主體逐漸向純藝術型的傾斜,等等,這些都導致了印章文化的不斷變遷,既反映在印章本身的種種的變化,還反映在印章抑印、蓋鈐載體的變化。反之,這些變化的規律的掌握,最終爲研究、在藝術上繼承璽印文物文獻價值、藝術史價值,提供了堅實的學術支撑。

中國古代璽印源遠流長,其發展曲折跌宕,要對衆多考古收獲的璽印進行有效的整理,就需要使用能够把握的語言文字,分段分期地記録下它們的演進痕迹,找出其演進的規律。璽印實物的諸如材質、尺寸、文字、鈕式,等等各個方面在演進的過程中表現很不均衡一致,有些點以突變的形式發生根本變化,有些點則固守成規,變化不大。因此,人們做斷代分期時,往往采用形而上的方法,在尊重歷史與科學的基礎上,以璽印的"標準器"爲參鑒,反映這類器物的演進。換言之:所謂分期只是對客觀事物發展規律的認識與表達,是人們的主觀意識分析與綜合的行爲。

中國古代璽印與其他大多數的歷史遺物一樣,主要以漸變的形式不斷向前發展。對古代璽印這類器物的斷代分期,先人們重視得比較早,兩宋以來,"秦璽、漢印"之類的詞彙不絶于書,其中就包含有分期的思想。兩宋以後,漢以後其他朝代的印章也得到了一定程度的關注和描述。近現代以來,多位歷史學家、文物學家、藝術家,對中國古代印章,提出過一些重要的斷代意見,但是他們大多是針對一個特定歷史時期的印章類文物提出問題。從系統貫穿來研究中國古代璽印發展史的,在現代中國學者中,以鄧散木、沙孟海、羅福頤三位先生的分期研究最具有影響。

（一）鄧散木分期法

鄧散木先生在《篆刻學》（人民美術出版社，1979年版）中，把中國古代的璽印分爲兩大層次：第一層次爲官印，有秦印、漢印、魏晋六朝印、唐印、宋印、金元印、明印、清印等；第二層次爲私印，有姓名印、字印、多面印、朱白相間印、肖形印、署押印、書簡印、齋館别號印、收藏鑒賞印、吉語印、成語印、厭勝印等。

除了公印這個層次是將印章遺物與朝代密切結合，鄧散木先生又在叙述私印各項時，均大略地提及了各種私用印章的一些時代特徵，因此他的璽印分期斷代是與古代印章的功能分類結合在一起進行討論的。

（二）沙孟海分期法

沙孟海先生在《印學史》（西泠印社出版社，1999年版）中，首先叙述中國印章的起源，然後就春秋、戰國印，秦印，漢、三國、晋、南北朝印，泥封，圖像印，唐、宋印，詞名印，室名、别號印，鑒藏印，花押印等分别進行叙述。

沙孟海先生在别類叙述時兼論時代特徵，有的段落按朝代分期，宋代以後分期討論比較模糊；有的段落則合于印章的分類之中。明確地討論中國璽印起源的問題，是沙孟海先生的一個重要創績。

（三）羅福頤分期法

羅福頤先生在《古璽印概論》（文物出版社，1981年版）中，首次將中國古代璽印的發展分爲兩個層次：第一層次爲璽印發展的上段，包括戰國官璽、戰國私璽，秦官印、秦私印，西漢官印、西漢私印、漢“繆篆”私印、漢鳥篆私印，新莽官私印，東漢官印、東漢私印，曹魏官印、曹魏私印，晋代官印、晋代私印，十六國官印，南北朝官印，等等。第二層次爲印章發展的下段，包括隋官印，唐官印、唐私印，渤海官印、五代十國官印，北宋官印、北宋私印，南宋官印、南宋私印，遼官印、遼私印，金官印、金私印，“蒲鮮萬奴”官印，西夏官印、西夏私印，元官印、元私印及押印、元末農民起義紅巾軍官印，明官印、明私印及押印、明末農民起義軍官印，清官印、清私印及押印，太平天國玉璽，等等。

羅福頤先生分期比較鄧、沙兩先生更爲詳盡，他注意到了近百年來考古出土的新鮮資料，在大部分朝代中分列官印與私印。他具有卓見地首先將中國古代璽印分作前後兩大段（兩大層次），這對各類印章的發展抓住了關鍵，表達得更加明晰，成爲他之後衆多印學史家在論作時基本遵循的出發點。但是羅福頤先生的分期中對“渤海官印”、“蒲鮮萬奴”官印等問題是否該别出論述，值得再思考。

鄧、沙、羅三家的意見，體現了高水平的功力，爲古代璽印斷代分期打下了堅實的基礎，成爲後代學人研究的出發點。鄧先生主要針對中國歷代公印，較爲簡潔地按朝代進行了區分，但是表達的略顯得粗疏了一些。沙先生將歷朝歷代的公、私印章統一考慮，注意到考古學提供的資料，並以其研究璽印的起源與春秋璽印的發展；《印學史》一書在分析南北朝印章之後的部分，分期斷代似乎不甚得法。羅先生的分期斷代是三家中最爲完備的，通過援引大量的考古出土資料，照應了各個時代，甚至包括了押印、一些分裂的政權用印與農民起義用印；通過分析歷代印璽的特點，羅先生指出了璽印上段和下段的區别，這是極爲重要的意見；《古璽印概論》没有深入討論中國璽印的起源問題，回避了關于春秋璽印的問題，這種寧缺毋濫的處理方式可能與謹慎篤實的治學精神密切相關；有些論述亦有或輕或重、或粗或過細的微瑕。

筆者在學習、研讀了鄧、沙、羅三位老先生的分期法之後，借助考古學的地層學（單位學）、器物形態學（標型學）和文化系統論，嘗試性地提出了自己的斷代分期法，作爲向三位老先生學習之後的一個初步的答卷。

（四）本書的分期法

中國古代璽印的發展變化，主要是公印而又影響到私印的變化，是受到王朝更替的重要影響，這是無可置疑的。但是，更值得重視的是受着器物本身演進規律的制約，有着自身分階段的形態表現。中國古代璽印的斷代分期與朝代有一定的關係，但並不存在絕然對應的聯繫，即王朝交替斷裂時，璽印的發展可能還是按照自己的規律延續發展，這在東周、秦、西漢、新、東漢之交，在金、元、明之交，都有所表現，並未出現斷裂性的變化。但是，古代印章又和一般的罎罎罐罐的考古學分期不太一樣，中國璽印，尤其是公用印章，和歷代政治制度會有密切的關係，于是在璽印分期時又會必然要考慮歷史文獻中有關各個時代、朝代的用印制度的規定。對整個中國古代史而言，考古資料往往起着“證史”“補史”“糾史”的作用，對中國古代璽印的斷代在一定程度上也起着這樣的作用。

基于以上認識，筆者認爲中國古代璽印的分期斷代應當注重文獻記載（包括用印的規定以及與璽印内容相關的一切文獻資料），注意出土璽印的地層及單位（如墓葬、窖藏），運用考古學“標型學”（或稱“器物形態學”）方法，把握住璽印發展各階段的基本特徵，而後做出定性甚至定量的描述。

通過科學的考古發掘，得自遺址、廬墓中的印章資料，因爲共存地層或隨伴物而時代比較確切，是一般不會有後代的僞品摻入的“第一手”資料；再結合遺址或墓葬的絶對紀年或可供相對分期斷代的其他物證，印證同出璽印所處的年代，這些璽印就成爲了“標準器”。當人們掌握了一定數量的“標準器”，就可以用它們的特徵來進行初步地、並不求過于精確地區分劃段。在此基礎上，可以將更多的傳世璽印納入各段各期。這樣一來，不再拘泥于各朝代分屬，而是以璽印自身特點來劃分的斷代分期方法便形成了，符合客觀規律的、科學的標準也建立起來了。

璽印的分期，不是爲了斷代而斷代，進行分期的明確目的是使璽印資料不再如一盤散珠或一堆碎片。使璽印發展條理清楚，既可以爲科學的歷史學、考古學、文物學研究提供信實的資料，也提高了璽印文物整體的價值。

這樣的分期斷代對于近現代藝術印章的創製也具有一定的意義，藝術流派印章史可以借用古璽印分期斷代的方法，選擇各個時代著名印人的代表作作爲學習參考、摹仿發展的“標準器”，研究各個流派的影響與發展。再則，在一些印人談及印章時必叨念“印宗秦漢”，一旦刻將起來，却又非秦非漢，他們的問題在于没有很好汲取傳統神髓，對如何繼承開拓感覺茫然不知所措。這種現象的深層原因，就是不甚了解璽印的斷代分期方法、發展階段的標準以及相應的藝術氣質表現。

筆者初步將中國古代璽印的發展劃分“兩段八期”，所謂“兩段”基本上采用了羅福頤先生“兩大層次”的論斷，所謂“八期”是筆者自己所設計，並且提出一些經過考古發掘出土的“標準器”，其中一些“標準器”本身附有或間接附有絶對紀年：

第一期，胚孕期。這一期不入段，原因見後陳述，這一期參考物有製陶拍子以及印紋陶資料。

第一段

第二期，萌生期。目前已見到商代晚期河南安陽出土有幾枚銅質璽印和一枚石質璽印，還有在安陽、江西清江等地出土陶片上的抑印痕迹，這些陶文可以逆推當時印章狀況。陝西澄城出土西周早期龍鈕玉印、陝西周原遺址出土西周中晚期畫印，等等。以上這些資料可以作爲殷商、西周璽印“標準器”。

第三期，蓬勃期。東周燕國抑印陶文有帶紀年者，可推導出它們的絶對年代。東周齊國有“齊立邦璽”，當爲燕齊之戰後，齊復國時的遺物。江蘇蘇州出土“上相邦璽”，可能是楚國春申君的遺物。新蔡出土的楚式泥封，是東周楚國政治重心東移的産物。秦泥封之中帶“璽”字的非帝室印，以及“左、右丞相”字樣泥封，可以作爲戰國秦後期吕不韋卸政後的璽印“標準器”的遺蜕。秦滅蜀國之前的古蜀印章，也提供了區域性的“標準器”。

商周之際很確切的標準尚難以確立，在第二、三期之間尚有空白，需要更多西周、春秋資料補充。

第四期，典則期。秦泥封之中一批郡級縣級内容，可以以秦統一進程中新納郡縣作爲時間標準（從印文看，基本都屬于本期風格），“麗山飤官”泥封當爲秦二世時遺物，是秦泥封最晚的遺存。廣州南越王趙氏墓出土璽印及泥封、湖南馬王堆漢軑侯墓出土印璽及泥封、江西南昌海昏侯劉賀墓出土玉質印章，可以作爲西漢早期的標準。徐州漢墓出土“宛朐侯埶”金印，陝西西漢陽陵及陽陵邑出土印璽及泥封，徐州漢墓出土“劉注”銀印，可以作爲西漢景帝到武帝時私印、公印的標準,其中少量列侯遺印可以推導出絶對紀年。朔州秦漢墓、滿城漢墓、徐州漢墓、洛陽漢墓、陝西秦漢墓、山東漢墓、湖南秦漢墓出土印璽及泥封,經過仔細排隊,可以作爲西漢時期印璽的系列標準。陝西漢城遺址、河南靈寶函谷關遺址出土的部分泥封,爲新莽時期的"標準器"。陝西出土"朔寧王太后璽",江蘇出土金質"廣陵王璽"結合日本出土金質"漢委奴國王"璽,可以作爲東漢初期印璽的標準。陝西出土"司徒之印章""劉琦之印",可以作爲東漢晚期公印、私印的標準。

第三、四期之間過渡銜接比較緊密。

第五期,涣解期。河南洛陽出土"曹休"印爲三國曹魏時期"標準器",湖南出土"鎮南將軍章"、"宣成公章"及"劉弘"雙面印,是西晋公印、私印的標準。江蘇出土東晋"顔琳"、"顔鎮之"六面印,南朝宋齊之際"蕭道度"六面印,可以作爲當時私印的標準。十六國時期"王猛"六面印章也爲當時北方私印標準器。遼寧馮素弗墓出土"范陽公章"、"遼西公章"、"車騎大將軍章"、"大司馬章",等等,爲十六國時期公印的標準。河北封魔奴墓出土"冠軍將軍印"、"高城侯印"、"懷州刺史印"爲北魏時期公印的標準。陝西旬陽出土的"獨孤信"煤精多面體印,爲首次見到以楷書入印,雖然没有與之相類者,但其具有絶對年代,也值得注重。

第四、第五期之間過渡呈犬牙交錯狀,一些舊的要素並未退出,而涣解的新要素逐漸凸顯。

第二段

第六期,更變期。陝西咸陽出土金質"天元皇太后璽",可以作爲北朝末到隋初公印"標準器"。陝西臨潼新豐唐齊陵出土玄宗長子李琮在公元751年到公元756年所製作的唐代謚寶,可以視爲"標準器”。陝西出土一批隋、唐磚瓦印是這一時代標準器參考品。新疆出土唐代文書上印章爲實用公印樣式，依照文書的紀年，也獲得了間接的絶對年代。四川成都蜀永陵出土王建謚寶，是五代時期帝王謚寶的“標準器”。

第五、六期之間古代印章面形、尺寸、用字出現突變，此間爲中國古代璽印前後兩大段的分水嶺。

第七期，規範期。公印除印文之外，附有款識文字之例從隋唐時代出現，這到宋以後頻繁見到，在印體上鎸刻有紀年，頒發機構及印文内容，這樣公印“標準器”的判别就方便多了，從本期開始，就不再列“標準器”標本了。

第八期，新流期。中國考古學的學科關心下限，一般到宋元時代，因此明清印章一般也不應當在考古學的關心之内。但是考慮到中國古代印章的沿續，本書把這一期作爲中國古代印章發展的邏輯殿軍。這一時期公印的“標準器”很多，存世也很多，基本無需依賴考古發掘工作了。

中國古代璽印這種兩段八期的分期與歷史朝代有一定的聯繫，但是不與朝代更替完全吻合。兩段各期之間，從印章表現來看，會有在朝代、時間、地域上的前後交叉的現象，往往一種舊的因素還在行用，新的因素已經出現。這種斷代分期方法與上文介紹的鄧、沙、羅三家的分期法有着顯著差别，但究其實質不過是對三家的分期法進行學習的一篇作業或者補充而已。前面説過：文物的斷代分期“往往采用形而上的方法”，只是一定階段的“對客觀事物發展規律的認識”，因此，這個分期法有待實踐的進一步檢驗，進一步修正、補充與完善。

此外，筆者認爲，就中國實用印章、尤其是公用印章而言，在清末、民國之後，直到當今，進入了近現代階段，這個階段也可以稱爲中國實用印章發展的第三階段。因爲本書着眼于討論中國古代印章的发展，所以第三階段將不作爲本書討論的對象，在這裏提請讀者注意。

二　胚孕期

各種品類的人類社會器物，皆可溯源于原始的形態，可稱之爲“脱胎于某種原始形態”或“孕育于某種原始形態之中”。這種原始形態，有的爲自然物，例如陶器形狀可能仿自某種自然物；有的則仿自、脱胎自早已有的人造物件。追溯中國古代璽印的原始體，是歷史文獻學難以承擔的任務，比較合乎情理的解釋，只有求助于科學考古學的發現，包括在中國境内及境外的相關發現，包括本土淵源與境外影響的考察。

（一）從製陶拍子開始

越來越多的研究者認爲，中國璽印這類器物，有可能脱胎于源自新石器時代中期的製陶用的拍子、印紋陶的印模。

陶器的發明是人類文明史上的大事，製陶業標志着人們已掌握把純粹自然物——黏土、沙、水等，經過塑型、晾乾，再用火加工，創製出自然界完全没有的人工物質的技術。在東方，陶器隨着農業誕生，農業定居而產生。中國出現最早的陶器大約在距今一萬年左右，這與世界其它一些地區大體上同步，那時的陶器器形簡單，質地粗鬆，器壁厚薄不勻，一般表面無紋飾。到了新石器時代中期，這種狀況大爲改觀，各類器形紛紛出現、陶質逐漸變細、變硬，器壁厚薄趨于一致，陶器表面開始出現一些紋飾。

製陶業進步的重要的技術原因之一，是新石器時代中期之後製陶拍子的廣泛采用。在製陶過程中，將泥料、沙（有時用蜃粉、草末等有機質碎粒摻和物）、水等和匀，再捏成細長泥圈或泥條，依器型設計從下而上疊築或盤築，這就是所謂"泥圈疊築法"和"泥條盤築法"，後來又發展爲"慢輪修整法"和"快輪輪製製陶法"。爲使水、泥、沙等摻和物能够緊密均匀地結合，同時爲彌合泥圈或泥條間的隙縫，當時的人們使用了隨處可得的卵石、磨光石器、短木棍等物品對泥胎内外進行抵托、壓捶、拍打。經過一段時間實踐，爲了提高效率，人們專門製作了製陶拍子，在木質陶拍上纏以繩子，或者在石質、陶質拍子的表面刻上各種棱槽。這時的製陶拍子，有滚筒碾壓式用法的，也有單面拍打式用法的。通過使用這種刻有棱槽或者纏有細綫繩的拍子碾壓、拍打，使得胎泥結合更爲充實匀净，減少了空隙和孔洞，燒成陶器更爲堅緻。同時，使用拍子製陶在陶器的外壁留下了一些紋路，如繩紋、籃紋、蘭紋、方格紋、編織紋，等等，這樣比起全素面的陶器更顯得美觀。于是，人們又從審美需求出發，專門製作了具有裝飾功用的印紋陶拍模（圖叁2・1、2）。在使用一般素面陶拍子將陶胎拍打結實後，再用印紋陶拍模對陶胎進行裝飾，依次疊壓拍打，在陶器外壁便形成了幾何印紋陶效果。當時製作一件器物甚至采用了兩種或更多紋樣的陶拍，使陶器上形成了分組分層的裝飾風格。這種印紋陶器紋飾、紋樣的作法實例，廣泛地存在于我國南北各地，甚至在西亞、中亞地區也有發現，陶拍子流行了很長時期。

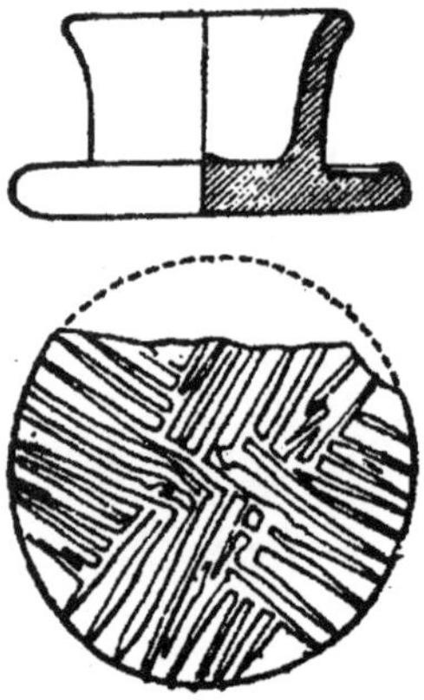

圖叁2・1 河南龍山文化晚期遺址出土的陶拍 實物的縱部圖及拍面方格紋描摹圖

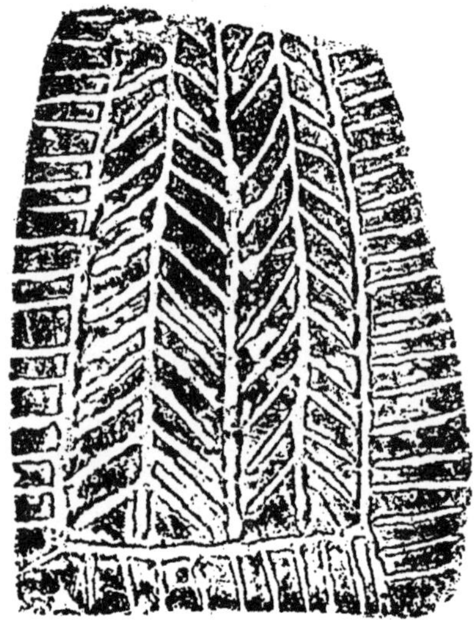

圖叁2・2 江蘇新石器時代陶拍面拓本

(二)相關的討論

新石器時代的製陶拍子,應當是中國古代璽印的原始體或者説“祖形”。理由在于:首先,製陶拍子有石、木、陶質的,與後世璽印固體材料的選取的原則十分相近。其次,製陶拍子憑拍面刻紋抑蓋到另一物質載體上,反向地留下了紋樣的印記,這成爲後來璽印在多種質地的各類器物上抑、烙、戳、鈐印,並反向表現出來的濫觴。第三,製陶拍子附有蘑菇狀捉手,或者套手掌的環狀握手,有的還形成中空納銎式的後背,它們的所在部位、形狀與實用性的印章紐式有一定的相似之處。第四,新石器時代晚期的印陶紋樣,可能有了考古學文化及類型之間,地區之間,各個遺址亦可以稱作“聚落文化”之間的一定區别,這種區别可能存在着氏族、部落、部落聯盟及“聚落文化”之間的識别意義,也有可能具備了早期生産品的作坊或製作者的標志意義,這是個關鍵點,需要認真仔細地比對、探索。後來的璽印所進行的抑蓋、鈐朱，所表現的也就是類似的徵信作用，從本質上來看，它們都是表達了施行者所欲加以區別的某些意義。

後世璽印從外形、性質、使用方法諸方面，都可以説是胚孕于新石器時代出現的製陶拍之中。隨着階級社會的出現、青銅冶鑄技術的發明，更增加了母腹中嬰孩臨盆前的騷動……黄賓虹先生曾在《濱虹草堂古印譜·弁言》（1929年）猜測："古昔陶冶，抑埴方圓，製作彝器，俱有模範。聖創巧述，宜莫先于治印，陽款陰識，皆由此出。"賓虹老人雖然未指明具體時代，他提出的原則是基本正確的，但是從提到青銅彝器的製作來看，他的關于璽印源起的意見應該將時代放在了新石器時代之後。

因爲璽印胚孕于製陶拍子，就不難理解漢字"璽"字爲何最早的寫法是"𠙵"，偶爾也會加上"土"旁，形成"坎"、"杺"等。它表示一枚有蘑菇柄狀捉手的璽印"丄"，再加之向下作用的方向成"十"；它抑蓋在製陶的軟泥胎上，軟泥胎被壓擠出的部分，也就是薄薄的、但可以觀察到的泥皮皮從璽印筆道的兩側擠壓反降出成"\/"狀；會意而合在一起，便成爲了"𠙵"字。如果再加上抑蓋受體的質符，則形成"坎"、"杺"等等；後來又依璽印本身質地而加金、玉等質符，這些就應當是稍後起的字形。

從世界考古學資料可知，人類最早的印章出現于距今約六千年前的西亞幼發拉底河—底格里斯河流域，同時代或略後來又出現在古埃及、古波斯等地區。這批印章所呈現的早期形態與功用，與我國璽印"胚孕期"製陶拍子的形態與功用有接近之處：同樣是滚筒碾壓型或單面抑蓋型的陶拍子，同樣是抑壓在軟泥上或陶胎上、或泥版文書上、或泥封之上。這體現了不同地域的人們對某種專門器用源起選擇的一致性或相近性。研究西亞兩河流域的古代印章,對理解中國古代璽印的"原始母體"將會有所啓發。

中國印章的起源離不開中國文明"農業定居、長期穩定"的基本特質,與早期製陶業的發展,與一定氏族或部落生活、聚落文化的需要,必然有諸多聯繫,這些要素在璽印後來的發展中漸漸淡出、隱却,後起的另外一些諸如政治的、生産的、生活的、文化的、審美的要素不斷注入即將到來的璽印的軀殼,不斷促進它的發展。當然,相似的胚孕體不一定導致某種新物體的必然出現,其間有没有例如西亞、埃及、中亞地區的相關影響,這是中國璽印起源的一個與文化發生、交流學有關的課題。

近年來,一些研究者認定製陶拍子就是中國最早的璽印。筆者認爲:目前來看,這種意見尚不能够得到充分肯定的認可,很難説製陶拍子已經具備了實際意義上的璽印所具有的憑證徵信作用,這是我國新石器時代製陶拍子與西亞古印章存在着的明顯區别。當然,早期製 陶拍子所抑印的紋樣是以綫條爲主的、抽象的,可能包含了一些特定的區别的意義;如果這些可能存在特定的意義被破譯,如果中國的印紋陶紋樣有共性、但是更有個性的譜像被梳理出來,那麽,中國的印章史將會改寫,同樣整體的人類印章史也將會改寫:最早的印章可能不僅起源于西亞兩河一地,東亞的黄河—長江流域地區也應當是世界範圍的印章起源地。可是,目前尚不能够明確、肯定地作出如此的判斷。並且,筆者認爲除了"原始母體"之外,中國早期璽印的功用、内容,可能會受到西亞、北非、中亞地區的一些影響;中國璽印的淵源可能是多元而複雜的。這就是本書一方面强調製陶拍子對中國璽印的孕育胚胎的作用,並將這一時期命名璽印必經的"胚孕期",另一方面又指出製陶拍子尚不能視爲真實璽印的原因。在這一認識上,與許多位先生的研究,是有距離和區别的。既然製陶拍子還不能視爲實際意義上的璽印,這一時期當然也就不能納入中國古代印章發展的第一段。

三　第一段　萌生期

"萌生期"就是中國古代印章真正的起源時期。對于這個問題,早已經有研究者探索,在一些歷史文獻中也有着傳説性的記載。但是,受材料局限,對于這一時期的確切開端,目前學界尚未分辨得十分清楚,争論也比較多。二十世紀以來的考古發現,爲解決這一問題提供了可靠的實物資料。

關于"萌生期"即中國璽印的起源問題,既要關注經考古發掘出土的最早的原始璽印實體資料,也要關注文化發生學與不同地域之間文化交流學的資料。

(一)對中國璽印起源的討論

對于中國古代璽印的起源探討,較早出現的是一些屬于傳説性、猜度性的討論。漢代《春秋運斗樞》一書中有這樣的傳説:"黄帝時,黄龍負圖,中有璽章,文曰'天王符璽'。"後出的《逸周書·殷祝篇》記載:"湯放桀而復薄,三千諸侯大會,湯取天子之璽,置之于天子之坐座左。"漢以後類似説法也常在一些著作中見到。不能否認這些説法在璽印起源方面的思考、探索意義,但它們基本上都是無據的傳聞,有些披上了怪誕的神話外衣,根本上是缺乏實物資料依據,並不能視爲信史。

從唐代杜佑開始,一些學者明確認爲,三代時期出現了璽印。杜佑在《通典》卷第六十三《禮二十三·沿革二十三·嘉禮八》中說:“三代之制,人臣皆以璽玉爲印,龍虎鈕,唯所好也。”這一觀點得到了後來清代潘祖蔭認同,他還認爲:“自三代至秦皆曰璽。”民國時,有的學者提及璽印,也表示其“邃于遠古”,“或肇于商周”。這些璽印起源的推測漸漸比較“貼譜”,但也缺乏實際依據。從今日所知資料來看,這些説法將中國璽印可能看得過于早熟,讓人覺得並不十分可信。值得注意的是,近年發現的商周玉石質璽印,又恰恰是龍虎鈕,似乎杜佑的觀點有一定的歷史依據。

以元代印學大家吾丘衍爲代表,提出了與杜佑等人截然不同的意見,這就是所謂“三代無印”説。元大德四年(1300年),他在《學古編》中這樣評論:“多有人依款識字式作印,此大不可。蓋漢世印文不差如此,三代時却又無印,學者慎此。《周禮》雖有‘璽節及職掌,辨其美惡,揭而璽之’之説,注曰‘印’,其實手執之節也,正面刻字,如秦氏璽而不可印,印則字皆反矣。古人以之表信,不問字反,淳樸如此。若戰國時,蘇秦六印制度未聞,《淮南子·人間訓》曰:‘魯君召子貢,授以大將軍之印’,劉安寓言而失詞耳。”吾丘衍不僅否認了夏商西周時期有璽印的可能,甚至不承認戰國時有璽印。這一學説曾經流行甚廣,至明代、清早期仍然有不少人相信,這種認識今天的學者自然不會再予以接受。

經過清代學者的認真研究,中國璽印産生的上限,逐漸由秦漢而推至東周時期,至今仍有較大影響。羅福頤先生在《古璽印概論》中説:“傳世古璽印是由戰國至明清上下二千三百餘年的遺物,歷史既久,書體自異。”王獻唐曾着力辨識數枚“春秋璽印”,研究者們又將璽印的産生上限推延至春秋時期。沙孟海先生曾説:“早期使用印章的時代,今天推斷,當在春秋時期,……進入戰國時代,隨着生産發展的需要,印章更被大量使用。"

有些研究者認爲最早的璽印即新石器時代的製陶拍子,一下子把璽印起源的時間向前推進了許多。這種觀點在目前確有可商榷之處,關鍵即在于新石器時代的陶拍子是否具有了取信與區别的功能,具有即是璽印,不具有即不能稱之爲璽印,筆者已經在上文中談到。

璽印的起源問題,雖有不少論著提及,往往是三言兩語帶過,長期以來,對這個問題的争論較多但並不十分激烈。這與上古璽印實物資料的存世太少、縹緲無尋有關,也與缺乏文獻記録,"于史無徵"有關。近年來,對于這個問題的討論出現了不斷升温並逐漸成爲"熱點"的趨勢。

(二)殷商璽印資料

一般認爲,夏、商、周三代是我國最早的三個階級國家,三個相續迭替的朝代。經過數十年來的考古發掘,已大致知曉中原地區如山西、河南的龍山文化中晚期或晚期從時間段上進入相當于歷史上的"夏代"。可是由于缺乏很多可信的文字資料,國際學界一般對所謂"夏代"持存疑甚至否認的態度。筆者認爲對于這個問題,還是以考古學的命名,稱豫西晋南的相關遺址、遺迹爲"夏文化",而暫時回避實有王朝政權的問題,可能更爲持中適宜。到目前爲止,在相當于夏代時間段即"夏文化"的遺址、墓葬和遺物中,尚未見到與璽印有關的遺迹、遺痕。

于省吾先生在《雙劍誃古器物圖録》中,刊出了三枚據傳出自河南安陽殷墟的青銅"商璽"。三枚印臺都較扁薄,背後有小鼻鈕。兩枚爲近方形的印面,一枚爲塊形印面(其中兩枚見圖貳1・138,圖貳3・13)。從銹迹等方面分析,都是先秦時的遺物。近年李學勤先生釋出“子旬抑直”印(圖貳3·132),爲帶邊欄十字界格一陽三陰文印璽。對于這些資料,曾經有兩種意見:一是,它們時代屬于商代,但功用並不是璽印,是一種抑範物或其他小件器物;應知璽印本身就有抑範的功用,因此,這種觀點並不能否認它們屬于“商璽”。二是,這些文物得自商賈之手,缺乏地層依據;即使是得之安陽殷墟,也不能排除屬于較晚時代之物,這個意見衹是存疑,至于解疑衹有依靠地下的考古學的繼續出土。在經過多名學者,尤其是近年李學勤先生讀通三印的内容之後,更由于考古學地層的出土發現,這三枚確屬商璽已没有什麽問題。

1998年在河南安陽殷墟東南部一處夯土房基内出土有鼻紐銅印一枚,爲一獸面圖像的内容(圖叁3·1)。2009年在殷墟西南部一墓葬内,出土有鼻紐銅印一枚,爲“𠀠”字陰文印(圖叁3·2)。2010年在殷墟南部一祭祀坑内,出土有鼻紐銅印一枚,内容爲兩個“凡”字下加夔龍的圖像(圖叁3·3)。2016年5月,筆者與蔡青博士受陝西澄城出土西周玉質璽印的啓發,首先指認婦好墓出土所謂“橢圓面石質器蓋”,實質爲龍鈕石印,印面以十字界格,每格有一陰刻動物形象,應當用于打製泥封(圖叁3·4),這枚印章與陝西澄城出土玉質龍鈕印有相近之處(圖叁3·13)。

圖叁3·1 殷墟出土獸面紋銅璽

圖叁3·2 殷墟出土“𠀠”字璽(摹本)

圖叁3・3 殷墟出土"ㄦ"字璽（摹本）

圖叁3・4 殷墟婦好墓出土商代龍鈕石印（摹本）（54×45）

在河南安陽殷墟以及江西清江吴城的商代遺址中，考古工作者見到了一些明顯的單枚璽印抑印陶片。河南安陽出土的"庚"字印陶，其文細而凸起，這是不用陰文璽印抑蓋便難以想象如何表現出來的（圖叁3・5）。江西清江吴城商代遺址出土、曾被釋爲"矢"字的兩片印陶，一枚其文凹下，很可能是陽文璽印抑蓋而出現，另一枚其文呈綫條狀凸起，是用陰文璽印抑蓋的（圖叁3・6）。牛濟普先生1980年在河南安陽殷墟展覽館中，發現了一件殘缺的商代白陶器蓋。在該陶器蓋的内部，有一枚方形抑印遺痕。這枚印痕殘剩三分之二左右，邊長不足2釐米，其中爲兩個"人"字凸起，有人將其釋爲"从"（圖貳4・1），此字與傳世殷商"鶨父丁盉"上亞形族徽上的"从"字極爲相近。

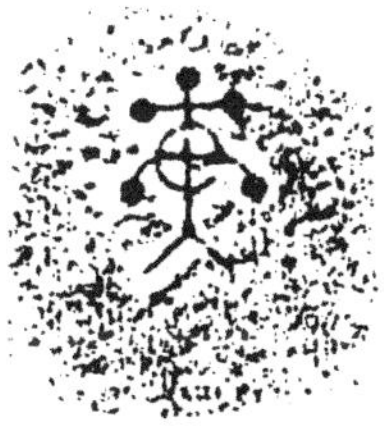

圖叁3・5 庚（印陶拓本）

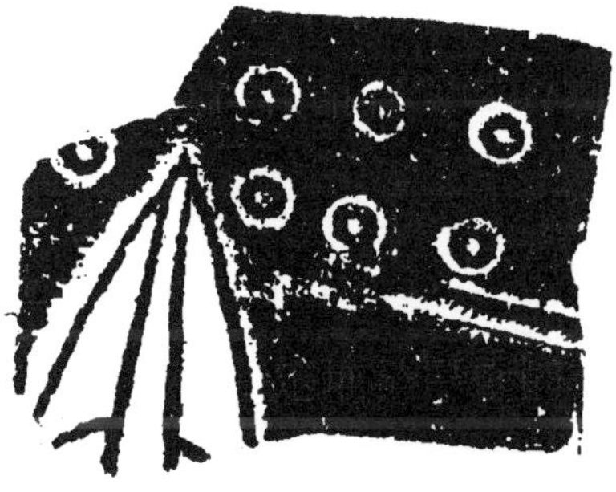

圖叁3・6 矢（印陶拓本）

考古發現證明了殷商時代確有印章行用這一事實，在夏代或即“夏文化”中，或者更早的時期使用璽印的資料發現之前，應將殷商時代視爲我國璽印的萌生時期。

（三）西周璽印資料

殷商時代便有璽印，無論從考古出土物還是傳世文物、無論從璽印實體還是印陶文字表現都得到證明，那麽，西周時代璽印理應延續前朝繼續發展。再則，璽印到東周時代出現了蓬勃發展的勢頭，理應在西周時期發現其源頭和基礎。但迄今爲止，屬于西周的璽印實體很少得見。

黄濬《尊古齋集印》中有幾枚畫印，有學者認爲風格與西周青銅器上的紋飾相近，很有可能是西周璽印（圖叁3·7），通過近些年考察，此意見是可以采納取信的。在塤室所藏《三代秦漢六朝古陶》中，録有三品“西周時代”的陶文，全爲抑印于陶器上，分别爲“令作召塤、令司樂作太宰塤（圖叁3·8）、圝（賜）作召塤（圖貳3·14）”，這三品從内容來看，這些似乎是用來抑印在公用的陶塤之上的。這三枚反映了相近的内容，字迹風格一致，屬于同一類公用印的抑蓋表現，它們作僞的可能性不大。由于它們的記事性質相當明顯，面形與内容表現也比較成熟，將它們視爲西周晚期到東周初期的産物，似乎也是可以相信的。

西周時期的青銅器上，常看見一些連續出現的紋飾、紋樣，這些應當是類似璽印的器物連續抑蓋在模範上，再經過反轉鎔鑄顯現在青銅器上的。陝西扶風周原遺址出土的一件西周時代仿銅灰陶酒尊，其頸部抑印有類似璽印的器物抑蓋的雲雷紋，有幾處打偏了，有幾處打重叠了。周原遺址也發現了用單枚印章打印的西周早中期陶尊鳳鳥紋。西周到春秋初葉的少量青銅器銘文,例如隨州安居桃花坡1號墓出土青銅盤(圖叁3・9),其中"孫""之"等字打反了,這應當是類似璽印製模範時不小心而形成,也見到用單字抑印在模範上再澆鑄顯現的情況。以上這些發現,爲西周時代璽印的存在與用法作了重要的提示。

圖叁3・7　西周畫印兩枚

圖叁3・8　令司樂作太宰塤(印陶拓本)

圖叁3・9　安居桃花坡出土春秋早期銅盤銘文

20世紀後期，筆者與羅西章、羅宏俠等先生在陝西周原遺址西周中晚期的地層出土物中發現了兩枚西周銅質璽印，一枚爲綯索紐三角形與矩形雙聯雲紋印，接合東周陶質空心磚上的圖形，有可能是植樹形象的變形（圖叁3・10），另一枚爲鼻紐變形的鳳鳥紋印（圖叁3・11），這樣，首先從考古遺址地層出土物中確認了西周銅質璽印的存在。在湖北香爐石西周遺址，也出土兩枚陶質橢圓形印面的圖案印（圖叁3・12），但這兩枚族屬和内容還在討論中。這些出土資料對解決西周璽印的問題意義重大：它關係到之前的所謂"商璽"的進一步認定，也關係到之後的春秋時代璽印的最終肯定，更關係到關于中國璽印"萌生期"結論的進一步修正。接着，上海博物館孫慰祖先生、北京文雅堂楊廣泰先生也從博物館及收藏家的藏品中確認了幾枚西周時代璽印。

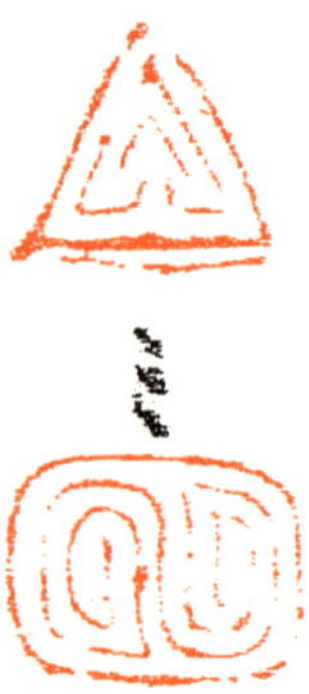

圖叁3・10　三角形戳　S形雲紋印

圖叁3・11　變形鳳鳥紋印

2016年4月，筆者與同學猛先生在陝西省渭南市澄城縣西周初葉墓葬中，確認了一枚玉質龍鈕橢圓形印面璽印，這是目前發現最早的中國玉質璽印。印面爲橢圓形，以十字界格區分爲四區，每區有動物圖形，筆者認爲是徽號文字（圖叁3・13）。值得指出的是，這枚印章在許多方面，與商代婦好墓出土石印非常相似，表現了對商代璽印的繼承;也有的研究者認爲這是商代後期的作品,作爲隨葬品入葬于西周初葉的墓中,屬于晚的墓葬隨葬前代器物的狀況。

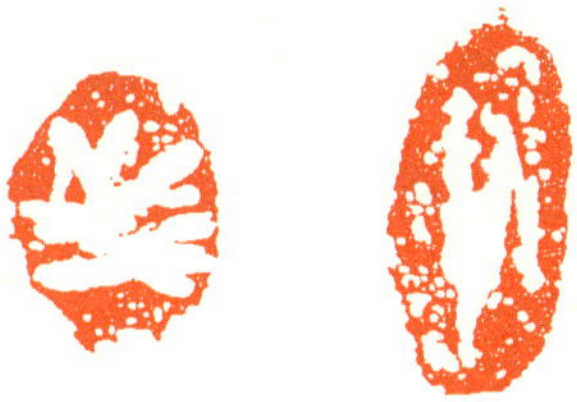

圖叁3・12 西周陶印兩枚

圖叁3・13 陝西澄城出土玉印

據報導,在山東泗水古遺址中出土泥封"獸虡"(圖貳4・4),地層上没有什麽問題,具體時代筆者認爲在西周晚期到春秋初葉,這應當是中國最早的泥封出土實物。

(四)小結

萌生期有關璽印及使用遺痕初步總結有以下特點:

1. 璽印的基本面形,已是方形或者近方形,也有圓形、橢圓形或異形,已經有邊欄有界格。

2. 璽印質地多爲青銅,也有石質、玉質和陶質等,從陶文等推測應當也有木質璽印。

3. 商周時代璽印的鈕式多爲小鼻鈕,也出現了兩件龍鈕,這兩件龍鈕前半身似虎,有趣的是,遥相映證了唐代杜佑的那個意見,即璽印"三代之制,……龍虎鈕"。湖北香爐石陶質西周璽印爲椎柱體,鈕殘,或者没有置鈕。中國璽印從發端之時起,就將鼻鈕作爲最重要的鈕式。

4. 璽印及使用遺痕表明，用法多爲單枚的戳印，較少連續成組成片地拍打來表現花紋圖樣，與以往的製陶拍子的滿密乃至通體拍印的使用方法已經存在根本的區别。

5. 商周時代的璽印的主要應用方式是將印面上的内容抑印于陶器、模範等器物上，這是自"胚孕期"便已開始的基本功用。從商周時代開始，璽印應當已經有抑印作泥封的用法。至于是否存在其他用法，尚不可知。

6. 本期印文的内容遠不如下一時期豐富，從目前掌握的資料來看，商璽除了吴城出土的陶文"矢"意義不是很明瞭外，墓葬中出土有私印，其余大多爲殷商時代的"族徽"或者某些社會階層、某些社會職業的標識。至于西周璽印性質有待進一步辨明，根據内容可以知道，這些印章可能也有私印，其他大都屬于印章基本分類中的公印，更確切地應該劃爲社會組織印。它們的性質已由陶紋拍子的某些族群的區别，向取信之用上飛躍。在本期已有畫印出現。

7. 璽印以及使用遺痕中，尚未有明確的自銘專稱。不僅如此，商周時代的其他文字中，也未發現專指璽印的稱謂，商四字璽"子旬抑埴"中"抑埴"二字恐怕也不是專稱，衹是用法"謂語+賓語"。這從一個側面説明璽印的使用還不普遍。

8. 本期璽印在遺址及墓葬中均有出土，但是否有成熟的璽印隨葬制度尚待進一步探討。

9. 本期與"胚孕期"是什麽傳承關係，又是如何向下一期即"蓬勃期"發展，目前尚不是很清楚。

10. 本期在古典文獻中，尚没有見到明晰確切的記載與討論。

四　第一段　蓬勃期

目前對西周璽印實體與用印情況了解不多，萌生期到底終止于何時，蓬勃期到底開始于何時，人們並不很清楚。據現有材料可以將本期的上限，劃爲春秋時代；其下限，從總體上來看，可以達到秦統一時代。有些在風格上屬于這一時期的作品，基本是私印，則一直沿襲到西漢初期。

人們對蓬勃期的璽印認識，是近百年間的事情。受元人吾丘衍的"三代無印"説影響，元明兩代雖然印學昌盛，却無人舉實例來探討東周璽印。追述最久遠者，是有人將漢代的多字詞句印誤認爲秦朝的璽印，並將其視爲中國璽印最古者。

清乾隆年間，程瑶田在《看篆樓印譜》序言之中，首先釋出了東周璽印中的"ㄙ鈢（私璽）"二字。但他僅完成了這類印章的釋文，並没有大膽明確地指出其具體的年代。道光十五年（1835年），張廷濟在《清儀閣古印偶存》中，開始將東周璽印稱爲"古文印"，仍舊未能確定它們的年代。從這兩位學者的工作中，可以看出他們對前人觀點的猜度和疑慮，以及自身嚴謹的態度。

道光二十年（1840年），吴式芬在《雙虞壺齋印存》中，明確將東周璽印排列在秦漢璽印之前。在題籤上，出現了"古璽官印"、"古朱文印"等字樣，表達了近乎正確的意見。同治十二年（1873年），陳介祺編《十鐘山房印舉》時，也首先列舉了"古璽"。同年，陳介祺致函吴雲，信中説道："朱文銅印似六國文字，玉印似六國書法，近兩周者。"這樣就將對"古璽"的認識進一步明朗化。

到了光緒七年（1881年），高慶齡編《齊魯古印攗》，開頭部分就列

“三代銅官璽”、“三代銅私璽”，等等。此書有王懿榮序，肯定了部分璽印之官名出于周秦之際，這對于周秦時期印章的研究取得了實質的進步。光緒年間，吴大澂作《説文古籀補》時，開始將古璽印上的文字收入字書。

在1924年，王國維致函羅福頤説：“近有人作一種議論，謂許書古文爲漢人僞造，更進而斷孔壁書爲僞造。擬爲一文以正之，衹所集古璽文字，其中與《説文》古文相同者，如‘恒’字之類，當必不少，祈録示，並請下注‘厶，厶璽’云。”後王國維在《桐鄉徐氏印譜序》之中，例舉《正始石經》古文、戰國遺物上銘文、古陶文、郢金、貨幣文字等等，參證古璽印的文字，合者十同八九，肯定古璽文字爲“六國文字”無疑。

自清代程瑶田到民國初年的王國維，對于先秦古璽印的確認，走過了雖不漫長但絶不輕鬆的道路。

因爲在春秋時期的古文獻中，對璽印之使用已經有比較明確的記載，又因爲春秋、戰國時代緊緊相連，既然學者們已經辨識了大量的戰國璽印，當然不會就此駐足，應當向東周前段即春秋時期找尋。于是，許多學者開始猜度，在大量被認爲戰國璽印中，可能有一部分是春秋時代遺物。從有關地名、職官名等出發，王獻唐、沙孟海、史樹青、曹錦炎、朱棒等先生認出了幾枚春秋璽印，當然其間有一些意見尚在深入討論之中。

在屬于春秋時代的一些青銅器、陶器上，能够見到用印翻模鑄範的再表現，用印壓抑的表現，已經間接地證明了春秋時代確有璽印的使用。

從人們認爲的大批戰國璽印中找可能是春秋的璽印這一做法，在理論邏輯上是不錯的，諸位先生所進行的探索工作也極具意義。

但是,春秋璽印與戰國璽印的根本差異是什麽？人們應該依照哪些因素去建立起春秋璽印的標準？研究者們至今未能確定。人們再次求助于考古發現,可是這種發現畢竟太少。所以,本書暫將春秋戰國作爲一個時間段,定爲璽印的"蓬勃期",作爲璽印發展的一個完整時期來對待。至于此一發展期内是否可以再次劃分多個階段,或者東周(春秋、戰國)時期列國璽印自己有前後分别或延續,列國彼此間進程並不一致,不能簡單分節,這些只有等待將來有了新的收獲再進一步研究。

(一)蓬勃期璽印的文獻記載

與"萌生期"不同的是,"蓬勃期"關于璽印的文獻記載的數量開始出現並逐漸增加,可信程度也非常之高,其時間跨度也大致從春秋一直持續到嬴秦統一之前,這與本期璽印的行用時間大體相合,改變了古代璽印"于史無徵"的狀況。

《左傳·襄公二十九年》記載,公元前544年,"季武子取卞,使公冶問,璽書,追而與之"。這是目前所知我國古文獻中最早有關"璽印"的確切記載。文中所謂"璽書",很可能是指用璽印封檢有泥封的簡札。同樣的故事,在《國語·魯語下》中也有記載,其文曰:"襄公在楚,季武子取卞,使季冶逆,追而予之璽書。"兩書互證了這一事關璽印史的重要史實。

《周禮·地官·司市》中説:"凡通貨賄,以璽節出入之。"《周禮·掌節》中也説:"貨賄用璽節。"鄭玄注曰:"璽節者,今之印章也。"《周禮·秋官·職金》中説:"辨其物媺(同美)惡與其數量,楬而璽之。"鄭玄注:"璽者,印也。即楬書揃其數量,又以印封之。"在《周禮》中,較詳細地介紹了古璽印的作用。

對古代璽印中的公印，在《禮記·月令》中提及了管理情況：“壞城郭，戒門閭，修鍵閉，慎管籥，固封璽（一本作：固封疆）”，應當是用璽印抑“封”。

《莊子·胠篋篇》中記載：“焚符破璽，而民樸鄙。”《吕覽·適威篇》中記載：“故民之于上也，若璽之于塗也，抑之以方則方，抑之以圜則圜。”都講到了璽印的具體用法。不僅如此，用璽還具備了更爲深層的含義：《莊子》以此來判斷民情、《吕覽》以之來比喻畜民之道。

佩印的故事可見《史記·蘇秦列傳》中載有蘇秦的感嘆：“此一人之身，富貴則親戚畏懼之，貧賤則輕易之，況衆人乎！且使我有雒陽負郭田二頃，吾豈能佩六國相印乎！”可以看到印章與政治權力之間的某種對應聯繫。《史記》中有張儀佩五國相印的故事。衛宏在《漢舊儀》中曾評述：“秦以前，民皆佩綬，以金、銀、銅、犀、象爲方寸璽，各服所好。”依據考古學出土的情況可知，衛宏所言這一描述基本符合當時實際情況。

出土文獻之中，如《睡虎地秦墓竹簡》，有不少用印、管印的記載，這是對于傳世文獻的重要補充。

以上文獻記載，雖不如秦漢以後各時代那麼系統、全面，但是，它們已然對“蓬勃期”璽印的存在、此時璽印的基本用途、基本用法、公私使用的範圍均有所涉及。其中隱約勾勒涉及了當時的用印制度，這爲與實物相聯繫進行研究提供了方便，改變了西周之前有關璽印“于史無徵”的狀況。

（二）本期璽印的考古發現

屬于蓬勃期的傳世璽印爲數不少，但長久以來不爲人們認識，原因之一就是缺乏科學的考古學依據，使人們對于它們的時代、功用只能進行文字學、職官制度史方面的揣摸，帶有一定的盲目性。這種盲目性的克服，需要借助考古出土資料。現將本期璽印的發現情況分述如下。

1. 墓葬出土

春秋墓葬中，出土璽印極爲罕見。據報道僅山西風陵渡一春秋殘墓中曾出土一件，印面内容爲陰刻魚形（圖叁4・1），對照殷周出土橢圓形石、玉印，印面上也以細而勁挺的綫條刻劃出動物圖像，有可能用于抑制泥封，那麽，這枚魚紋春秋印也基本可信的。戰國初葉的墓葬璽印出土仍然稀見。

圖叁4・1　畫印

戰國中晚期以後，隨葬璽印的情况有所增加。從地域分布來看，比較集中地存在于楚、秦和古蜀地區，三晋地區也有少量出土，其他地區則比較少見。從其類别來看，此時出土的隨葬璽印大部分爲私璽，只有極少數是公印。

除璽印實物之外，在戰國墓葬中有不少與璽印有關的印文字陶器、烙文字漆器、烙文字棺槨等用印遺痕被發現。這些用印遺痕也是在楚、秦地區發現較多（但楚國幾乎不見印文字陶器），燕、齊、魯和三晋地區也有一定數量發現。尤其值得注意的是，在楚墓出土的絲織品上，見到了戰國小璽鈐硃印記。

本期璽印的某些風格一直下延到秦乃至西漢早期的若干隨葬私

印上，如果按時代來分期，它們是秦、漢遺物，但按璽印的形態來斷代分期，則屬蓬勃期的範圍。這些私印主要出自山東、遼寧、山西、陝西、四川、湖南、江蘇等地的秦、西漢墓葬中，如“王慶忌”（圖叁4・2）、“秦狠”（圖叁4・3）、“長耳”（圖叁4・4）、“公孫毋”（圖叁4・5）等小璽。這些應當是蓬勃期的遺風所致，或是墓葬主人對以往傳統的喜好而加以保留身邊的“文物”。

圖叁4・2 王慶忌

圖叁4・3 秦狠

圖叁4・4 長耳

圖叁4・5 公孫毋

2. 窖藏出土

本期出土璽印的窖藏不多，窖藏出土的璽印也不多。山東省五蓮縣出土了一窖屬于齊國的烙木璽印，共有性質一致的陽文璽印十餘枚，此窖當爲頒發此類璽印的官署集中埋藏。有的考古遺址可以見到灰坑、窖穴，其中也存在印有文字的陶片，那一般不屬于有意識的專門埋藏。

3. 遺址出土

遺址出土，是指在有一定堆積厚度的考古學遺址中出土的璽印、泥封、印陶文等資料。這些遺址包括村落遺址、市鎮遺址、都城遺址等等。在這些遺址中，在一些具體的部位或結構，如宮殿、屋宇、灰坑、溝渠、窖穴、礦井等等出土了相關資料。河北省曾在一遺址的廢棄礦井遺址之中發現了戰國璽印。在遺址中出土的本期璽印實體數量不多，但是，像文字印陶這一類用印遺痕却在遺址中却有大量出土，而且與當時各國的都邑、市鎮分布有密切關係。山東臨淄齊故都，山東曲阜、鄒縣魯故都，河北易縣燕下都，河北邯鄲趙故都，陝西鳳翔、咸陽、臨潼、高陵、淳化，河南鄭韓故城，河南登封陽城，都曾出土相當數量的文字印陶，這些印陶往往也成爲這些遺址性質的確認依據。在一些遺址中也出土了一些屬于戰國時期的泥封，二十世紀後期，在陝西西安北郊出土了大批屬于戰國秦晚期直到統一的秦朝的泥封，二十一世紀初葉又在河南新蔡古城出土了大量的戰國楚晚期（包含有三晋、秦等地區）的泥封。

4. 其他出土

在許多省份出土了相當數量屬于本期的璽印，這些璽印出土的地點既不屬于墓葬，也不是有着一定厚度的古文化堆積遺址，應當是古代璽印的零星遺落。儘管它們的科學性不及前三類，但從地域分布來看，仍可以看出一些當時璽印的國别特徵。目前，傳世的本期古璽印已達到萬枚以上，多數出土情況並不十分清楚，其間許多屬于零星出土。

以上所列四種，尤其是考古學所發現的實物，爲蓬勃期的璽印建立了一批標準器。依據這批資料，數以萬計的傳世古璽印可以歸入本期以及各個地域了。

（三）分域

在一個象徵性的共主之下，全國分裂爲許多諸侯列强，更多的小國、弱國成爲列强的附庸，這是東周時代的政治特點。各國之間政治、經濟、文化發展的不平衡也明顯地表現出來。政治、經濟、文化發展的不平衡常演變成爲烽火連天、逐鹿中原的流血戰争。這種社會發展的不平衡也影響到了璽印的發展，它們以印體面形、文字表現以及文字内容等區别表現出來，這種區别在當時國際間也與政治地理疆界的劃分基本一致。

本期璽印在總體面貌上，乍一看有"雜花生樹、群鶯亂飛"特點，和無以把握的感覺，以至于很多璽印愛好者、研究者認爲本期璽印的特點講不清楚，這是未能熟練掌握區分本期璽印的地域特徵而造成的。

蓬勃期璽印的地域特點，主要依靠考古學、古文字學的研究，還依據了文獻記載的地望、職官等資料，學界從公印上已經可以區分得比較明白，私印亦大致清楚。這種區分包括璽印印體、面形、文字、内容等區别。

1. 北部區以燕國璽印爲代表

本區璽印的分布範圍大致在遼南、河北、山東北部、山西東北部、内蒙古東南部，涉及的國家大致有燕、中山等。

燕國璽印用字風格與燕、中山等國銅器文字相近，璽印的形式和内容都很豐富，風格也很明顯。其中，"[illegible]"（都）、"[illegible]"（馬）、"[illegible]"（丞）、"鉨""鈢"（璽）等字極富特色。從印材的質地來看，以青銅爲主兼有金、銀、玉石質等。

（1）長條形陽文印

印章的面形爲長條形，印背附細長柄鈕，印面文字以鑄出爲主，用"鉨"、"卩"等印章專稱，如"東易洭澤王卩（印）鉨（璽）（圖叁4·6）、"易軍丞"（圖叁4·7）等等。從遼南地區出土的陶片印文如"易安都王卩（印）鉨"來看（圖叁4·8），這類璽印似爲用于抑蓋陶文的專用公印,間或有陶官、陶工的私人名字。

圖叁4・6 東昜洭澤王卩(印)鍴

圖叁4・7 昜軍丞

圖叁4・8 昜安都王卩(印)鍴（印陶拓本）

(2)方形陰文璽

璽印的面形近正方形,邊長約爲2.1 ~ 2.4釐米,近"方寸璽"之制。其壇鈕很有特色,臺階形的過渡相當明顯,階下有凹棱,上附有小鼻鈕,也有臺鈕上附有小鼻鈕。印面有邊欄,但一般無界格。文字以鑿爲主,一般排爲兩行,布局嚴謹。常見有"×都×"的格式,前面爲地名,如"郯都"、"垔陰都"、"文安都"、"坪陰都"、"恭陰都"、"夏虛都"、"方城都"、"泃城都"、"琖都"、"櫃陽都"、"庚都"、"甫陽都"、"暵邔都"、"徒口都"、"閔陽都"、"和陽都"、"妐城都"等等。這些地名常與燕國的地名相合,大體位于河北、遼寧南部、内蒙古東部一帶。"都"後面多爲職官名,亦富有燕國特色,如"司徒"、"右司徒"、"左司馬"、"右司馬"、"司工"、"丞"、"左"、"封人"、"昊皇"等等。例見:"徒口都丞"(圖貳3・4)、"平陰都司徒"(圖叁4・9)、"端都左司馬"(圖叁4・10)、"桓昜都昊(遽)皇(駔)"(圖叄4・11)。

圖叄4・9 平陰都司徒

圖叄4・10 端都左司馬

圖叄4・11 柤昜都吳(遽)皇(駟)

(3)方形陰文大璽

璽印面形方正,少數接近塊形。邊長一般爲3釐米左右,壇鈕附小鼻鈕,印面有邊欄、無界格,文字鑿出,一般爲兩行,風格疏曠,與上一式明顯不同。例見:"南門之鉨"(圖叄4・12)、"安昜水鉨"(圖貳1・88)、"司寇之鉨"(圖叄4・13),玉印"㞷坪君伹室鉨"(圖叄4・14)。

圖叄4・12 南門之鉨

圖叄4・13 司寇之鉨

圖叄4・14 㞷坪君伹室鉨

（4）方形陽文璽

璽印面形方正，邊長在1.4 ～ 1.5釐米之間，面積一般比較小；邊欄較字劃略粗，壇鈕附小鼻鈕，印面文字鑄出，這種小璽的文字風格與三晋璽印有相近之處。例見："堵城河丞"（圖叁4・15）、"襄平右丞"印（圖叁4・16）。

圖叁4・15 堵城河丞

圖叁4・16 襄平右丞

（5）方形陽文大璽

璽印的邊長往往達到3釐米以上，最大者達到6.7釐米。這種璽印的印面寬闊，印文雄奇豪放，内容一般排爲兩行，印面文字全爲鑄出。印體有的中空納銎；有的扁平，背置小鼻鈕。在内容上，常采用前地名，後職官、職守名的形式，有的加璽印專稱。這些印章上的一些職官、職守名爲燕國專有，如"𠂤帀（師）璽"、"市璽"等等。例見："日庚都萃車馬（又讀作：睶都萃車馬）"（圖貳1・162）、"單佑都市鉩"（圖叁4・17）。

圖叁4・17 單佑都市鉩

（6）私璽

私璽有長條形、方形、圓形印面小璽，有雙面璽。這些私印的面形均不大，背置壇鈕、鼻鈕等，印文多爲鑄出，一般不用專稱，有“×生×”的格式。有的私璽文字風格與齊、三晉私璽相近似。具體又有如下幾類：

①全陽文。此類印章較多，如“衛生達”璽（圖叁4・18）。

②全陰文。如“司馬城”璽（圖叁4・19）。

③陰陽文。如“公孫生𥿑”璽（圖叁4・20）。

④雙面璽。如“東方絅　絅”璽（圖叁4・21）。

圖叁4・18 衛生達

圖叁4・19 司馬城

圖叁4・20 公孫生𥿑

圖叁4・21 東方絅　絅

（7）陶器上所見璽印抑蓋文字

燕國陶器上所見的這一時期本地域璽印抑蓋文字比較多，以河北易縣燕下都遺址、遼南有關遺址出土的陶器作爲例證，可以分爲若干類：

①長條形陽文璽印抑蓋。如“昜安都王卩（印）鈢”（圖叁4・8）。

②方形陽文璽印抑蓋。如“北里壬（圖叁4・22）”、“右宮居則”（圖叁4・23）。

圖叁4·22 北里壬(印陶拓本)

圖叁4·23 右宫居則(印陶拓本)

圖叁4·24 事敬(印陶拓本)

圖叁4·25 左王昌吉(印陶拓本)

圖叁4·26 匋攻昌(印陶拓本)

圖叁4·27 匋工午(印陶拓本)

③方形或塊形陽文璽印抑蓋,有的中有界格。内容一般爲吉語,如“事敬(圖叁4·24)、“左王昌吉”(圖叁4·25)。

④條形或塊形陶工印。原印以陽文爲主,也有少量陰文,如“匋攻昌”(圖叁4·26)、“匋工午”(圖叁4·27)。

本地區璽印所展現面形、文字和製法的不同特點,應當有時代先後區别,應當與燕國和齊、三晉等國複雜的政治、軍事關係相關。因此，本地區璽印中，尺寸、面形和文字部分受到齊地、三晋地區的影響，這應當是值得仔細排查探究的課題。時代區分與燕國璽印受其他國家的影響等問題，目前尚不能區分清楚。

2. 東部區以齊國璽印爲代表

本地區璽印的流通範圍大體在山東、河北南部、河南東部、安徽東北部、江蘇北部。所涉及的國家主要有齊、魯及淮泗諸小國。這一地區的印材質地以青銅爲主，還有陶製璽印。東部區璽印的用字風格與戰國齊、魯等國的銅器文字相近。璽印之上“□”（馬）、“□”（都）、“鉨”（璽）、“□”（稟）、“□□”（工師）、“□”（市）、“□”（陳）等字以及“信璽”常作“□鉨”、“門”常作“閩”等字富有特色。璽印形式、内容也比較豐富。

（1）旁凸陰文璽

這類璽印爲青銅質地，在近正方形印面的上下一端或兩端凸起一個矩形小塊，特徵明顯，估計是押匣合符之用。這種璽印大小不等，邊長從1.5釐米到4.0釐米都有，字形敦厚疏闊，文字爲鑿出，大部分無欄無界，字排多爲二或三行，印體較扁，印背附有鼻鈕。目前看到此類印章全爲公印，如“昜都邑聖趣盦之鉨”（圖貳3・5）、“趣盦之鉨”（圖貳3・3）、“齊立邦鉨”（圖叁4・28）、“善昜飤鉨”（圖叁4・29），等等。

圖叁4・28　齊立邦鉨

圖叁4・29　善昜飤鉨

（2）方形陰文璽

這類印章爲青銅質地，以正方形印面爲主，少數略呈長方形，邊長2.3 ~ 2.5釐米，合“方寸璽”之制。一般有欄，也有少數無欄。大多無界畫，有的中有一道豎界畫，少量有兩豎界畫，還有少量有十字界格，此種印式與楚、秦，以及燕的一種璽印互有影響。文字鑿出，印體比較扁，印背附有鼻鈕，少量爲壇鈕附小鼻鈕。印上，有的爲地名加職官名的格式，有的則直接署職官名。刻有屬于齊國或鄰近國的地名有“平陽”、“湏都”、“暘”、“東武城”、“鄆”、“瘛陽”、“清陵”、“右州”、“郕”、“蓋丘”、“廩邦”、“平阿”、“東墥”、“武弜”、“建昜”、“荼”等等。此外，還有一些地名尚待考證。常見的職官名有“司馬”、“閶（門）司馬”、“右閶（門）司馬”、“右司馬”、“大夫”、“攻（工）師”、“市師”、“稟”、“省師”、“選師”、“筲師”等等。其專稱有“璽”、“敀璽”、“信璽”、“時璽”、“之璽”、“事璽”、“命璽”等。例見：“司馬之鉩”（圖貳1・89）、“左中軍司馬”（圖貳3・7）、“郲邦信鉩”（圖叁4・30）、“荼大夫之鉩”（圖貳3・61）、“陳市師鉩”（圖叁4・31）、“東武城攻師鉩”（圖叁4・32）等等。

圖叁4・30　郲邦信鉩

圖叁4・31　陳市師鉩

圖叁4・32　東武城攻師鉩

（3）烙木陽文璽

這種類型的璽印爲青銅質地，在山東五蓮縣出土有一窖，爲市場徵税用印。其印面以方形或近正方形爲主，也有少量爲圓形。方形印的邊長多在2.6 ~ 2.8釐米，圓形印的直徑在3釐米左右。印體中空，背有銎。印文爲鑄出，格式比較固定，例如“左桁正木”璽（圖貳1·164），“左桁𣪠木”（圖貳3·102），還有陽文塊狀“鄭郤市璺”（圖貳3·96），亦應當屬于同一類。此種璽除了用來烙木之外，在印陶上也曾見到。

（4）陶璽

這是齊國很有特色的公用印，面形往往較大，常爲陰刻文字，其内容有記事、記用等等，考古出土多爲殘件，完整者不多。在目前所知的印文上，牽涉到的齊國地名有“安邑”、“奠昜”等；牽涉到的當時聞人有“陳窶”、“陳佣”、“陳得”、“陳棉”等，常有“××立事歲”“××三立事歲”等格式，涉及齊國政治事件，例如“陳窶立事歲安邑亳釜”璽（圖叁4·33）。

圖叁4·33 陳窶立事歲安邑亳釜

圖叁4·34 子粟子信鉨

（5）“子×子”璽

這是齊國有特色的璽印，爲青銅質地，其性質屬于公印還是私印尚有待研究，從字面看是當時重要人物的美稱。這種印章的面形較大，壇鈕附小鼻鈕。印上文字有陰文，也有陽文，印文常爲鑄出。其上“𠇅鉨”（信璽）、“[illegible]”（印）等字富有特色，如“子粟子信鉨”（圖叁4・34）、“子坴子[illegible]”（圖貳3・63）。在陶文中，也有發現用此種璽抑蓋者。

（6）私璽

齊私璽印面小于公印，以方形印面爲主，少量圓形。有陰文，也有少量陽文，偶爾能見到雙面印。字有鑄有鑿，印身扁平，鈕式中以鼻鈕居多，亭鈕、壇鈕也可見到。少量陽文私璽文字風格與三晋、燕相近，少量陰文私璽文字風格與楚相近。可細分陰文私璽和陽文私璽兩類。

①陰文私璽。一般有邊欄，有的有一竪界；文字一般分兩行，少量分爲三行，如“司馬稜鉨”（圖叁4・35）。

②陽文私璽。一般有欄無界，文字一般分爲兩行，如雙面印“王瘓　信鉨”（圖叁4・36）。

圖叁4・35 司馬稜鉨

圖叁4・36 王瘓　信鉨

（7）陶器璽印抑蓋文字

從山東臨淄與鄒縣、曲阜等地的考古出土情况來看，齊、魯以及周邊其他小國在陶器璽印的抑蓋風格上似有差别，但是，限于資料，目前尚難以對此進行細分。可以分爲以下幾類：

①齊國記事印陶文字。這種印陶璽印抑蓋文字的内涵極爲豐富而重要，有的具有很高文獻價值。除上文已經提及的地名，涉及的地名還有“左里”、“平陵”、“瘟都”、“昌櫅”、“平門”、“誾門”等；除

上文已經提及的人名,涉及的田齊貴族及當時聞人還有“華門”、“王孫”、“陳道”、“陳导”、“陳向”、“陳棱”、“陳𨚕”、“陳㕣”、“陳巷”、“陳華”等。這些抑陶的原印有陰文(圖叁4·37),也見陽文(圖叁4·38, 39)。

圖叁4·37 陳𨚕(印陶拓本)

圖叁4·38 楚郭遷闢里臧(印陶拓本)

圖叁4·39 紹遷□□□里爽(印陶拓本)

②簡略的製陶用璽。原印面形複雜多樣,有方形、條形、圓形、橢圓形、曲尺形、旁凸形和三聯珠形等等,屬于公印或私印尚待研究。原印有陰文、有陽文(圖叁4·40)。

③公印抑陶痕迹。以方形印面爲主,兼有圓形、旁凸形等其他面形。原印以陰文爲主,也有陽文,如“平巷市印　睗工師璽”(圖貳

3・64)。

④“王 ×”抑蓋痕迹。方形印面爲主,原印文有陰有陽,常見“王 ×”字樣(圖叁4・41)。有些研究認爲“王 ×”標明此印屬于齊王的用器之璽,當屬于公印。但此類印屬于私印的可能性要大于公印,權且獨立置于此。

⑤魯國或其他小國的璽印抑陶。一般小于齊璽,面形有方有圓。原印文有陰有陽,文字内容很簡略,某些難以分辨到底屬于公印還是私印,如郳國的“郳”字印陶(圖叁4・42)。

圖叁4・40 □尚□(印陶拓本)

圖叁4・41 王釜(印陶拓本)

圖叁4・42 郳(印陶拓本)

圖叁4・43 宋連信璽(泥封拓本)

（8）泥封

東部地區戰國時期的泥封發現數量不多，可分辨國别的幾枚泥封大都屬于齊國，出土于山東、江蘇等地。它們的原印當爲陰文，内容有公印，如“左司馬聞㙬信鉥”（圖貳4・5）；也有私印，如“宋連信璽”（圖叁4・43）。

部分齊璽印與燕璽印風格相互有一定的影響，應當是由燕、齊之間戰争所致，也有的與楚、秦璽印有相互影響。

3. 中部區以三晋璽印爲代表

流通的範圍主要在山西、内蒙古、河北、河南及鄰近諸省的一些地、縣，涉及的國家有三晋（韓、趙、魏）、東西周君國以及附近的小國。本區内的璽印風格比較接近，職官名有其特點，一些地名也曾先後出現于各國。就目前所知，某些文字排爲三行的公印可能屬于韓國。依據地名也可以作進一步的分析，但有的地名在三個國家，甚至在齊、楚、秦等地都有，這就爲以地名判斷增加了困難。除此之外，還難細分這一範圍内印章的具體國别。本區璽印以青銅質地爲主，兼有玉石、金、銀等質地。

本區璽印上的文字與三晋文字接近，璽印文字具有明顯的地域特徵，如“□”（寇）、“□”（府）、“□”（君）、“□”（都）、“□”（馬）、“□”（弩）、“□”（百）、“□”（陰）、“□”（南），等等，都是具有明顯特徵的單字。職官名稱常以合文並加“=”號來標識，如“司馬”作“□”，“司工”作“□”，“司寇”作“□”，“大夫”作“□”，“嗇夫”作“□”等。私璽複姓也常以合文並加“=”號，如“司馬”作“□”，“司工”作“□”，“公孫”作“□”，“上官”作“□”，“空侗”作“□”，“其母”作“□”，“乘馬”作“□”，“鮮于”作“□”，“邯丹”作“□”，“馬是”作“□”，“下池”作“□”，公乘作“□”，馬适作“□”“敦于”作“□”，

“文是”作“𨑡”,等等。極少見有用璽印專稱者。本區見到少量玉印,這些玉印的級別較高,常爲韓、趙、魏等三國的公子、封君所用。可約略分爲以下幾類:

(1)方形陽文公印

印章的印體、印面都比較小,文字結構整飭,文字大多爲兩排,也有爲一排,或爲三排,筆劃秀勁,字的筆劃常常比邊欄要纖細一些,全爲鑄文,以青銅質爲主,少見有銀質。印面的長寬約爲1.5 ~ 2.0釐米。鈕式多爲鼻鈕,也有壇鈕、臺鈕附小鼻鈕,這是三晋公印中最常見的形式。從璽印的内容來看,基本不用專稱,印文内容大致可分爲兩類:一類爲地名加職名、官名,另類全爲職官内容。璽印中涉及的地名有:“富昌”、“陽陰”、“阿州”、“武遂”、“高志”、“戰坵”、“汪匋”、“平匋”、“樂陰”、“蘼”、“增城”、“榆平”、“襄陰”、“曹”、“石城”、“修武”、“孝都”等等。涉及的職司、官名有:“左右司馬”、“左右司工”、“司寇”、“大夫”、“宗正”、“嗇大”、“將行”、“發弩”、“左右宦”、“將”、“稟剾”、“君”等。例見:“富昌韓君”(圖貳1・98)、“武遂大夫”、“杻里司寇”(圖叁4・44)、“足茖司馬”(圖叁4・45)、“録宫將行”(一讀作“南宫將行”)(圖叁4・46)、“榆平發弩”(圖貳1・125)、“郂余子嗇夫”(圖叁4・47)、“汪匋右司工”(圖叁4・48)、“平匋宗正”等等。

(2)方形陰文公印

這種印章比較少見,是印中級别較高者。該種璽印的印面大于方形陽文公印,長寬約2.4釐米,常以玉製,壇鈕,字劃秀勁謹嚴,如“春安君”璽(圖叁4・49)。

(3)烙木印

烙木印爲柱狀體,青銅質地,近方形印面,近年于陝西西安所見。鑄文,文曰“女(汝)木府”(圖叁4・50),爲近汝河一帶(今河南境内)有關市場木材管理及徵税所用的公印,其風格與用法當與齊、楚烙木印有相近之處。

圖叁4・44 杻里司寇

圖叁4・45 足荅司馬

圖叁4・46 録(又讀作:南)宫將行

圖叁4・47 郚余子嗇夫

圖叁4・48 汪匋右司工

圖叁4・49 春安君

圖叁4・50 女木府

(4)私璽

私璽以青銅質爲主,也有少量玉印、金印、銀印。鈕式多樣,有鼻鈕、壇鈕、亭鈕、動物鈕、人形鈕、鳥鈕,等等。印面文字青銅質多爲鑄出,玉印則多爲刻出。與文字及邊欄風格公印相似,具有明顯的地方特色。可分爲以下幾式：

①陽文私璽。特點是體小字精，邊長不超過2釐米，如"上官黑"（圖貳3·92）"司馬參"（圖叁4·51）、"君相如"（圖叁4·52）諸璽。

②陰文私璽。數量不多，印體有大有小，字精秀，如"石跡"璽（圖叁4·53）。

在中部區的私璽中，還有圓形璽、雙面印、多面印等。

圖叁4·51　司馬參

圖叁4·52　君相如

圖叁4·53　石跡

（5）陶器璽印抑蓋文字

璽印抑蓋文字的陶器、陶片出土數量比較多，但與存世的三晉璽印實體有較大差別。目前從内容來看，可以分爲以下幾類：

①地名印。原印有陰文、有陽文，印面有方有圓，還有折尺形。從遺痕分析原印有的爲銅印，有的爲石印，有的可能爲木印，這些印面和傳世三晉璽印區别較大。在印上所見三晉地名有："陽城"（圖叁4·54）、"格氏"（圖貳3·99）、"昳"（圖叁4·55）、"親市"、"陜市"、"滎陽"、"僧"（圖叁4·56）、"亳"、"亳丘"（圖貳1·155）、"朱"、"蘇"等等。

②職官印。數量不太多,原印有陰文、有陽文,印面有方有圓,如“格氏左司工”(圖叁4・57)。

③記事、記用印。數量不太多,原印文以陽文爲主,原印面以方形爲主,如“十一年以羞　亳”(圖貳1・160)、“陽城倉器”(圖叁4・58)。

④一些簡略的單字印。這種印章印面以方形爲主,也有少量圓形、塊形。文字雖容易認,但意義不明,其公、私印性質也不明了。如“禾”(圖叁4・59)。

本地域的印章風格和北部區(燕)的風格有所交流,而與其他地區則交流不多。在陝西西安漢城遺址發現了極少量與本區璽印風格一致的泥封。這些泥封是否與秦王朝遷六國宮殿于咸陽原上有關,還是它們的使用實際下延到了秦漢時代等問題,有待進一步的研究。

圖叁4・54 陽城(印陶拓本)

圖叁4・55 昳(印陶拓本)

圖叁4・56 獪(印陶拓本)

圖叁4・57 格氏左司工(印陶拓本)

圖叁4・58 陽城倉器(印陶拓本)

圖叁4・59 禾(印陶拓本)

4. 南部區以楚國璽印爲代表

主要指楚國及受其影響的南方小國的璽印,分布範圍比較廣,到達現在的淮河以南如湖南、湖北、河南、安徽,以及山東、江西、江蘇、陝西的部分地區,和齊國璽印可能互有影響,對西部區、西南區璽印的發展有影響,對後來“典則期”的印章也有一定的影響。用字與楚系文字接近,不少單字也體現着的楚國風格,如“鉩”字“金”旁作“”、“”、“”、“”等,在與列國文字的“金”字邊傍相比,最爲多樣,最爲接近煉金屬小高爐的圖形;“竹”字頭作“”,又如“”(府)、“”(陵)、“”(大)、“”(官)、“”(職)、“”(室)、“”(陳)、“”(客)等;又“大夫”加合文號“=”,爲判定楚璽的可靠標志。璽印的質地以青銅爲主,少量爲玉、琉璃、松石、銀、黄金等質地。

(1)方形陰文公印

這類璽印一般邊長爲2.5釐米或略小,合“方寸璽”之制,設有邊欄,有的用一竪界畫、有的爲田字界畫,排字方式一般爲兩行或三行。印面文字皆爲鑿出,印背用鼻鈕,少量爲壇鈕附小鼻鈕,大多數爲青銅質地,少量爲銀、金等。常出現“璽”、“之璽”、“信璽”等專稱。從印章的内容來看,格式爲地名加職司名、官名;也有的僅爲職守或官名。所見的楚國地名有:“上贛”、“江陵”、“安州”、“黄里”、“新東陽”、“上場”、“羹襄”、“柾里”、“新邦”、“龍城”、“安昌里”、“郛里”、“下蔡”、“郯陽”、“樂成里”、“邟”、“吁陽”、“陳”、“塙陵”、“東䣙”、“昜都”、“邙陽”、“鄎陽”、“郢”、“五渚”等等。明顯反映楚制的官名和職守有:“行府”、“高府”、“肆府”、“散府”、“官”、“伍官”、“正官”、“計官”、“剸官”、“新邦官”、“郢官”、“職歲”、“職室”、“專室”、“職襄”、“尹”、“連尹”、“上尹”、“軍計”、“客”、

“郢粟客”、“戒客”、“莫嚻”、“大莫嚻”、“連嚻”、“行邑大夫”、“行士”、“上相邦”、“相”等等。例見:“上場行邑大夫鉩”(圖叁4·60)、“連尹之鉩”、“大莫嚻鉩”(圖叁4·61)、“計官之鉩”(圖叁4·62)、“行士之鉩”(圖叁4·63)、“行府之鉩”、“客弄之鉢”(圖貳3·107)等等。

圖叁4·60 上場行邑大夫鉩

圖叁4·61 大莫嚻鉩

圖叁4·62 計官之鉩

圖叁4·63 行士之鉩

圖叁4·64 藿之鉩

（2）圓形陰文公印

這種璽印皆爲青銅質，直徑一般在2.5釐米左右，也有大型印面。印體扁而微隆，鼻鈕，如“專室之鉩”（圖貳1・85）、“藿之鉩”（一説爲“觀之璽”）（圖叁4・64）。

（3）方形陰文巨璽

僅見一枚，即青銅質“大府”璽，又有釋爲“冰府”（圖貳3・127）。此印長5.9釐米，寬5.2釐米，有邊欄及一竪界，鼻鈕，蓋爲楚王宫中之物。因爲此物面上文字爲正，無論蓋在陶器或泥封見到均應當是反字，因此筆者懷疑它不是璽印，或爲“大府”或“冰府”的標志符牌。

（4）拼合璽

楚地拼合璽見兩種：第一種是由三塊扇形印面組合而成，印面鑿成，柄鈕，每塊各一字，拼合成圓形印面。印體結合部有榫卯，類似合符之功用，例見湖南出土的“邦陵璽”（圖貳2・42），在出土楚簡上，記載有所謂“叁璽”制度，上海博物館近年恰新徵集到自銘爲“叁鉢”的楚璽實物。第二種由兩塊矩形印面合成，印面爲方形，每塊一字或每塊兩字，印體結合部有榫卯。湖南長沙曾出土“大廄（飤）□□”拼合璽的一半。

（5）郢爯戳印

這是金幣戳記專用印，印本身爲陽文，鑄文，長柄，印面長寬均爲1釐米左右。從金幣面戳印痕迹的拓片可以看出，其内容有“郢爯”、“陳爯”（圖貳4・9）、“盧金”等。

（6）塊狀記事印

這枚青銅璽印形制極爲罕見，由天津孫家潭先生收藏，近由徐暢先生完整讀出“鄦（許）賢逃人與粟”（圖叁4・65），該印具有極高文獻價值。這枚楚印使人們可以聯想到齊陶印文“楚亭衢(遷)×里×”,秦陶文“咸亭郿里×”,等等,這些都反映了當時各國關係和人民播遷的史實。

圖叁4·65　鄦(許)賢逃人與粟

(7)私璽

私璽多爲陰文,只有少量陽文。印面寬1～2釐米,除方形外,還有正菱形、外圓内方形、外方内圓形等各種形式。有欄,有的有界畫,文字有鑿有鑄。印臺較厚,鈕式有鼻鈕、壇鈕。有的印章還使用了諸如“璽”、“之璽”、“信璽”等專稱。例見:“敬”、“郪菣信鉨”(圖叁4·66)、“倗音信璽”(圖貳1·31)、“黄夤”(圖叁4·67)、“絑羹”(圖叁4·68),“區夫相璽　敬”(圖叁4·69),此印爲“敬”字鐫于印側,一説爲公印。

圖叁4·66　郪菣信鉨

圖叁4·67　黄夤

圖叁4·68　絑羹

圖叁4·69　區夫相璽　敬

（8）其他用印痕迹

楚國陶器戳印較少見，報導過唯一一例是河南商水曾出土陶片上有“夫胥司工”印文，有研究認爲是楚國陶文，原印當爲陽文，筆者疑爲三晋物，並非楚陶片。楚國所見其他用印痕迹有以下幾類。

①烙木印。在河南出土的楚國墓葬裏，槨上有烙印，文字爲“左王既正”，意爲幫助楚王完成徵税，爲經濟史重要資料（圖貳1・165）。類似例子在湖南楚墓也有出土，例如“沅昜府”圓形烙印（圖叁4・70）。

圖叁4・70　沅昜府（烙印痕迹拓本）

②烙漆器印。在湖南出土的楚國漆器上，曾見“陳、□”的烙印痕迹（圖貳4・13）。

③絲織鈐印。在湖南、湖北出土的楚墓絲織品上，見小型陽文璽抑蓋的、似爲“府”、“守”等字的硃紅鈐印，這是我國目前所知最早的朱紅鈐蓋痕迹（圖貳4・15）。

④泥封。在湖北包山楚墓中即有發現，在安徽、江蘇等地發現了極少量屬于本區的泥封，在河南新蔡古城更是發現了大量楚國泥封。例見“筥”（圖叁4・71）、“正鉨”（圖叁4・72）、“攻市”（圖叁4・73），等等。

圖叁4·71 筥
（泥封拓本）

圖叁4·72 正鉨
（泥封拓本）

圖叁4·73 攻市
（泥封拓本）

楚公印及部分私印，在面形上與齊、秦璽印有一定聯繫。楚的另一部分私印，在面形上與三晋璽印有一定聯繫。

5. 西部區主要以秦國璽印爲代表

本區璽印主要流行于今陝西、甘肅、四川、湖北、河南，其後隨着秦土的擴張逐漸流行到更大範圍。本區的璽印對“典則期”印章影響最大，在一般著作的叙述中，“古文印”或“六國文字印”似不包括戰國秦印，這在邏輯上是不准確的，但是參入分期的情況的确比較複雜：一些面貌似小篆或更爲古老的字體應劃歸本期，而一些面貌爲“摹印篆”的則該歸入典則期。一些並非皇室而用“璽”字專稱的公印、泥封，爲本期璽印的標準器。此時期璽印的用字與秦小篆接近並與秦權量詔版的文字有些相像。璽印質地以青銅爲主，也有少量陶璽、玉石印、金印。

（1）方形陰文公印

印體較厚，印面邊長爲2.4釐米左右或略大，多鼻鈕，有邊欄，多有竪界或田字界格，也有無邊欄無界格者。文字以鑿爲主，在其早期較爲豪放，晚期漸趨工整。從内容來看，有的爲地名在職守之前，有的僅具官職名，還有的則待考。例見：“高陵車”（圖叁4·74）、“工師之印”（圖貳3·67）、“將軍之璽”（圖貳1·126）、“安石里典”（圖叁4·75），這後三例從尺寸看，當爲“方寸璽”制度形成過程中的典型標本。

圖叁4・74　高陵車

圖叁4・75　安石里典

（2）"半通印"、横長方、曲尺形公印等

以二字或三字的陰文爲主，也有少量陽文。印面以鑿爲主，有欄，有界，鼻鈕，如"軍市"（圖叁4・76）、"倉吏"（圖叁4・77）等。曲尺形的印如"尚佝鉨"（圖叁4・78）等。這些印的尺寸不一，面形多樣，用字也不够一致，應當是反映了秦國璽印在各諸侯國裏比較晚出的史實。

圖叁4・76 軍市

圖叁4・77　倉吏

圖叁4・78 尚佝鉨

（3）塊形陶印

專用于在陶器上抑蓋，以陰文爲多，多爲四字兩排，文爲刻出，背無鈕，成尖錐狀。例見："咸里郿角"（圖叁4・79）、"咸□園相"（圖叁4・80）。

（4）陰文私印

秦國私印的印面有方形、長方形、圓形、曲尺形等，印面有鑄有鑿，一般無專稱，有鼻鈕、壇鈕等。例見：兩枚“泠賢”爲同墓出土，在文字學上極有意義，大的一枚充滿篆意，小的一枚已有隸意，是反映秦“書同文”進程中的好標本（圖貳3·55），又見“連虺”（圖叁4·81）、“龔義”（圖叁4·82）、“任樛”（圖叁4·83）。有的私印與後一期風格較難分辨。

圖叁4·79 咸里郿角

圖叁4·80 咸□園相

圖叁4·81 連虺

圖叁4·82 龔義

圖叁4·83 任樛

（5）詞句印

多詞句印是本期秦印的一個重要特點，印面有方形、聯珠形、曲尺形等，上所刻字數有一字、二字、四字等多種，多爲鑄印，有陰文，也有陽文。有的數枚從内容到文字風格極其相像，估計在當時屬于商品，供人選購使用，這種狀況在齊、楚、三晋地域也會有少量發現。内容有吉語、箴言、成語等，如“中壹”（圖叁4·84）、“志遂”一釋爲

“志從”（圖叁4·85）、“長思高志”（圖叁4·86）、“相思得志”（圖叁4·87）。

圖叁4·84　中壹

圖叁4·85　志遂（志從）

圖叁4·86　長思高志

圖叁4·87　相思得志

（6）陶器璽印抑蓋文字

在陝西鳳翔、咸陽、臨潼、高陵、淳化等秦國遺址中，陶器璽印抑蓋文字所見較多，主要分爲以下幾類：

①塊形陶印的抑蓋遺痕。這類遺痕的原印主要爲陽文，如“咸郿里新”（圖叁4·88）。

②記事陶抑印文字。這類遺痕的原印有陰文、有陽文，其面形也有方形、有塊形、有條形。如“右舍”（圖叁4·89）、“左貝”（圖叁4·90）、“左司高瓦”（圖貳1·167）、“咸亭右里道器”（圖叁4·91），等等。

③方形銅印抑蓋痕迹。原印主要爲陰文，如“新城邦”（圖叁4·92）、“咸安新盼”（圖叁4·93），等等。

（7）泥封。戰國時代秦晚期，已經大批使用泥封，《睡虎地秦墓竹簡》中亦有使用泥封封簡牘、財物和貨幣的比較多的記載。目前從陝西、河南、山東、内蒙古、遼寧、安徽、湖南等地出土的“秦式”泥封看，由于“摹印篆”文字的繼承與相對一致，也由于某些職官、地理内容的一致，尚不能把戰國秦晚期和秦朝泥封截然分開，從分期來看可能兼跨本期和後一期，界限比較模糊。人們可以試以一般官署印文用或不用“璽”字作爲一個標準，用某些字體明顯偏早作爲一個標準，指出一些戰國秦晚期泥封，暫歸于本期，例如“寺工丞璽”（圖叁4・94）、“豐璽”（圖叁4・95）、“公車司馬”（圖叁4・96），等等。

秦璽印在面形上與部分齊、楚璽印有一定聯繫影響。

圖叁4・88 咸郿里新（印陶拓本）

圖叁4・89 右舍（印陶拓本）

圖叁4・90 左貝（印陶拓本）

圖叁4・91 咸亭右里道器（印陶拓本）

圖叁4・92 新城邦（印陶拓本）

圖叁4・93 咸安新盼（印陶拓本）

圖叁4・94 寺工丞璽
（泥封拓本）

圖叁4・95 豐璽
（泥封拓本）

圖叁4・96 公車司馬
（泥封拓本）

6. 西南區爲古蜀璽印

主要分布在四川西部、陝西南部與甘肅的東南部，爲東周到秦時古蜀國遺物，數量比較多，有隨葬現象，遺址也有出土。質地以青銅爲主，面形以圓爲主，少量爲正方形或類似“半通印”。其印面有鑄有鑿，鼻鈕（圖叁4・97）。以陰文爲主，也見陽文，這種印章之中，有受秦國、楚國影響的文字印，大部分爲古蜀的符號、圖形組合成印或有少量的漢字配圖形印。到目前爲止，這些印章的内容、用法、隨葬意義都不清楚，也無法分出它們哪些屬于公印，哪些屬于私

圖叁4・97 巴蜀符號文字印舉例四則

印。在許多印學著作中，稱之爲“巴蜀印章”，這是不準確的，古代巴蜀是地域不同，文化淵源不同，都有文字但文字並不一致的古國古族，這批印章主要出土于蜀地，筆者認爲應當稱之爲古蜀印章。在古蜀印章之中，印章中菱形S紋、雙心紋、鐘鎛紋、罍紋、鉞紋、漢字“王”字等經常出現，有一些規律，應當視爲當時當地的一種圖形文字。

（四）小結

在東周時期的一些墓葬、遺址以及窖藏中，已經出土了相當數量的璽印實物及用印痕迹。本期用璽的文獻記載已經比較多出現；本期的公、私印區分已經比較清楚，璽印的品類、印體、面形已經相當豐富；本期璽印的種種用法，如抑陶、抑泥封、烙木、烙革、鈐朱等都已出現；本期璽印的材質以青銅爲主，其他質地也有選用，選材顯得比“萌生期”豐富。

在糾正了元代吾丘衍“三代無印”的偏見之後，一些研究者將中國璽印的“起源”時期定在東周，這是不够確切的。中國璽印的起源至遲在殷商時代，本期的璽印已脱離了起源時的幼稚，進入了蓬勃發展的時期。

乍看起來，蓬勃期的璽印風格很不一致，但在進行分域研究之後，人們便很清楚地知道，在一定地域内，其風格還是相當一致的，這是本期的突出特點。但在某些國家地域之間，在璽印的面形、排字上也存在互相影響。

在一些研究著作中，認爲本期璽印缺乏制度規定的觀點不正確。由于當時政治分裂的局面，各個不同區域的璽印存在很大的風格差異，這點在公用印上尤爲明顯，正是這種各地風格内部統一和與外部差異的体现,顯現了它們各國各自内在的制度規定性。換言之,在一定地域内公用印從印體、面形、鈕式、文字風格等方面的一致性,反映了各國實際存在着璽印行用方面的嚴格制度。近年來楚簡、秦簡的大量出土,已披露出兩國用印制度方面的不少規定,可惜的是,由于戰火秦燔等原因,列國用印制度没有留下完整的、系統的文獻記載。儘管如此,秦國、楚國乃至燕國、齊國一些關于璽印的製作、使用制度,尤其是面型、尺寸接近“方寸璽”的規定,等等,可能被後來“典則期”的璽印沿用。

蓬勃期的璽印具有重要的研究價值。這些璽印爲行政機構、職官制度、歷史地理、經濟生産、都市關税等方面的研究,提供了紙本文獻不能替代的可靠資料。

本期的璽印文字,爲一般研究者稱作“東周古文”,筆者認爲應當將統一之前的秦文字也列入其中,各國、各地區之間的文字風格並不一致。除璽印之外,東周的金文、簡帛文字等,多有潦草、省簡的狀況,造成東周文字研究的困難。由于璽印的重複使用穩定性和應用場合鄭重性,本期的大部分璽印文字可以看作“東周古文”列國文字的“標準字”、“正體”,這應當成爲中國古文字、尤其是東周時段文字研究的一個重要認知,研究者往往據此得到關于中國古文字系統的全新的研究收獲。

蓬勃期處于中國青銅文化發展的轉折時期,大量的青銅璽印是青銅文化的重要組成部分。在商周時代以青銅禮器、容器的主流式微之時,亦即中國青銅文化主流衰落之時,璽印與鏡鑒、貨幣、燈具等再次爲人們提供了青銅工藝史方面的重要資料,成爲中國青銅文化總體的比較優秀的殿軍。

蓬勃期璽印的研究起步比較晚,現在還遠遠未能到達成熟的地步,“處女地”相當多。例如,本期璽印的早期表現如何? 本期與之前的“萌生期”是如何銜接的,本期上限應該定在哪裏? 據文獻記載,春秋時期已有明確的用璽記録,但是,春秋時代璽印的確認至今是一個比較大的難題。戰國時期魯國、宋國、越國等較大的國家以及許多各地的附庸小國,它們的璽印形態如何? 使用情況如何? 目前尚得不到一個確解。各國、各地區的公印與私印的基本區分還存在不少問題,對于不少璽印的内容,研究者的理解也各不相同。目前,公用印的分域研究取得了一些成果,然而大量私印、詞句印的歸屬仍是相當困難的問題。某些國家如燕、齊、秦、三晋璽印,它們本身的發展還可以再細分階段認識。此外,本期璽印識字仍是一個相當重要的問題,未能够全面解決,往往也影響到上述諸多問題的解決。上述種種問題的提出,反映了本期璽印研究的巨大潛力。

五　第一段　典則期

在“蓬勃期”,不同國家、不同地域的璽印風格並不一致,這種不一致使得在各國、各地彼此之間的交流時不能充分發揮璽印的憑信認證作用,這成爲當時列國間隔離、壁壘的一個方面,當然也會影響着社會政治、經濟、文化生活的方方面面。對璽印而言,外在的大一統的社會政治因素、社會需求,與内在要求暢行無阻地發揮作用的因素,都推動着它走向成熟與形式的趨于基本一致。在這種大背景下,同時在戰國末期秦推行大統一的進程中,中國璽印發展史上出現了在型制、文字、行用的“大一統”,出現了古代印章史上的第一次高峰。

從戰國晚期的秦國始,出現了不屬于蓬勃期而屬于典則期風格的印章,印面文字以小篆的基礎,從“摹印篆”出發,參以隸意,終于在秦漢之際形成以“繆篆”爲主流的印章文字表達，雍容、樸素、明白、通用。此後，這一新風格一直沿續到秦、西漢、新莽、東漢、三國，甚至兩晋時期比較規整的印章上。

從宋代以來，典則期的印章便一直受到金石學界、印藝界的重視，從另一方面看，出現一些學者的偏頗認識，認爲用印制度肇始于斯，這一點筆者已在上一節加以辨正。現在，關于典則期印章的許多制度、内容、文字等等方面的問題，都已經被研究得比較透徹，秦漢的印章堪稱中國古代璽印各階段研究的參照典範。在中國印學史和治印藝術領域，有“印宗秦漢”一説，所謂“秦漢印章，傳至于今，不啻鍾王法帖，蓋法帖猶藉工人摹勒，非真手迹。唯印章悉從古人手出，刀法、篆法、章法俱在，雖破壞刻缺，必洞見其血脈”，“印之宗漢也，如詩之宗唐，字之宗晋”，表達了中國印章藝術的長期以來的淵源所自。這一時期的璽印形制、鈕式都十分規整精美，文字處理上也達到了很高的水平，至少在清代之前，自成一種藝術模仿、借鑒的典型。與對本期印章的研究同步，在後代治印藝術的創製上，本期印章的風格常被各個流派印人借鑒。將這一時期命名爲“典則期”，是因爲它給予中國璽印文化、印章藝術以極爲重大深刻的影響。

典則期跨越了若干個朝代，印章在這幾個朝代的交替過程中産生了一些變化。如果説對于蓬勃期的璽印需要再加以過細分節研究，目前還有困難的話，那麽，對于典則期的印章，就必須進行與朝代有一定聯繫的分節研究了。

隨着考古素材的增多，經過反反復復的討論，一些原本在前面備受關注的内容逐漸成爲學科的常識，不再成爲璽印研究的不可逾越的障礙問題。比如，抑陶印文、泥封、畫印等等的用印具體情况；比如，印章的考古學出土以及各個朝代文獻記録之間的關係；比如，本期内印章的地域風格問題等等;而一些新出現的問題,新的課題又迭遞産生。

(一)典則期印章的一些記載

典則期對公印的制度規定,文獻記載比較多,也比較詳細。

衛宏在《漢舊儀》中説:"秦以前,民皆以金、銀、銅、犀、象爲方寸璽,各服所好。漢以來,天子獨稱璽,又以玉,群臣莫敢用也。"這一記載文字在多種文獻中也反復出現、引用,其與考古出土資料顯現的史實基本符合。這也是中國古代印章長期使用的"方寸璽"體制的最早見諸文獻的記載。

秦漢時代,"半通印"的使用相當普遍。據《揚子法言》記載:"五兩之綸,半通之印,皆有秩。"又《後漢書·仲長統傳》中記:"身無半通青綸之命。"唐代章懷注引《十三州志》也記載道:"有秩、嗇夫,得假半章印。"由此可見,"半通印""半印"與"方寸印"已作爲官秩高低的區分標志,可以説是後代以印章尺寸的大小區别官秩高低的前驅。

文獻上的這些規定對後世的用印制度影響極大。一説在秦、漢時已有天子"六璽"制度,即"皇帝行璽"、"皇帝之璽"、"皇帝信璽"、"天子行璽"、"天子之璽"、"天子信璽"六枚印章作爲皇帝的專用印章成套行用。

漢代時對于印章的使用規定已嚴格到鈕式和材質:皇帝使用螭虎鈕玉璽;皇后使用螭虎鈕金璽;諸侯王使用橐駝鈕黄金璽;皇太子、列侯、丞相、太尉與三公、前後左右將軍等均使用龜鈕黄金印;中二千石、二千石使用龜鈕銀印;千石、六百石、四百石至二百石以上均使用鼻鈕銅印。這一制度,與考古發現所揭示的,大體相符,凡不相符者,大多表現出靠下而不得逾制僭越。

對于印章的專稱，也規定：諸侯王以上稱“璽”；列侯、鄉亭侯、將軍部屬、郡邑令長均稱“印”；列將軍稱“章”。漢以土德，土數五，故而在西漢武帝太初元年（前104年），定印文爲五字。不足五字者，可在“印”前加“之”字，稱爲“之印”；或“印”後加“章”，稱爲“印章”。

印章的佩綬也進行了規定：御史大夫，銀印青綬。凡吏秩比二千石以上，皆銀印青綬。光禄大夫，無秩，比六百石以上，皆銅印墨綬。大夫、博士、御史、謁者郎、無秩、僕射、治書、尚符璽者，比二百石以上，皆銅印黄綬。所謂“綬”者，在考古工作中已很難見到了。

秦漢行用的制度在東漢建武元年（25年）經過修改而確定下來。自此，其制度變更如下：諸侯王，金璽綟綬。公侯，金印紫綬。九卿、執金吾、河南尹、大長秋、將作大匠、度遼諸將軍、郡太守、國傅相、校尉、中郎將、諸郡都尉、諸國行相、中尉、内史、中護軍、司直，秩皆二千石，以上皆銀印青綬。中外官尚書令、御史中丞、治書侍御史、公將軍長史、中二千石丞、正平諸司馬、中宫王家僕、雒陽令，秩皆千石；尚書、中謁者、謁者、黄門冗從、四僕射、諸都監、中外諸都官令、都候、司農部丞、郡國長史、丞、候、司馬、千人、家令、侍、僕，秩皆六百石；雒陽市長，主家長，秩皆四百石；以上皆銅印黑綬。諸署長、楫櫂丞，秩三百石；諸秩千石者，其丞尉皆秩四百石；秩六百石者，其丞尉三百石；秩四百石者，其丞尉二百石；縣國丞尉亦如此；縣國三百石長，丞尉亦二百石；明堂、靈臺丞、諸陵校長，秩二百石；丞尉校長以上皆銅印黄綬。縣國守宫令相，或千石、或六百石，長相或四百石、或三百石，長相皆銅印黄綬。這實際上是對秦、西漢公印制度的整理、總結與重申，這是一部比較早的完備的記録。

漢朝制度中,還有被授予虛爵者的印章,印文用金或銀加以填充,不能抑用,這在傳世的璽印中得到證明。考古發現,王侯墓中有以瑪瑙印替代玉印隨葬之例。

出土秦簡、漢簡中,也有大量用璽用印情形的規定與記載。又往往與出土璽印狀況互爲印證。

據記載,秦朝李斯、孫壽兩人曾有過治印實踐,他們是目前所知最早的留下姓名的印人。東漢的伏波將軍馬援曾討論過“成皋令印”等的用字問題,這是關于中國印章用字的較早研究。

(二)分節

“典則期”的印章需要分節進行叙述。但是其中除了新莽時期的印章面目比較獨特外,這種分節中,與各節有關的朝代之間,印章的風格却是交叉而又循序發展的,尤其是東漢印章,並不與新朝印章風格銜接,跳過了新朝所隔,而與西漢印章風格遥相銜接,並非依朝代順序相承,而截然有别。

1. 第一節

大致從戰國末期秦國的部分印章,發展到秦朝,直至西漢初期的部分印章的風格屬于這一節。從考古發現的情形看,有遺址出土,墓葬出土,也有零星發現。除璽印實體之外,尚有泥封、陶器文字戳印、漆器烙印遺迹等。除帝后印之外,本期印章的專稱不再使用“璽”字,較常使用“印”,尚未見“章”。用字有小篆影響,文字爲典型的“摹印篆”,比較圓潤,“印”字常作“𢀳”或“𢀴”。也有不少印章不用專稱。

(1)公印

本期的公印質地以青銅爲主,多爲陰文鑿印,也有少量屬于鑄印。印鈕多鼻鈕、半環鈕，開始出現瓦鈕，壇鈕、臺鈕的作法開始減少；在秦“廣平君印”上見到最早的龜鈕；在“浙江都水”等印上見到魚鈕；秦漢之際的“琅左鹽丞”、“字丞之印”、“彭城丞印”（圖貳3・10）用了蛇鈕。印面若爲正方形，邊長以2.3釐米左右爲主，即所謂“方寸璽”之制；一般有邊欄，界畫多爲田字，少量爲一豎界畫，文字以兩排爲主。“半通印”多見，常爲日字界畫。例如“昌武君印”（圖貳1・99）、“邦司馬印”（圖叁5・1）、“章馬廄將”（圖貳3・15）、“杜陽左尉”、“邦候”（圖叁5・2）、“右廄將馬”（圖貳3・111）、“曲陽左尉”、“南宫尚浴”（圖貳3・112）、“泰子”（圖貳1・103）、“弄狗廚印”（圖貳1・90）、“左夫人印”（圖貳1・106）、“安民正印”（圖叁5・3）、“雝丞之印”（圖叁5・4）、“官田臣印”（圖叁5・5）、“弓舍”（圖貳3・8）等。南方地區有的印章規制較大，西漢初期南越王墓出土了金質“文帝行璽”（圖貳1・102），所用鈕式爲龍。

圖叁5・1 邦司馬印

圖叁5・2 邦候

圖叁5・3 安民正印

圖叁5・4 雝丞之印

圖叁5・5 官田臣印

秦代仍有大型抑陶印章，抑蓋陶器文字的原印爲陰文印或陽文印。如秦始皇帝陵兵馬俑身上所抑蓋異形印面“宫彊”大型陶印文，一説讀作“彊宫”（圖叁5·6），類似的“宫×”格式抑陶印文數量較多，爲當時一種定制。

圖叁5·6 宫彊（印陶拓本）

1995年春天，北京路東之先生與筆者一起，在西安鑒定並確認了數以千計的秦泥封，現在經統計得知，已經發現並經收藏的秦泥封已超過兩萬枚。之前，在澳門最早參與這一重要發現與鑒定的還有蕭春源、孫慰祖等先生。“秦式”泥封主要集中出土于陝西西安市北郊和東北郊，也有出土于内蒙古、遼寧、山東、河南、湖南、安徽等地，所謂“秦式”是指後來可能並非秦王朝政權，又非西漢政權的，爲秦末大起義到楚漢之争時期的，但基本樣式與秦泥封一致的遺物。秦泥封的發現，極大地充實了人們對于秦政治地理、百官制度的認識，是二十世紀後期文物學與學術史的重要收獲之一。秦泥封多數屬于公印，少數屬于私印。秦泥封文字更典型地反映了“摹印篆”的特徵，是本期本節實用璽印的遺蜕，例如“白狼之丞”（圖叁5·7）、“永巷”（圖叁5·8）、“上家馬丞”（圖叁5·9）、“右丞相印”等（圖叁

5·10),還有圖形印面的"中謁者"(圖叁5·11),等等。而"皇帝信璽"(圖貳1·100)、"麗山飤官"(圖叁5·12)是秦朝末年的資料。這批秦泥封的形式,與遼寧、内蒙古、山東、河南、江蘇、安徽、湖南所出土者幾乎一致,其時間範圍由戰國秦、秦統一、秦二世時,直至漢初時分(陝西所出基本不到漢代)。因爲考慮到地域分布與時代跨度等因素,筆者將這批資料稱爲"秦式泥封"。

圖叁5·7 白狼之丞(泥封拓本)

圖叁5·8 永巷(泥封拓本)

圖叁5·9 上家馬丞(泥封拓本)

圖叁5·10 右丞相印(泥封拓本)

圖叁5·11 中謁者(泥封拓本)

圖叁5·12 麗山飤官(泥封拓本)

(2)私印

出土私印的數量比較多,私印的質地因地域不同有所區别:中原地區以青銅爲主,南方則青銅、石印、玉印爲數均不少,亦有少量如金、銀、琉璃質地的。從面形來看，以方形爲主，還有仿“半通印”、塊形、圓形、曲尺形，等等。印面文字以陰文鑿印爲主，部分爲鑄印，大部分有邊欄，有的有界畫，有的無界畫。鈕式多樣，有鼻鈕、瓦鈕、環鈕、壇鈕、臺鈕、亭鈕、龍鈕以及一些動物形鈕，畫印比較多。一般來説，中原地區的私印印面小于公印，其方形印的邊長一般不超過2釐米；南方地區所見的私印邊長接近公印，甚至有少量超過公印。見“尤衛”（圖叁5・13）、“上官賢”（圖叁5・14）、“嬰璽”一説爲末代秦王（未稱帝）子嬰之印（圖叁5・15）、“殷買臣”（圖貳3・126）、“趙臨”（圖叁5・16）、“文勝之印”（圖叁5・17），等等。

本期的私印泥封有一定數量出土，有單字者，也有雙字、三字、四字者，例見：“昔齒”（圖叁5・18）、“鄧印”（圖叁5・19）、“上官攙”（圖叁5・20），等等。

圖叁5・13 尤衛

圖叁5・14 上官賢

圖叁5・15 嬰璽

圖叁5・16 趙臨

圖叁5・17 文勝之印

圖叁5・18 昔齒（泥封拓本）

圖叄5・19　郢印（泥封拓本）

圖叄5・20　上官擥（泥封拓本）

2. 第二節

在西漢早期便有部分印章屬于這個階段，西漢中晚期印章是屬于本期風格較爲集中的時期，王莽新朝中有部分私印屬于本期風格，本期的風格部分地影響到東漢。從考古發現看，墓葬出土的印章占多數，遺址發現及零星出土的相對比較少。在公印表現上，此時印面、用鈕制度進一步規範化；在公印、私印上，"繆篆"已占絶大比例。除璽印實體之外，泥封的出土數量也較多。第二期印章與泥封主要出土于山東、陝西、河南、四川、江蘇、山西、安徽、河北、湖南、遼寧、内蒙古等省區，其他省區亦有不少出土。印陶文字、烙漆文字等仍有發現。本節的印章專稱除帝、后、諸侯王用印印章專稱爲"璽"字外，比較常用的爲"印"字，到西漢中期之後，部分公印開始稱"章"，也有不少公印與私印不用專稱。

（1）公印

質地以青銅爲主，也見金、銀、玉石等，多爲陰文鑿印，少量爲鑄印，少量爲陽文印。大部分印章不設邊欄，無界畫，這是與上節的明顯區别之處。印面以正方形爲主，邊長多在2.3釐米左右，與漢制一寸正相符合。文字以兩排爲主，西漢中期以後曾出現過三排，但數量不多。"半通印"在本節出現的較多，有的有邊欄加"日"字界畫，也有的没有邊欄、界畫。

在中原和北方地區出土的印章印體較爲規整，印面文字也很整齊，基本上擺脱了小篆的影響，受到隸書影響較大，筆道均勻，體態方折硬朗的“繆篆”風格已經形成。漢武帝時，“印”作“㔾”極富特色。例見“都候”（圖叁5・21）、“楚衛士印”（圖叁5・22）、“北海飤長”（圖叁5・23）、“朱廬執珪”（圖叁5・24）、“西河農令”（圖叁5・25），等等。南方地區，即今兩湖、兩廣一帶，隨葬印的印體尚不規範，刻字往往率簡潑辣，有的仍受小篆影響，有的則受隸書影響，除了金、銀、玉等材質外，還出現了以滑石等軟質材料製作的印章。例見“靖園長印（圖叁5・26）、“長沙廄印”（圖叁5・27）、“長沙頃廟”（圖叁5・28），等等。

本節璽印的印鈕以鼻鈕爲主，半環鈕、瓦鈕使用數量上升，龜鈕逐漸具有了等級意義。

圖叁5・21 都候

圖叁5・22 楚衛士印

圖叁5・23 北海飤長

圖叁5・24 朱廬執刲（珪）

圖叁5・25 西河農令

圖叁5・26 靖園長印

圖叁5・27 長沙廄印

圖叁5・28 長沙頃廟

西漢時期泥封出土比較多，主要出土分布在陝西、山東、河南、四川、江蘇、山西、内蒙古等許多省區，大部分爲公印，例如“左鄉”（圖叁5・29）、“齊祠祀印”（圖叁5・30）、“左馮翊印章”（圖叁5・31），等等。

西漢晚期，出現了民族地區印。

圖叁5・29 左鄉（泥封拓本）

圖叁5・30 齊祠祀印（泥封拓本）

圖叁5・31 左馮翊印章（泥封拓本）

（2）私印

本期本節私印的質地以青銅爲主，也有金、銀、石、玉、木、水晶、瑪瑙、琥珀、骨角等多種質地。大多爲陰文鑿印，金屬印中有少量爲陰文鑄印，也有陽文鑄印、陰陽文鑄印等，石、玉、水晶、瑪瑙等以鉈治陰文爲主。印面大部分不設邊欄，無界畫。一般印面較公印爲小，部分玉、石、水晶、瑪瑙印的印面較大。其中，中原、北方地區的印體、文字均較規整，除了用“繆篆”之外，也有用“鳥蟲書”入印。南方地區印體、文字除玉印、瑪瑙印、部分銅印比較嚴整外，其余的往往比較簡率。西漢中晚期之後,私印上常見"印"、"之印"、"私印"、"信印"、"印信"等專稱。本節私印的印鈕多種多樣。此外,雙面印流行,套印也開始出現,畫印較爲多見。例見"王柱私印"(圖貳3·16)、"韓貴私印"(圖貳3·66)、"婕好妾娋"(圖貳3·21)、"妾因諸"(圖叁5·32)、"陽成嬰"(圖叁5·33)、"勒代"、"蘇將軍印"(圖叁5·34)、"霍賀之印"(圖叁5·35),等等。

圖叁5·32 妾因諸

圖叁5·33 陽成嬰

圖叁5·34 蘇將軍印

圖叁5·35 霍賀之印

西漢私印泥封爲同期私印抑蓋而成,例有:"顔莫"(圖叁5·36)、"吕宫印"(圖叁5·37)、"李乃始印"(圖叁5·38)、"公孫調"(圖叁5·39),等等。

圖叁5·36 顔莫(泥封拓本)

圖叁5·37 吕宫印(泥封拓本)

圖叁5・38 李乃始印（泥封拓本）

圖叁5・39 公孫調（泥封拓本）

3. 第三節

大致屬于新莽時期，少量流傳至東漢初。這一節時間跨度不大，但是極富有特色。古錢幣學上有"泉莫精于莽"之説，古典璽印也可以説"印莫精于莽"。莽印鈕式（如龜鈕）製作精美，富有特色，一望可知。文字仍然屬于"繆篆"範疇，但修長、圓潤，與西漢、東漢印章文字有所區别，印章文字與當時青銅器銘文、度量衡器銘文、貨幣文字等，可以合稱爲"莽篆"文字風格。本節的存世印章中有殉葬印，也有實用印。從考古發現來看，墓葬、遺址都有出土。除璽印實體之外，泥封數量比上一節有所下降，但極具特色；其他如印陶文字、烙漆文字也較少見。本節印章的專稱常見的有"印"、"之印"、"信印"、"印信"、"印章"等，也有相當多的印章不用專稱。

（1）公印

公印的質地以青銅質爲主，也有金、銀印。印面多爲陰文鑿印，鑄印比較少。印面大部分爲正方形，邊長2.4釐米左右。無邊欄，無界畫，印面排字一般爲三行，少數兩行、四行或四行以上。這一時期的"半通印"比較少見。鈕置有龜鈕、瓦鈕等。南北方的地域差别基本不見。

公印文字體修匀柔美，鮮有剛勁之氣。印章專稱多爲"印"，該字常平均分爲上下兩部分，每部分各占約一個字位置，印章在文字中企圖"復古"小篆的傳統,字體變長。這一特點在本節的前後兩期中都不曾見。

公印所記地名與西漢時相比多有改作,有的見諸《漢書·地理志》,有的爲史籍所失載。此時在民族地區用印上,冠以"新"字,開創了王朝領字的格式,例見"新西國安千制外羌佰右小長"(圖貳1・132),此風下延及東漢、魏晋時期。

公印常記"復古"的爵位内容,比如公、子、男,一些行政職官的名稱也有改動,甚至爲史籍所不見,例如太師、太傅、國將、司馬、司空、司徒、納言、綉衣執法、牧、監、大夫、大尹、尹貳、連率、卒正、屬令、屬長、奮武、附城、納言、宰、馬丞、徒丞、空丞等。如"圜陽馬丞印"(圖貳1・121)、"紅陽侯國徒丞"(圖貳1・122)、"延命子家印"(圖叁5・40)、"新前胡小長"(圖叁5・41),等等。

新莽泥封出土也較多,大部分爲公印,例如"傅符子印章"(圖叁5・42),近年在西安北郊出土新朝泥封見職官名加私名的公印新樣式,如"大司馬士王尊"(圖貳1・136)、"國將士印石龔"(圖貳1・137),等等。

(2)私印

本節私印質地以青銅爲主,銀、玉、瑪瑙、琥珀等質地的也比較常見。印面風格除部分私印受上一節的影響外,多數受本節公印的影響。印面的邊長一般在2釐米左右,銅印多爲陰文鑄印,其他質地的印章多爲鑿成或鉈成。排字三行,遇字不够時常加"之"字補足。字體修長美觀。與上節相比,此節的畫印比較少,雙面印、套印也很少。例見"郭尚之印信"、"杜嵩之信印"(圖叁5・43)、"李君之印章"(圖貳3・77)、"司徒中士張尚"(圖貳1・36)、"沈意之印信",等等。

私印泥封在陝西、河南等地比較多見，“臣 ×”文例常見。例見：“馮常私印信”（圖貳3·69）、“臣獲”（圖貳1·21）“臣尊”（圖叁5·44）、“郭音私印信”（圖叁5·45），等等。前面在公印中提及的本節職官名加私名的公印新樣式，同樣也可以看作是私印的新樣式。

圖叁5·40 延命子家印

圖叁5·41 新前胡小長

圖叁5·42 傅符子印章（泥封拓本）

圖叁5·43 杜嵩之信印

圖叁5·44 臣尊（泥封拓本）

圖叁5·45 郭音私印信（泥封拓本）

4. 第四節

本節印章大致相當于東漢、三國時期，兩晉時期某些較規整的印章也屬于本節。本節印章體制、鈕式和用字,基本没有繼承上一節的風格,而是跳過去繼承了前一節即主要是西漢時期的風格。存世印章除殉葬印外,實用印有不少,特别是軍旅用印增多。考古發現零星出土的印章較多,墓葬出土及遺址出土的印章數量在減少。在河南、河北、陝西等地出土的若干窖藏中,屬于本節的幾個窖藏藏有下級軍官用印,最多的一窖達七百九十七方。除璽印實體外,本節尚有部分陶文。除陝西、河南省之外,其他地區出土的泥封不多。

(1)公印

公印的質地以青銅爲主,也可見金、銀、玉石、瑪瑙等材質的印章。這些印章多爲陰文鑿印,少量爲金屬鑄印。印面印文以兩排爲主,在一些民族地區用印則以三排爲主。存在有少量"半通印",字體仍用"繆篆",以繼承第二節爲主,有的圓滑純熟,有的趨向率簡,有的筆劃鑿邊、鑿端,刻意做作,帶有形式主義的傾向,這是對第二節風格的延展。從印章文字風格來看,前三節用字的剛健寬博、柔美秀麗正在逐漸消失。在民族地區,用印常冠以"漢"、"魏"、"晋"之類的字頭標識。從鈕式來看,以鼻鈕、瓦鈕、龜鈕爲主,而域外及民族地區用印則常置蛇鈕、羊鈕、駝鈕等。三國時期的印章風格並不統一,具體説來,曹魏比較謹嚴,孫吴與蜀漢的印章有不少已帶有涣解期的風格。用印專稱,諸侯王用印稱爲"璽",其他用"印"較多,用"章"較少。也有不少印章不用專稱。例見"廣陵王璽"(圖貳1·108)、"朔寧王太后璽(圖貳3·58)"、"平東將軍章"(圖貳3·75)、"琅邪相印章"(圖貳3·76)、"校尉之印章"、"漢委奴國王"(圖貳1·107)、"順陵園丞"(圖叁5·46)、"外里祭尊"(圖貳1·142)、"漢匈奴惡適尸逐王"(圖貳1·133)、"魏丁零率善佰長"(圖貳1·134)、"晋歸義羌王"(圖貳1·135)、"武徒府”（圖叁5・47）、“軍司馬印”（圖叁5・48）、“部曲將印”（圖叁5・49）、“沙渠長印”（圖叁5・50）、“新安鐵丞”、“討虜司馬”（圖貳3・93），等等。

東漢泥封在陝西、河南有一些出土，其他省區則比較少見了，大部分爲公印，例如“東鄉家丞”（圖叁5・51）、“菅侯相印”（圖叁5・52）。

圖叁5・46　順陵園丞

圖叁5・47　武徒府

圖叁5・48　軍司馬印

圖叁5・49　部曲將印

圖叁5・50　沙渠長印

圖叁5・51　東鄉家丞（泥封拓本）

圖叁5・52　菅侯相印（泥封拓本）

（2）私印

本節私印以青銅質地爲主，也有其他質地的印章。印面有鑄、有鑿，文字有陰文、陽文、陰陽文等。從内容來看，有畫印私印合一，有姓氏、名字加籍貫、職官、詞句等，品類比較豐富。南北地域的區别在此節基本不見，文字比公印相對美觀，和公印不同的是，私印用字對西漢時期有明顯的繼承，少部分也繼承了王莽時期風格，除用“繆篆”外，也有用“鳥蟲書”。這一節私印的專稱很多，用法也很豐富，畫印較多，成爲私印發展的比較繁榮的時期。印鈕的形式多樣，有鼻鈕、瓦鈕、橋鈕、龜鈕、獅鈕、辟邪鈕、熊鈕等等，還有兩面印、套印、多套印、多面印等等，印體鑄造比較精美。吉語印數量不少，並出現私姓、名與吉語的配合，應當爲專門定製的作坊商鋪所爲。宗教印開始盛行，主要反映道教和神仙家的内容。到了本節晚期，存世私印鋭減。例見：“王文之印”（圖叁5・53）、“田慶忌”、“許信中”（圖貳3・105）、“姚少功子”（圖貳3・115）、“蘇文印”（圖貳3・131）、“司馬度”（圖貳3・135）、“王表言事”（圖貳1・55）、“巨郅千万”（圖叁5・54）、“樂浪太守掾王光之印、臣光”（兩面印）（圖貳1・38）、“劉延、俊靡丞印”（二套印）（圖叁5・55）、“楊就印信、楊就、叔貞”（三套印）（圖貳1・12），等等。

本期的私印泥封不多，主要在河南、陝西省有所出土，例見：“許渠之印”（圖叁5・56）“程珽之印”（圖叁5・57），等等。

圖叁5・53 王文之印

圖叁5・54 巨郅千万

圖叁5・55 劉延　俊靡丞印

圖叁5・56 許渠之印（泥封拓本）

圖叁5・57 程珽之印（泥封拓本）

（二）小結

在蓬勃期的基礎上，中國古代璽印在本期逐漸發展到了行用統一化、制度化階段，也就是基本風格漸趨一致的“典則期”。這是政治上大一統的實現、社會相對穩定、生產力的恢復與發展，各地政治、經濟發展水平漸趨接近的反映，也是社會交流頻繁、地域隔離打破的應有結果。本期是古代印章文獻記載非常完備的時期，有關製印、用印的制度的趨于嚴密，在這一點上，中國古代印章也與世界其它地區的印章產生了基本的區分。

典則期的印章更爲全面地反映了社會、政治、經濟、文化、軍事、民族、外交等各方面的問題。拿兩漢職官研究來説，依據印章遺存，能大體復原一個金字塔式的官僚體系，並糾正或補充了文獻的某些誤置與不足。印文内容能够與時代政治發展基本同步，這在以前各期是難以見到的。一些研究者憑借本期的印章資料，已在秦漢史研究領域取得了可喜成就。

本期印章在其他方面也有重要研究價值。例如,蓬勃期以“東周古文”入印,雖取得了一些成功,但在文字空間處理方面明顯有不盡適合印章使用的地方,文字與邊欄匀稱的整體感也顯得不足;到了典則期,這一問題得到了很好的解決。本期由“摹印篆”發展而成的“繆篆”,是與中國古代印面形式配合得最爲成功的漢字,爲後世印學、印藝所格外看重。本期“鳥蟲書”等的大量出現,實際是秦漢之後對“摹印篆”、“繆篆”的美術字化的進一步改造。以印文中的名字詞句、畫印等作爲對象進行深入研究,不難發現,這是一個民俗學和美學的寶庫。豐富的鈕式也反映了當時立體造型藝術的成就。

本期印章發展大體經歷了上文提及的四節,這四節的先後發展與秦、西漢、新莽、東漢、三國、西晋等朝代相當,雖然印章尤其是公印與政治進程有一定的聯繫,但主要還是印章本身風格變化的反映。這種變化除了第三節即新莽時期的表現屬于突變而顯得獨特孤立外,其餘三節都是漸變,往往還有前後彼此交叉影響的情況,例如第四节跳过第三节而承接第二节风格。在蓬勃期明顯存在的璽印地域性差别,在本期已經逐漸消彌。

典則期屬中國印章史的第一個高峰,也是整個中國古代璽印發展史的最高峰,其成就最集中地表現在本期第一、二、三節的成果上。它對完整的中國印章史的第二個高峰——明清文人流派藝術印章的創作,提供了豐富的營養,成爲他們藝術實踐的重要典則;同樣,這一影響也滲入到現代藝術印章的創作中,並將一直影響到中國印章藝術的未來。

六　第一段　涣解期

從東漢後期開始，在部分公用印章上出現了不屬于典則期而屬于本期——涣解期的風格，這種用印制度、印體鈕式、文字風格涣解的現象，在公印以及大部分私印上一直延續到三國（主要孫吴、蜀漢地區）、兩晋、南北朝時期，與前一期第四節對讀着看，顯然可以發現時間、遺物、風格上的複雜交叉。

長期以來，涣解期的印章主要是公用印章，被許多研究者籠統地納入“漢印”範疇，例如被許多著作認爲是所謂“漢將軍印”或“急就章”的樣式，被人們普遍認爲是東漢時代軍中用印，是當時由于軍情急迫而造成的率簡快捷風格。實質上“急就章”中，只有少數屬于東漢、三國的軍中用印，大量屬于兩晋、南北朝時期的一些將軍、武職用印，這種用印字形風貌也大量存在于同時的文官用印中，也存在于當時部分私印之中（儘管此時私印數量鋭減），這是一種時代風格的體現，是典則期之後的古典印章的邏輯發展所致。

本期跨越了從東漢末期到南北朝等幾個朝代，正是經歷了我國古代的一個政治大分裂、社會大動蕩的時期。從總體上看，本期印章體現了前後兩節的變化，中國古代印章第一段的涣解在本期逐步加劇，以至徹底崩壞。

（一）涣解期公印的制度規定

魏晋時期是職官制度發生了重要變革的時期，它上承秦漢，下啓隋唐。在公用印的制度規定上，這一時期也表現出愈趨繁密的特點，對後代産生了重要影響。當然，制度是制度，實物是實物，兩者之間頗多不相和諧之處。筆者僅簡略介紹曹魏、兩晋以及南朝的宋、齊、梁、陳等朝的有關公用印制度。

1. 曹魏

黄初三年(222年)規定：封王之庶子爲鄉公，嗣王之庶子爲鄉侯，公之庶子爲亭伯。後又有制度規定：凡國王、公、侯、伯、子、男六等，次縣，次鄉，次亭侯，次關内侯；又置名號侯，爵十八級；關中侯，爵十七級；以上各級皆用金印紫綬。關外侯，爵十六級，銅印龜鈕。五大夫，爵十五級，銅印環鈕。

2. 兩晋

王，龜鈕金璽，細纁朱綬。皇太子，龜鈕金璽，朱黄色綬。貴人、夫人、貴嬪，稱爲"三夫人"，皆金章紫綬，文曰："貴人、夫人、貴嬪之章。"淑妃、淑媛、淑儀、修華、修容、修儀、婕妤、容華、充華等九嬪，皆銀印青綬。郡公、縣公、縣侯、大夫夫人，銀印青綬。公車司馬令，銅印墨綬。通德殿太監、尚衣、尚食太監，皆銀章艾綬。

3. 劉宋

皇太子、皇太子妃及諸王，龜鈕金璽，纁朱色綬。郡公，金章朱綬。太宰、太傅、太保、丞相、司徒、司空，皆爲金章紫綬。太宰、太傅、太保、丞相、司徒、司空，皆爲金章紫綬。相國，金章，緑綟色綬。大司馬、大將軍、太尉，凡將軍位從公者，皆爲金章紫綬。郡侯，金章，青朱色綬。郡公侯太子，銀印青綬。縣、鄉亭侯，金印紫綬。鷹揚、伏波以下諸將軍，銀章青綬。諸都尉、校尉、中尉，皆銀印青綬。州、郡史，銅印墨綬。御史中丞、都水使者，銀印墨綬。諸軍司馬，銀章青綬。匈奴、護羌諸校尉，銅印青綬。尚書左右丞、秘書丞，銅印黄綬。尚書令、僕射，銅印墨綬。

4. 南齊

乘輿六璽，以金爲之，依漢代制度。皇太子、諸王，皆爲龜鈕金璽，纁朱色綬。公侯五等，用金章。郡太守、内史、四品五品將軍，皆用銀章青綬。尚書令、僕射，至諸州刺史，皆用銅印。

5. 蕭梁

乘輿、皇太子、諸王、五等國之璽印，與南齊制度相彷。鄉、亭、關内、關中及名號侯、諸王嗣子，用龜鈕金印，紫綬。關外侯，用珪鈕銀印，青綬。大司馬、大將軍、太尉諸等從公者，皆用龜鈕，金章紫綬。尚書令、僕射、尚書、中書監令、秘書監，皆用銅印墨綬。左右光禄大夫，金章紫綬。太僕、廷尉以下諸卿、丹陽尹，皆用龜鈕，銀章青綬。諸將軍，金章紫綬。中郎將，青綬。郡國太守、相、内史，皆用龜鈕，銀章青綬。諸縣署令秩千石者，州郡大中正、郡中正，皆用環鈕，銅印墨綬，公府令史與此同。諸縣尉，用環鈕銅印，黄綬。

6. 陳朝

天子六璽因襲舊制，“皇帝行璽”、“皇帝之璽”、“皇帝信璽”，以白玉爲之，方一寸二分，用螭獸鈕；“天子行璽”、“天子之璽”、“天子信璽”，用黄金爲之，方一寸二分，用螭獸鈕。皇太子璽，爲黄金質，方一寸，用龜鈕。諸侯、二品以上官，皆金章紫綬。三品，銀章青綬。四品得印者，銀印青綬。五、六品得印者，皆銅印墨綬。七、八、九品得印者，皆用銅印黄綬。以上金銀章印以及銅印，皆方一寸，用龜鈕。四方諸藩國王之章，上藩用金、下藩用銀，皆方一寸，用龜鈕。佐官，惟公府長史、尚書兩丞給印綬；六品以下、九品以上，惟當曹而爲官長者給印，其他非長官者，位尊亦不給印。

《三國志·魏書·夏侯尚傳》裴松之注引《魏氏春秋》的記載，魏有印工楊利、宗養兩人之名。這是繼秦朝李斯、孫壽之後又一次見到印人的姓名，可惜，他們的作品面目不得而知。

這裏不擬再輯録北朝的一些制度規定。東晋南渡之後，中夏的“衣冠制度”亦相率南移，了解了南朝的公印用印制度，便可推知當時北朝用印的大致情況。

（二）分節

與“典則期”印章的分節研究相似，本期的前、後兩節與朝代雖有一定的關係，但主要指的是印章發展風格的區别，而各節之間一些風格又是交叉影響的。

1. 前節

大致從東漢末期到三國時期的部分印章開始，涣解期風格的印章便開始出現，發展到兩晋時期已較普遍。存世的印章中，實用印的數量超過了殉葬印。考古發現零星出土的較多，墓葬及遺址出土的比較少。除璽印實體之外，本節也可見部分陶文。但是，具有涣解期印章風格的泥封已經見不到。

（1）公印

質地以青銅爲主，也可見到金、銀、鉛、石等材質，基本上屬于陰文鑿印，少量隨葬的印面又出現了邊欄，文字以兩排爲主，有少量爲三排。其“繆篆”字體發展了典則期第四節的形式主義傾向，更趨向簡率，字體結構如同拼搭而成。

鑿刻的陰文，例如在一些將軍印出現了所謂的“急就”風格，即單刀刻成，筆劃一端較尖鋭，一側有毛刺，顯得匆促或潦草。此類印章爲數不少，這種印章僅用“急就”來解釋是不够的。首先，鑿出一枚印章並不需要太長的時間，雖然這一階段戰争頻仍，但是，從容的戰例或並不急迫的朝廷政事還是常態。其次，在此時的印章中，將軍印潦草，而一些低級軍官印反而嚴整一些，這也于理不合。同樣文職官員印章亦漸趨潦草涣散。所謂的“急就章”風格，應當是制度的反映，還有更是印章本身發展規律所致，不是軍情急迫所致，這一狀況應當切實點明。

本節的印面雖然大多數邊長在2.4釐米左右，但大于此標準或小于此標準的印章也不少，這是度量衡制度不穩定的結果。在討論本階段度量衡值的差異時，公印尺寸是可信的資料，這是政治狀況影響了度量衡制度，而度量衡于制度變化又影響了用印制度的好例。本節的公印有龜鈕、瓦鈕、鼻鈕等。

三國時期，印章風格並不統一，曹魏比較謹嚴，孫吴、蜀漢印章相對草率。西晋和部分東晋印章繼承了曹魏的風格，比較謹嚴；而東晋、十六國時期也有不少印章進入了下一節風格的範圍。印文大多數爲四字，將軍印加“章”字。曹魏民族地區的公用印不拘字數，常冠以“巍”（魏）字。西晋民族地區的公用印不拘字數，常冠以“晋”字，個别影響到東晋；璽印的專稱以“印”、“章”較爲常用，也有一些印章不用專稱；這些民族地區用印凡風格比較嚴謹者可劃歸上一期上一節，凡潦草者也可歸于本節。例見：“征羌國丞”（圖叁6・1）、“當塗令印”、“廣武將軍章”（圖叁6・2）、“主爵都尉章”（圖叁6・3）、“武衛次飛武賁將印”（圖叁6・4），等等。

公印泥封已經基本不見。

圖叁6・1　征羌國丞

圖叁6・2　廣武將軍章

圖叁6・3　主爵都尉章

圖叁6・4　武衛次飛武賁將印

（2）私印

私印比典則期第四節所見數量更少，質地以青銅爲主，也有金、銀、玉、石等材質。印面有鑄、有鑿，印文有陰、有陽，也有陰陽合文等等。這時的私印有的風格與前一期相仿，有的文字也有涣解的傾向，但在總體比公印略顯美觀。除“繆篆”、“鳥蟲書”之外，曹魏私印上還出現了“懸針篆”的作法。

此節私印的鈕式多樣，雙面印、套印、多套印也出現不少，六面印是有特色的私印，有認爲六面印源于曹魏，但從考古資料來看，絶大部分是東晉到南朝的遺物，少量爲北方十六國時期遺物，六面印的主人絶大多數爲豪族權貴，六面印的作法是將主人生前所用多種印章合爲一體，而又帶入廬墓。這時有一定數量的宗教印，畫印鋭減。例見“樊纘”（圖貳3・22）、“馮泰”（圖叁6・5）、“菅納”（六面印）（圖貳2・27）、“殷伷之印”（圖叁6・6）、“孫碩”（六面印）（圖貳1・60），等等。

私印泥封已經基本不見。

圖叁6・5　馮泰

圖叁6・6　殷伷之印

2. 後節

大致從東晉、十六國的部分印章開始，中國璽印第一段的古典風格出現全面涣解，這一狀況持續發展到了南北朝時期，此節印章的狀況亦有學者稱之爲“崩壞”。在本節印章總數已經比較少了，其中，實用印的數量比例大大超過殉葬印。考古發現零星出土的印章較多，墓葬及遺址的出土比較少。本節璽印實體基本衹見公印，私印、陶文、畫印等皆罕見，泥封已不再見到。

（1）公印

本節公印的質地以青銅爲主，也可見到金、銀、鉛、石等材質。篆刻方式以陰文鑿印爲主，少量印面出現邊欄，文字以兩排爲主，少量爲三排。本節印章最爲觸目驚心的，是其文字漸趨荒率，擺脱篆意，有的筆劃任意增損，筆道隨意曲折，完全不合字理，文字甚至發展到難以識别。

在“典則期”裏基本消失的地域差别在本節中又突現了出來。北朝的公印形制較大，字體放浪疏闊；南朝的公印形制趨小，字體顯得局促怪誕；造成印章北大南小的原因，在于這一時期度量衡制度，尤其“度”制的變化，這一變化的深刻背景，在于北方戰亂、人口鋭減，田地荒蕪，地畝計量單位的值加大，南方正好相反，人口密集，田地占有緊張，地畝計量單位的值縮小；從印章上恰恰直觀地反映了中國古代度量衡發展的一個重要現象。印體及用鈕皆趨高，鈕式有龜鈕、瓦鈕、鼻鈕等，龜鈕、鼻鈕等也表現出明顯的南北差異，北方龜鈕高大，龜立起，刻工精神但形象失真，南方龜鈕瘦小無神。璽印專稱以“印”、“章”等較爲常見。例見“陰平太守”（圖貳1・123）、“涓陽令印”（圖叁6・7）、“立節校尉”（圖貳1・128）、“蘭陵太守章”（圖叁6・8）、“寧朔將軍章”（圖叁6・9）、“高城侯印”（圖貳

1・111)、“冠軍將軍印”(圖叁6・10)、“范陽公章”(圖叁6・11),等等。

圖叁6・7　涓陽令印

圖叁6・8　蘭陵太守章

圖叁6・9　寧朔將軍章

圖叁6・10　冠軍將軍印

圖叁6・11　范陽公章

(2)私印

本期出土的私印罕見,由于建立不起可靠的標準,因此,傳世的私印中即使有屬于本節的,一些文論中確信爲本節的,也不敢予以遽認。陝西零星搜集而不是墓葬出土的煤精製十八面體北周時代的“獨孤信”(圖貳1・39)印,爲權傾數朝的大官僚獨孤氏用印之遺，體制非常特殊，印面多，文字均用楷書，內容屬其他印章所不見，是前一期三節兼公印、私印性質的仿品，又不知它是否爲隨葬之物。雖然非常珍貴，但是似這樣僅見一例，並不能作爲本節私印的標準器。

（三）小結

"典則期"之後，中國璽印的古典風格在全國範圍内逐漸經歷了愈來愈深刻的涣解。印章形制不再依循古典，也不嚴格地遵照制度規定；印面的文字漸趨潦草、荒率甚至不能辨讀。這種全國範圍内的印章涣解現象，絶不是一個事件、一場戰爭所能够造成的。它們與當時全國的大分裂局面有關：失去了統一的王朝，自然會形成政治、軍事割據的狀況，各地区、各政权的用印在型制上有了很大不同。戰争頻仍，印章文字的風貌呈現出一種掙扎的不安感，與印章、文字製作有關的知識分子，心埋也應當普遍處于躁動無望之中。這些，都是應當重視的外因條件。

魏晋南北朝時期的生産生活、經濟發展的水平不統一，造成了度量衡制的差異，尺寸不一的印章成爲這種分歧的重要標本。度量衡制的分歧造成了南北地畝制度的分歧，造成了農業管理、生産産量的帶有根本意義的不同。由于印章成爲了可信的重要標本，也就成爲深入研究當時農業、商業經濟的不可或缺的信物。

隨着紙質文字載體的不斷增多出現，泥封大面積退出文書領域，泥封制度式微乃至終止，印章功用的反映，也要適應反向呈現的載體的變化，原有的"方寸璽"以及"繆篆"陰文已成爲日落西山的舊有制度。此期多個政權的繁密的製印、用印制度規定，恐怕只是文獻字面的"明日黄花"，經不起考古實踐的檢驗了。

外因的動蕩、變化固然重要，但導致這種變化更重要的還是璽印自身發展的内因。世間事物，總是由萌生到達興盛，再由興盛轉爲衰微，雖然周期或長或短，但自身的規律是不可逆轉的。古代璽印的這種涣解，實際上標志着中國印章發展史的第一段從形制、用法、文字表現、美學意義等各方面走到了盡頭。璽印上所表現的這種衰微、涣解、崩壞，並不完全是消極的。涣解期這種現象的積極意義在于，它呼唤着變革，呼唤着璽印從功用到美學價值上的更變，它是璽印發展的由漸變轉向突變的前奏。没有本期的涣解，就不可能有印章史上"蟬蜕龍變"的發展。所以，不能簡單地否定"涣解期"的印章，將它們視爲從形制到美學意義等各方面，都體現着没落與衰敗的代表。筆者認爲，那種認識恐怕是未能看透涣解表象之下的積極意義，而作出的比較偏頗的判斷。

值得玩味的是，作爲漢字藝術的主體之一，中國書法藝術的面貌在東漢魏晋南北朝之際也發生了巨大的變化。但是書法藝術面貌的改觀似乎比較平和，前後的邏輯聯接也不是十分勉强。中國印章文字藝術在本期則變動激烈，在于下一段下一期的銜接上，也"涇渭分明"，判若二體。這是漢字藝術史上應當指出的重要現象。

涣解期印章比較全面地反映了當時社會、政治、經濟、文化、軍事、民族、外交等各方面的問題。這種處于大分裂時期的印章，它們所記録的信息彌足珍貴，既與前一時期不同，又不見文獻的大量記載。魏晋南北朝史的研究，應當主動地利用本期的璽印所提供的資料。涣解期印章本身也反映了當時的大量社會問題，如，本期的軍旅用印比例較大，這與當時武力對峙與争鋒的局面有着直接的關聯；又如，從典則期末到涣解期，私人用印的數量劇減，到本期末甚至變得十分罕見，這與當時社會的動蕩、政局的變化、戰亂的頻繁、人口的遷移、北方地區户口的鋭減都有一定的關係。

七　第二段　更變期

從南北朝後期開始,歷經隋、唐,下延到五代及北宋初葉,在印章的發展中出現了與中國古代印章第一段很不相同的風格。以公印爲例,印面突然增大,字體大部分改陰爲陽,擺脱了秦漢"繆篆"的風格,顯得闊大、雍容、流暢。這一時期的印章在一定的方面體現了對蓬勃期陽文巨璽以及鈐朱用法的"復興"。上一段以秦漢爲代表的泥封制度消亡了,唐時的泥封與之前有了本質的不同;同時紙質文件大面積取代了簡牘式文件。中國古代印章自此出現了由用印制度、印章用法,到印體形態、用印尺寸、印面文字等多方面的根本性的更變,因此筆者將其命名爲"更變期",中國古代印章發展的第二段自此開始了。

對于更變期的印章,大多數的研究者將其與"印宗秦漢"截然分割,對其歷史價值和審美價值都比較輕視。實際上,這一認識是有所偏頗的,應當得到訂正。

(一)更變期公印的制度規定

自南北朝晚期直至北宋初葉,更變期印章跨越了幾個朝代。南北朝時期的公印相關制度規定,已歸入涣解期中論及;宋代的公印相關制度規定,將併入下一期——規範期中加以叙述;此處所言公印的制度有關規定,以隋唐制度爲代表。

唐朝天子握有"傳國璽"以及"八璽"。這"八璽"皆爲玉製,稱爲"神璽"、"受命璽"、"皇帝行璽"、"皇帝之璽"、"皇帝信璽"、"天子行璽"、"天子之璽"、"天子信璽"。武則天時,惡"璽"、"死"音似,改“璽”稱“寶”。待唐中宗即位後,又改稱“璽”。唐玄宗開元六年(718年),又稱爲“寶”。天寶初年,改“璽書”爲“寶書”。天寶十年(751年),“傳國寶”改稱爲“承天大寶”。

對太皇太后、皇太后、皇后、皇太子、妃等人均授予璽,金質,藏而不用。若太皇太后、皇太后等封令書,則用本宫印,如,皇后所用之印爲“内侍省印”,皇太子所用之印爲“左春坊印”,妃子所用之印爲“内坊印”等等。天子巡幸,則頒給京師及東都“留守印”;諸司從行者,頒給“行從印”。

對駕崩的帝后,隨葬以“謚寶”的制度已經形成。“謚寶”在更變期表現爲巨印陰文,與當時實用之印不同。

唐代有廢印上繳制度。一旦公印停止使用,便要上繳,並由專門的機構統一用石碾粉碎。唐代印官見諸記載的有祝思言,思言後隨唐僖宗入蜀,子孫遂爲蜀人。其後有祝温柔,爲後蜀鑄印官。蜀平,祝温柔又改鑄北宋官印。

(二)分節

本期跨越了南北朝後期、隋、唐、五代、北宋初葉,存世印章數量不是很大,從印章特别是公印的風格來看,大體上可以劃分爲前後兩節,是否有可能劃分得更爲細緻,則要等到將來資料積累得更多一些。

1. 前節

更變期的前節包括大致從南北朝後期到隋唐的印章,有關資料的數量不是很多。

本節的印章有零星發現,也有遺址發現,少量的出土于陵墓。本節的公印用字、形制都非常相近,印章的專稱有“印”、“之印”等。

一般認爲,用“印”作爲專稱的時代偏早,約爲隋朝以及隋朝以前;用“之印”作爲專稱的時代是唐朝;這條意見由羅福頤先生總結提出,經過數十年檢驗是正確的。近年有的研究者指出唐代也有僅綴“印”字的,恐怕應當慎重考慮。本節稍晚時,印章上還出現了“圖書”專稱。

(1)公印

公印的質地以青銅爲主,滑石質與陶質磚、瓦印頗具特色,基本上爲陽文,字多排爲兩排,少量排爲三排;帝王謚寶爲玉石質,砣爲陰文。青銅印的文字有用銅絲盤條焊在印面上,被沙孟海先生首先稱爲“蟠條篆”,也有鑄造深峻的。滑石印、陶印文字以刀刻,模仿青銅公印上的文字風格。印章所使用的文字疏闊大度,雖在挪讓方面不太勻熟,但顧盼有致,神采飛揚。印章的面形以正方形爲主,邊長爲5.2釐米左右,約合南朝制度一寸二分之兩倍,也約合北朝一寸之兩倍,南北朝尺寸差異的原因非常重要,可見前一節討論,南北朝印章在邊長上取值的差異,在此節已消失;因此,本期印面面積比上一期大了許多,相當于以往的四倍,實用青銅印的印臺厚約1.5釐米左右。上置鈕,鈕式爲弧背碑形鈕,也見有蹲獅鈕,鈕的下部有穿銎,從隋代開始印背上已見款識刻銘,研究者曾懷疑這些款識刻銘屬干後刻上去,但據近年的考古發現,這些印背款識確實爲當時人的作爲。近年,陝西省西安市臨潼區唐齊陵出土玉石質謚寶,陰文,文曰“奉天皇帝之寶”,爲帝室專用隨葬謚寶之先河(圖叁7·1)。

在當時遺址中所見的一些磚瓦陶印,爲隋唐印中非常特殊的一種,數量不算太少,亦曾有人將其稱爲“瓦印”,爲當時的磚角或瓦片磨一方形印面之後再刻成,面形以正方爲主,邊長仿當時的實用印,印臺厚度因磚瓦塊的大小有所不同,内容及文字全仿自實用公印,大部分爲陽文,目前只見一品爲陰文。此外,還有陶質的雙面印存在,非雙面者往往印背粗糙不平,無鈕。還有少量仿實用公印的滑石印,它們既有單面、亦有雙面。這批印章的用途,研究者們作過多種推測,終究不明所以。

圖叁7·1 奉天皇帝之寶

在甘肅、新疆等地,曾出土一些隋唐時代的經卷、文書,其中可見用印鈐朱痕迹,日本所存的"遣唐使印"鈐朱痕迹也屬于本節的風格。在陝西西安唐朝大明宫遺址出土了用于封緘貢物的,在泥面先墨書後加印的唐代泥封遺存。這些泥封與古代璽印第一段的泥封截然不同,它以黏土封蓋在壺、罎口部,塗以白堊,再墨書所裝壺、罎之内的物品、裝封時間等内容，最後再抑以公印，泥封本體不是塊狀，而是呈泥皮狀。

有研究者認爲，出于甘肅敦煌的唐朝寫經經卷，其上有塊狀“報恩寺藏經印”、“瓜沙州大經印”（圖叁7・2）屬于私印，這兩款字體稍嫌拘謹，字體也屬蟠條篆。這種意見是不正確的，實際上，它們是公印的一種——宗教經書用印。也有的研究者認爲，綴“圖書”專稱者也爲私印，恐亦不確。

圖叁7・2 瓜沙州大經印

例見：北朝晚期的“衛國公印”（圖叁7・3），北朝末到隋朝的“天元皇太后璽”（圖貳2・106），隋朝的“永興郡印”（圖貳1・158）、“桑乾鎮印”（圖叁7・4），等等。唐朝的“夏州都督府之印、銀州之印”雙面印（圖貳3・141）、“柳中縣之印”（圖貳1・159）、“天門軍之印”（圖貳1・96）、“渤海圖書”（圖貳3・87），等等。唐末五代時的“大毛村記”（圖貳3・81）。陝西出土唐代的“陰槃縣之印”雙面印，内容相同，爲陶瓦質，一面陰文，一面陽文，爲一特例（圖叁7・5）。陝西還出土有唐代滑石雙面印“清源郡之印、尚書府部行從之印”（圖叁7・6）。西安出土有磚質隋代雙面印“長安縣印、安定郡市”印（圖叁7・7）。西安出土有磚質“上書外出漕之印”（圖叁7・8），等等。

圖叁7·3　衛國公印

圖叁7·4　桑乾鎮印
（55×55）

圖叁7·5　陰槃縣之印

圖叁7·6　清源郡之印　尚書府部行從之印
（55×55）

圖叁7・7　長安縣印　安定郡市印
（55×54）

圖叁7・8　上書外出漕之印
（52×55）

（2）私印

本期的私印極爲少見，傳説屬于唐朝李泌所創的齋館印"端居室"（圖貳1・86），其實物已不存世，但是從印蜕的風格來看，此印尚不能肯定屬于本節，可能爲後人臆造。傳世晋唐人的書畫上鈐有"貞觀"、"開元"、"神龍"、"真卿"、"世南"等印，因無實物印證，筆者認爲皆不可靠，有的研究者認爲這些都是宋或宋以後人所爲。據徐邦達先生再次認定，唐朝太平公主的駙馬武延秀所用之"胡書印"——"三藐毋馱"（圖叁7・9），屬于唐朝私印鈐用的真迹。近年，位于陝西西安的唐長安明德門遺址出土"襟掩春風、氣含秋水"石質雙面印，是難得的閒文性唐代私印（圖叁7・10），但亦有研究者對其時代存疑，認爲是後代遺物混入了唐代遺址地層中。總之，本期有無私印，私印的基本風格又如何，仍待新出土資料得以説明，現資料明顯不足。

圖叁7·9 三藐毋馱(摹本)

圖叁7·10 襟掩春風　氣含秋水

2. 後節

時間大致從五代到北宋初葉,印章的存世的數量也不多,大多爲實用印。有零星發現、少量遺址出土、少量墓葬出土等。本節印章的專稱除了"之印"、"圖書"之外,"記"、"朱記"也開始行用;帝王或藩王陵墓隨葬的璽印始見正式使用"謚寶"後綴。

(1)公印

質地以青銅爲主,多爲陽文。陶印已不再見到,泥封亦不曾見到。四川出土的五代前蜀王建謚寶用石印以代玉,用陰文。一些傳世書畫作品上見到用印鈐朱的痕迹。印文從"蟠條篆"繼續發展,由隋唐印章上的博大疏闊,逐漸轉爲五代、北宋初葉的拘謹内斂風格。除了使用略似蟠條篆的文字外,楷書和行書的"記"、"朱記"等比較流行,出現了極少量的隸字印。

公印印面有正方形、塊形、條形等等,尺寸的大小變化比較多。鈕式由上一節的碑形鈕轉向塊鈕發展,頂部漸漸由弧變平。到了北宋時,鈕式中部開始失去穿銎,這是印章鼻鈕系列的顯著突變。王建墓的石質謚寶所用爲龍鈕。北宋時期,在公印的印背上大量出現了刻款,其内容有記時、記印面内容、記頒發單位等等。例見:五代"都提舉使朱記"、"陝虢防禦都虞候朱記"(圖叁7·11)、"元從都押衙記"(圖貳3·31)、"右策寧州留後朱記"(圖貳3·29)、"高祖神武聖文孝德明惠皇帝謚寶"(圖貳1·113)、五代或北宋"軍資庫印"

（圖叁7・12），等等。

圖叁7・11　陜虢防禦都虞候朱記
（58×56）

圖叁7・12　軍資庫印

圖叁7・13　建業文房之印（摹本）

（2）私印

本期本節的私印仍不多見，考古出土更是稀若麟鳳。傳世略見有幾枚，如"樂安逢堯私記"（圖貳3・83），傳世的書法作品上見到的南唐"建業文房之印"鈐影（圖叁7・13）。這兩枚私印的面形與本節的公印很相近，用字也略似"蟠條篆"，内容與一般的私人姓名印章不同，只代表了本節私印的部分風貌。

（三）小結

古代印章發展到“更變期”，從用法、印體、尺寸、文字到内容，各個方面都發生了突變。“涣解期”宣告了中國古代印章第一段的終結之後，中國印章在第二段尋得道路，開始了新的發展。

從用法上分析，中國更變期印章改變了長期以來以陰文作印而主要用于抑陶、泥封的局面，轉向主要以陽文作印，采取鈐朱的方法，主要用在紙質文書上。有研究者認爲，這種“突變”僅僅與紙質文書大量行用有關，這種説法雖然有一定的道理，但早在兩晋時代紙質文書已大量出現，而不見兩晋紙質文書上鈐印；而且，直至唐朝仍然有又一類型的泥封在繼續使用；這兩點説明，上述説法尚不够完善。本期印章型制、用字乃至用法的突變，其基本動力仍來源于印章與用印方法本身“内因”。

從印體方面看，更變期的公用印擺脱了長期以來印面邊長約2.3釐米，亦即“方寸璽”的束縛，印面突然放大。印鈕也逐漸升高，體量加大、加厚。印鈕的體積加大，使長期行用的手捏式用鈕法逐步向手握式用鈕法轉變，鼻鈕系統經歷了根本性的變化。在公印的印背、印側，開始肯定有了鑿刊款識的作法。

從印章所用文字來看，以公用印章爲代表，改變了秦漢時期“摹印篆”、“繆篆”的傳統風貌，出現了全新的“蟠條篆”。印章的文字一改以往以陰文印爲主的特點，而以陽文印爲主，呈現了全新的氣象。印章依憑另一個載體，反向地表現印面的内容這一本質並未改變，只是載體由泥陶爲主，轉爲以紙質爲主，因此作法上表現了明顯的異化與突變。

對于更變期印章的這些變化，尤其是“蟠條篆”的風格，許多研究者不以爲然。周亮工評論道:“唐、宋、元無印,至明而印章始可繼漢。”陳克恕説:“唐之印章,因六朝作朱文,日流于僞繆。多屈曲盤旋,皆悖六義,毫無古法,印章至此,邪謬甚矣。”傅抱石先生批評道:“隋唐以後”,朱文印“以‘詘曲盤回’爲主,偏重整齊和對稱的。如此一來,篆刻的生命起了僵化。”上述説法都有失偏頗。中國印章的第一段中如“蓬勃期”、“典則期”的璽印,的確屬于印章史上的珍貴遺産,但到了“涣解期”,印章文化與藝術的發展幾乎走到盡頭,文字的瑣碎怪誕便是證明,此期的工匠和印人在倔强探索,雖然出現一些充滿“個性”的表現,但没有達到全面成功的印章文字的表達。

“山重水復疑無路,柳暗花明又一村。”第二段“更變期”的印章及文字帶着恢弘博大的氣勢,登上了印史舞臺。稍涉治印者都有體會,印章文字是一種服從于固定印面的“適合性”文字,由長期較小的印面面積,轉向在放大了幾乎四倍的面形上去表現,是極難把握的。更變期“蟠條篆”印章文字人膽留空,以圓計方,雍容大度,字劃回環自如,並無僵滯,爲其前後他時代所少見,雖有對“蓬勃期”即東周時代璽印某些風格的一些復興,但絶無因襲守舊的姿態,本期印章的布局疏闊,意趣生動,對印章用字的革新改造的精神膽略,實在是現代創作應當吸取的精髓所在。

從上一段“涣解期”到本段本期的印章文字的變化,由急風暴雨式的最終達到基本底定。這與中國書法的變化演進有所不同,成爲漢字藝術發展中别有意味的現象。

在本期的公用印(包括一些陶印)中,綴有官名的職官印並不多見,以不附官名的地方政府、各種官署用印較多。雖然在第一段的璽印中也有這種現象,但主要的大面積轉折出現在第二段的更變期。可以認爲,更變期的實踐開啓了大量使用地方政府、各級官署印章、而不用官長簽署負責的政治管理的先河，這些印章不附職官名稱，一直影響、沿襲到現代。本期存世的公用印並不多，但每一枚都具有很高的文獻研究價值。

隋唐時代的度量衡制度繼承了權與北朝、南朝的部分傳統，形成了自己的體制，這在北朝晚期、隋唐公印邊長放大一倍的作法上，得到了很好的重要的實物資料。

本期的印章可能出現了一些新的品類，比如齋館印、鑒藏印等，可能也出現了文人閑文印章。這些印章成爲明清之後流派藝術印章創作中的主要品種，反映了中國隋唐之後社會文化生活、百姓特别是知識分子情趣的豐富。

本期印章的鈕置造型没有什麽精彩之作，這恐怕是因爲所表現出的印章“異化突變”，首先體現在其實用性質即印面及文字上，如鈕置這些屬于審美範疇的部分，還没有來得及跟上“突變”，僅以基本適用的狀態存在下來。印鈕造型、功用擺脱長期存在的實用意義，服從審美要求，向純立體雕塑化、純裝飾藝術化的方向的主動地根本地演變，應在宋、明之後。

本期的印章肇始于南北朝晚期，發展經歷隋、唐、五代，直至北宋初葉。目前，所見存世的實物、考古發現都很少，私印就更是罕若星鳳，這種情況本身就有待研究，應當是涉及到了當時某些制度的規定與用印習俗。

隨着實物資料、鈐印遺痕更多地被發現，更變期及期内的分節情況可能會有所調整，有一些相關的問題也可以研究得更加深入。因資料的缺乏，更變期各個地區、各個政權之間應有的一些不同表現，目前還不能全面地區分出來，此前羅福頤先生將位于東北地區的渤海國印章别爲與中原有異的政權印章研究，但從印面及文字内容看，即從印的形制來看,它們與中原地區的公印並没有什麽根本的區别。

八　第二段　規範期

北宋開始,直至元代末年的印章屬于規範期。這一時期的中國經歷了由統一到分裂、再由分裂到統一的過程。自"更變期"發展而來的印章,在本期形成了突出的特點,這就是印章的形制、尺寸、文字、内容等方面在地域、時間上的交叉影響。遼、西夏、金等政權所控制地區的印章,相對兩宋地區的印章而言,所表現出的地域特點較爲明顯,也較爲强烈。

"規範期"主要是指兩宋、金、元的公用印章,逐漸失去了"更變期"生機勃勃的氣象,轉向一種循規蹈矩的規範作風,當然遼、西夏印章風格並不囿于此。本期之内金朝的印章最具典型意義,是中國歷史實用印章第二段發展的一個高峰。對于本期印章,既有分節的叙述,也有分國别、分地域的討論。

(一)規範期公印的制度規定

北宋公印在使用規範化上的傾向比較明顯。儘管北宋初葉的一些公印風格可以納入更變期後節,但北宋有關用印制度仍在本期介紹,同時將介紹南宋及遼、西夏、金、元的制度規定。

1. 北、南宋

兩宋時期皇帝用璽稱爲"寶",玉質,盤龍鈕,廣四寸九分,厚一寸二分,篆文,文内填金。此外,在朝廷宫禁中還使用三印:"天下合同之印"、"御前之印"、"書詔之印",皆爲金鑄,又以鍮石各鑄一件。雍熙三年(986年),這三印均改稱爲"寶"。明道二年(1033年),材質由金改爲銀鑄塗金。崇寧五年（1106年），作“鎮國寶”，銀質，螭鈕，方四寸餘。大觀元年（1107年），作“受命寶”，白玉質，以蟲魚篆，方四寸餘，並下詔以“鎮國寶”、“受命寶”，合“天子、皇帝六璽”爲“八寶”。

兩宋的太皇太后用玉寶，龍鈕，方四寸九分，厚一寸二分。皇太后、太妃，皆用金寶。皇后用金寶，方二寸四分，高下隨宜，龜鈕。皇太子用金寶，龜鈕，方二寸。貴妃，用金印，龜鈕。諸司皆用銅印，諸王及中書門下印，方二寸一分。樞密、宣徽、三司、尚書省、開封府諸司印，方二寸。除尚書省印之外，餘印皆塗金。節度使印，方一寸九分，塗金。節度觀察、留後觀察使印，方一寸八分半。防禦、團練使、轉運、州、縣印，方一寸八分，印文皆用九疊篆。京城及外處職司，及諸軍校等又用銅朱記，長一寸七分，廣一寸六分。金占中原，南宋政權南逃，在亂離之中，各級職官的印章多有散失，故有“新鑄”公印之舉，其制度大體繼承北宋。

2. 遼、金

遼國應曆二年（952年），詔用“太宗舊寶”。

金朝的公印制度比較詳密。皇統五年（1145年），鑄金質“御前之寶”、“詔書之寶”。大定十八年（1178年），鑄金質“受命寶”，方四寸八分，厚一寸四分，盤龍鈕，鈕高四寸六分半。大定二十三年（1183年），制金、玉“宣命之寶”各一方，方四寸二釐，厚一寸四分，鈕高一寸九分，字深二分。

金朝的其他印章規定也相當詳細。吏部、兵部、契丹樞密院諸行軍部署、漢人樞密院、中書省諸行宫都部署用銀印。南北王以下，内外百司印，皆用銅印。正隆元年（1156年），定制，命禮部鑄印。三師、三公、親王、尚書令，用金印，方二寸，重八十兩，駝鈕。一字王印，金鍍銀,方一寸七分半,重四十兩。三字諸郡王印及三字國公一品印,金鍍銀,方一寸六分半,重三十五兩。三字二品印,金鍍銀,方一寸六分,重二十六兩。東宫三師宰執與郡王相同。三品印,方一寸五分半,重二十四兩。四品印,方一寸五分,重二十兩。五品印,方一寸四分,重二十兩。六品印,方一寸三分,重十六兩。七品印,方一寸二分,重十六兩。八品印,方一寸一分半,重十四兩。九品印,方一寸一分,重十四兩。以上皆爲銅印。又有朱記,方一寸,重十四兩。

3. 元代

至元元年(1264年),定御寶制,凡宣命、一品、二品用玉,三、四、五品用金。元宗室、駙馬,通稱諸王。舊封一字王者,金印,獸鈕。二字王者,金印,螭鈕。以下按不同等級次序分别使用如下:金印,駝鈕;金鍍銀印,駝鈕;金鍍銀印,龜鈕;銀印,龜鈕。臣屬印的使用也有規定如下:一品衙門,三臺金印;二、三品,二臺銀印。其餘大小衙,俱用銅印。

(二)分節、分區

本期印章的時空存在,兼有北宋、遼、西夏、南宋、金、元等政權的統治時間與地區。本期印章的存世數量、考古發現都比"更變期"大爲增加。根據它們的風格,大致按時間分爲前後三節:第一節包括了北宋、遼、西夏的大部分印章;第二節包括了南宋、金朝的印章;第三節爲元朝的印章。以下在分節之内,再討論各政權的印章。

1. 第一節

本節時間段裏大致包括了北宋、遼、西夏的印章,既有遺址出土,又有零星出土,還有少量墓葬出土,傳世品也爲數不少。從具體政權遺世的印章數量來看,北宋最多,西夏明顯少于北宋,遼代的印章就更少了。

（1）北宋印章

北宋印章的遺存幾乎遍布全國各地。北宋初葉，有一些公印根據風格已歸入上一期進行討論。公印基本上是青銅鑄造，用陽文，印文盤曲于印面，文字不再是用焊接字劃的方法形成，而是直接鑄出，文字趨向繁密，屈紲紆回，不再見疏闊而大膽留空的風貌，已不能歸爲“蟠條篆”，而視爲“後期繆篆”的先聲。面形略近正方，長度稍大于寬度。用扁平塊狀鈕，鈕上無穿銎。印背鑿刊有年款、頒發官署、印面内容等款識。印章的專稱有“印”、“之印”、“記”、“朱記”等。例見：“通遠軍遮生堡銅朱記”（圖叁8・1）“神衛左第四軍第弍指揮第五都記”（圖叁8・2），等等。

圖叁8・1 通遠軍遮生堡銅朱記

圖叁8・2 神衛左第四軍第弍指揮第五都記

北宋私印出現比“更變期”明顯增多，有青銅印，有木印，也有玉石刻印，鈕式有鼻鈕、瓦鈕、柱鈕、獅鈕、虎鈕、龜鈕等等。北宋私印從内容上分類，有姓名印，也有單字印、收藏印、齋館印、押印等等。在墓葬中曾有出土，也有私印傳世遺留者。傳世書畫上的北宋印章遺痕已經進入文人流派藝術印章的範疇。私印的風格與公印有明顯不同，有的出現了模仿漢印風格的嘗試,這是中國流派藝術印與實用印分道揚鑣開始的標志。例見:“适”(圖貳1·6)、“張氏安道”(圖叁8·3)、“安侯”(圖叁8·4),等等。

圖叁8·3 張氏安道

圖叁8·4 安侯

(2)遼印章

遼代印章主要分布在華北、東北等地,公印傳世不多,青銅質地爲主。面形、文字仿自北宋的公印,文字不柔弱、比較方折而硬朗。鈕式、印背的款識也大致仿自北宋的公印。現存印章中有官職印、宗教印,也有少量用契丹文字鎸刻的公印。例見漢字印“開龍寺記”(圖貳1·144)。

遼代私印不多見,有與西夏私印、金代私印混淆莫辨的現象,一般爲青銅質,鈕置爲扁平較薄的鼻鈕。現所見均爲陽文,有的用契丹小字,有的似押印面貌(圖叁8·5)。

圖叁8·5 契丹文字印

(3)西夏印章

主要分布于陝西、甘肅、内蒙古、寧夏等省區。就時代跨度而言,西夏政權從北宋直到南宋,印章的風格在北宋時期便已形成,此後並無明顯的變化,直到西夏政權覆亡而消亡。

公印存世較多,在西夏王朝的遺址與活動區域中出土了不少,零星的出土也不少。西夏的公印與兩宋、遼、金公印相比有很大的區別,風格明顯,大多爲青銅質地,近年見到個别的金質公印,印面近方形,四隅爲圓角,有欄,陰文,鑄文深峻。文字用西夏國書,大部爲"首領"字樣。公印印背的右側常鑿刊年款,左側常鑿刊掌印人名。鈕式很特殊,屬于近立方體的小方塊鈕,上有穿銎。例見:"首領"(圖貳3・37)、"工監"(圖叁8・6)。

西夏的私印存世數量不多,背部常置扁薄的小鼻鈕。近年來在西夏王朝的遺址及附近出土一些,大多爲青銅質,少量爲石質。有塊形印面,也有圓形印面;有陰文,也有陽文,青銅質的文字全爲鑄出。這些印章均用西夏國書文字作成,有的私印風格與後來元代的押印類似(圖叁8・7)。

圖叁8・6 工監

圖叁8・7 西夏文字印

2.第二節

包括南宋、金朝的印章。有一些在遺址、井窖出土,有少量爲墓葬出土,大量爲零星出土,傳世品也不少,金政權公印的數量就遠遠超過了南宋政權。

(1)南宋印章

南宋印章主要分布在淮河以南各個省份。公印均爲青銅質,陽文鑄出。與南宋萎靡的國勢相應,公印在文字風格繼承北宋的同時,顯得更加萎靡、孱弱。“後期繆篆”開始出現,在一些非官衙主流的公印印面上,有一定數量的楷、行、宋字印。公印的面形大多與北宋時期相近,一些塊狀、條形的印面也比較流行。仍用塊狀鈕,比北宋時更高。南宋時出現了製鈔幣印,“壹貫背合同”爲紙幣上遺迹(圖貳1·168)。南宋避居東南,舊有公印遺失不少,在定都臨安後,一些公印開始列有年號,表示重新鑄造頒用的年份。例見:“嘉興府澉浦駐節殿前司水軍第四將印”(圖叁8·8)、“建炎宿州州院朱記”(圖叁8·9)等等。

圖叁8·8 嘉興府澉浦駐節殿前司水軍第四將印(54×54)

圖叁8·9 建炎宿州州院朱記

本節的南宋私印在廬墓之中已經有多例發現,質地有銅、玉石、木等。鈕置有鼻鈕、橋鈕、壇鈕、捏鈕、動物鈕等。此時的私印已在刻意仿效“典則期”漢代印章的風格,文字有陰有陽,有鑄文,也有刻文,面貌與公印相差很大。品類有單字印、姓名字印、齋館印、押印等多種。在江蘇南京出土的銅質“張同之印”的四面邊墻,出現了私印篆書邊款,其文曰:“十有二月,十有四日,命之曰同,與予同生”(圖貳2·18)。例又見:“趯”(圖叁8·10)。

圖叁8·10 趯

(2)金朝印章

主要分布在華北、東北、西北地區。無論行用數量,還是印章的藝術品格,金朝公印都堪稱中國實用印章發展史第二段的高峰,規範期印章的最高成就並不在兩宋,而在于北方的金國。這裏所説的高峰,並不是包括藝術印史的整部中國印章史的第二個高峰,僅僅是實用印章發展史第二段的高峰。

北方的金朝立國比較早,但是大量公印的頒用是在相當于南宋的時期。公印爲青銅質,陽文,鑄出。文字少量用篆體的契丹文,絶大多數用漢字。雖然印面上也被曲折的“後期繆篆”填滿,但字劃挺秀,剛勁硬朗,與萎靡柔弱的兩宋公印文字判然有别,文字藝術品格上也要高于後來的元代印。金朝的軍旅用印比較多,反映了當時軍政合一、兵民一體的政治管理制度。有些印面内容一樣,然而用字變化多端,風格絶不雷同,體現了較高的文字處理水平。金朝公印的印面文字有按千字文編序的做法,印背往往刻有年月、編號、印面内容、頒發官署等款識。印鈕與南宋相仿,爲塊狀鈕。例見“中書門下之印”(圖叁8·11)、“枇字号行軍萬户所印”(圖叁8·12)。

圖叁8・11　中書門下之印
（72×73）

圖叁8・12　枇字号行軍萬户所印
（72×72）

金朝的私印質地有多種，有青銅質、石質、骨角質等，背置鼻鈕、動物形鈕；有的風格與後來元代的押印相類似，背置手揑鈕。山西曾在金朝的道士墓中出土了五方牛角印，方柱狀，無鈕，均爲帶宗教色彩的私印："德源"（圖叁8・13）、"龍山道長"、"青霞子印"、"天上方丈老人"（圖叁8・14）、"玉虛丈室老師"，等等。

圖叁8・13　德源

圖叁8・14　天上方丈老人

3. 第三節

本節屬于元朝的印章。無論元朝的公私印還是元末農民起義用印，存世都比較多，主要由零星出土、遺址出土，墓葬出土比較少。分布範圍已達全國各地，多見于中國北方，境外的北亞、中亞地區也有出土。

（1）元朝印章

元朝的公印基本爲青銅質地，有一些宗教印材質用名木、玉、象牙、黄金等等。印面以方形爲主，也有塊形、條形。鈕式爲碑形塊狀鈕，但比南宋時更高，鈕邊棱變爲圓弧形。銅印皆爲陽文鑄出，其他質地爲刻治。印面文字分兩類：一類用漢字，爲“後期繆篆”的成熟代表，有些轉向九叠篆，僵硬刻板，了無生氣。另一類爲八思巴文篆體，這是中國實用印章史上民族文字入印布局上最成功的代表，因爲模仿“後期繆篆”，也顯得比較刻板。無論漢文還是八思巴文印，公印的背部都鑿刊有漢文的年月、編號、印面内容、頒發官署等款識，因此即便是八思巴文印也不難釋讀。例見“常樂蘸（站）印”（圖貳1・97）、“萬州諸軍奥魯之印（八思巴文）”（圖叁8・15）、“西京規措應辦所之印”（圖叁8・16）。元代還行用鎖鈔印，如“昏爛鈔印”（圖貳1・169），等等。

圖叁8・15　萬州諸軍奥魯之印

圖叁8・16　西京規措應辦所之印

私印以青銅質爲主，還有玉石、骨角、木質等。有漢字私印，也有八思巴文私印。陽文爲主，銅質印全爲鑄文，其他各種材質的印章全爲鑿刻。

（2）元押

“元押”是中國實用印章史上的奇葩，總體中應當還包括一些五代、宋、遼、西夏、金、明等多朝的作品，實物中以元代的押印最爲豐富，也最具有代表性，所以在古代押印的定名上有了不太準確的“元押”稱謂。

元押的大量行用與當時社會經濟生活有密切的關係，元押分布廣泛，充滿生動活潑的民間氣息。可能部分押印具有社會公印的性質，又與官衙所用主流公印有所區別；“元押”大多數應當屬于私印。押印文字以陽文爲主，少量陰文；文字用漢字楷、行、草、隸、篆字體，還有用八思巴文的行、篆字體，也還有用契丹文字、西夏文字入印。有上漢文、下押字的結合，也有上八思巴文、下押字的結合；有文字與圖形的結合，有的單用畫面，有的單用押字，變幻多端。押印面形多樣，有方形、塊形、條形、“半通印”形、圓形，還有模仿動植物、各種器物的異形等等（圖叁8・17）。背部常有細小扁薄的手捏鈕，也有人形鈕、器用形鈕、動物形鈕等等，這些表現出了第二段在鈕式上尋求審美意向的進步，這些是公印鈕式上所難以表現的。押印一般爲銅質，宮廷中也有用玉質、金质者。

圖叁8・17　元押印（選四例）

押印用法極爲多樣，據出土與傳世文物觀察，既有施用于文書者，也有施用于鈔票、金銀器（鏨戳）、陶瓷器、竹木器，還有施于建築構件之上的，可能也有把玩用的；其内容涉及商業金融、公私憑信、交通郵驛，等等；據有關文獻記載，還有些押印當屬于牧民外出時封閉門鎖時抑蓋泥封之用（圖貳3・54）。

（3）元末起義公印

近幾十年出土不少元末紅巾軍起義所用的公印，全爲銅質，圖案文字均爲鑄出。

具有特色的是，一些圓形印面的公印，内設置方形框欄，又形成方形印面，在圓方之間加以圖案充填。也還有少量正方形印面的公印，方形印面者懷疑是後來有意鑿去了圓弧邊緣。紅巾軍用印的印背一般置以很高的弧角塊狀鈕，印背上刻有起義軍的年號、印面内容、編號、頒發諸司的鑿刻款識等。文字風格與元公印上的"後期繆篆"基本接近，例見"汴梁行省管句所之印"（圖貳1・147）。明王朝建立之後，這種印消失不見。

（三）小結

規範期是實用印章發展史第二段中的一個重要階段。本期公用印的基本形制、制度、用鈕、用字、款識等，被明清兩朝甚至中華民國時期沿襲應用，形成第二段中的"規範"。

本期的公印改變了"更變期"的大度、活潑、多樣的面貌。以兩宋、金、元諸朝的公印爲代表，逐漸醇熟地使用"後期繆篆"入印，形成了嚴正規範的風致。進入元朝之後，這種風格逐漸發展到僵硬刻板、了無生氣的境地，標志着以公印爲代表的實用印章，不自覺地、無意識地最終將抛弃藝術韻味，中國印章開始了實用印系列與藝術印系列的分裂。

"規範期"的公印文字因爲大多數表現得刻板僵硬,藝術品格不高,長期以來,其中所僅存的一些藝術價值未得到人們的發現與認可。除了元朝的公印之外,兩宋、金朝的公印仍有其比較特别的藝術韻味。兩宋的公印萎軟有餘,缺乏振作之氣,與國情、國勢相仿佛;然其文字秀麗,有如捧心病姬之風情,耐人尋味。與兩宋相反,金朝的公印則顯得從容剛勁,不俗不媚,用漢字常出巧思,有一種磊落、强悍之美。這與金朝國情相符,又與金朝的製瓷、製鏡等手工藝的發展風格相似,這是女真族統治者善于向漢族優秀文化傳統學習並發揚、形成自身審美風格的結果。明清以來直至近現代,印人們往往重三代東周秦漢、鄙唐宋之後的有關作品,反映了藝術欣賞借鑒的"隔代親"取向。正因爲如此,隋、唐、宋、金的印章中,某些儘管不多的藝術氣韻常有被無視、埋没的失落感。

本期印章的地域特點值得重視。它們是反映了處于又一次大分裂狀態的各個政權的政治、經濟、文化、民族、民俗、軍事、外交等多方面的重要物證。除兩宋政權外,其他諸朝都是漢族之外的民族所建立,他們的公印反映了當時各民族的發展水平,反映了與漢民族地區的各種複雜的聯繫融合的過程。

本期正值中國文人流派印章的出現和發展時期,在本期一些私印上,見到了向第一段特别是向"典則期"璽印的學習和模仿。這些印本身不能列入流派藝術印,但這種學習與模仿從一個側面反映了流派印藝的發展動向。

行用于五代、兩宋、遼、西夏、金,尤其是大量出現在元朝的"押印",是在規範期突起的一支異軍。押印緊貼市俗生活,它們所洋溢的盎然生意讓人們獲得了新鮮的藝術感受,與當時沉悶的南宋、元代公印形成了强烈的反差。押印上的豐富鈕式,表明了在第二段的印鈕藝術得到了復蘇、發展。

元末起義用印與正統的公印迥然不同,這種與正統公印絶不合流的做法,反映了起義者與統治者不共戴天的矛盾衝突。這種基本氣質爲以後明、清兩代農民起義用印所繼承、發展。

九　第二段　新流期

新流期的印章包括明、清兩朝的遺物,也包括民國時期一些非圓形的、非橡膠的、保留着傳統氣息,即未進入中國實用第三段的部分公印。這是中國古代實用印章發展史的最後時期;下接自清代後期開始的第三段風貌,即近現代的"洋式"公用印章。這實用印章的第三段,已不在本書討論之列了。在本期,文人流派藝術印章蓬勃興起,中國璽印文化與印章藝術的重心,明顯偏向于藝術流派印章,中國印章史徹底地完成了實用璽印與藝術印章的分裂。至于文人流派藝術印章,屬于藝術印章大版塊,本書也不再加以討論了。因此,雖然明清兩朝印章風格、尤其是在公印上有着明顯的差别,筆者仍合于一期來研究。

"新流",是指中國印史的重心,在本期步入了比較純粹的藝術創製與新興流派層出林立的氛圍。這是一種大的客觀環境,並不是指處于這種大環境中,藝術氣韵、文字處理已經明顯僵化的實用公印本身有什麽"新流"氣象。

筆者將主要討論新流期的公印,不再介紹私印。此外,爲了反映本期的另一特徵,筆者將在本節中另辟一段文字,簡要介紹明清兩朝的農民起義、群衆運動的公用印。

(一)新流期公印的制度規定

明、清是中國古代社會的最後朝代,在許多政治制度方面,是古代社會集大成的階段。在公用印的制度規定上,也明顯地表現這一特徵,其瑣碎繁縟,可謂不厭其煩。

1. 明代

明代規定了許多表現不同的篆體文字,在不同級別的公印中使用。皇帝玉璽,王府之寶,用玉箸文。内閣印,用玉箸文,銀印直鈕,方一寸七分,厚六分。將軍印,用柳葉文;征西、鎮朔、平羌、平蠻等將軍印,用蟠鼎文;皆銀印,虎鈕,方三寸三分,厚九分。餘俱用九叠篆,銅印,直鈕。監察御史,用八叠篆,銅印,直鈕有眼,方三寸五分,厚三分。正一品,銀印三臺,方三寸四分,厚一寸。正二品,銀印二臺,方三寸二分,厚八分。惟衍聖公以正二品,三臺銀印,爲景泰三年(1452年)所賜。順天、應天二府正三品,銀印,方二寸九分,厚六分五釐。其餘正三品及從三品,銅印,方二寸七分或二寸六分,厚六分或五分五釐。正四品及從四品,銅印,方二寸五分,厚五分。正五品及從五品,銅印,方二寸四分,厚四分五釐;或方二寸三分厚四分。正六品及從六品,銅印,方二寸二分,厚二分五釐。正七品及從七品,銅印,方二寸一分,厚三分。正八品及從八品,銅印,方二寸,厚二分五釐。正九品及從九品,銅印,方一寸九分,厚二分二釐。未入流者,銅條記,廣一寸三分,長二寸五分,厚二分一釐。其他文臣有領勅而權重者,用銅關防,廣一寸九分五釐,長二寸九分,厚三分,直鈕,九叠篆。又,内官用牙關防。

2. 清代

清代的規定與明代有些相似。皇帝用玉璽,稱玉寶,玉箸篆。后妃,金寶。親王,龜鈕金寶。郡王,麒麟鈕,飾金銀印。屬國國王,駝鈕,飾金銀印。公侯伯,虎鈕,銀印。衍聖公、宗人府,直鈕,銀印。經略大臣、大將軍、將軍、領侍衛内大臣,虎鈕,銀印。辦理軍機事務處、六部,直鈕,銀印。所用漢字印文,文職依尊卑次序分别爲:尚方大篆、芝英體、八叠篆體、九叠篆體、小篆、鐘鼎篆、垂露篆。武職依尊卑次序依次爲:柳葉篆、殳篆、懸針篆。公印俱副滿文國書。印章中,方者稱"印",長方者稱"關防"、"條記"、"圖記"、"鈐記"等。乾隆十三年(1748年)之前,公印上的滿文用楷書體;之後,用滿文篆書體。同治之後,在滿文篆書與漢文篆書之間,又增加了一行滿文楷書。另外,公印中也有一些全漢文戳記,爲經濟、商務所用。

清政府所頒發新的公用印,在印章到職所之前印面多鑄留有銅柱,要銼去後方能使用。去官之後,公印要上繳,或切角或于文字上打"×"作廢印處理。

明清時期的一些文獻、筆記中,記載了自明末李自成、張獻忠領導的農民起義,還有清代太平天國運動、白蓮教起義、義和團運動的一些用印制度。

(二)公印的分節

新流期所處的時代距今較近,文獻記録完整,遺物衆多。本期的印章主要爲傳世遺留與零星出土。近幾十年來,在明代皇帝、藩王的陵墓中也有若干印章出土。這裏依照朝代,也因爲明清實用印有明顯形態差異,所以分爲明、清兩節叙述。

1. 明朝公印

明朝的公印基本上是青銅質,也有紅銅、木、金、銀、玉石、象牙質的印章。公印全爲陽文,金屬印有鑄出,也有鑿刻出。文字風格愈趨僵死，一般用九叠篆；傳世的將軍印用柳葉篆。印背鑿刻年月、印面内容、頒發官署等款識。在印臺的一側，刻有編號款識。九品以上的官吏基本上都用正方形印面，而"未入流"、"無品級"的官署、官吏則用長方形的印面。北京明十三陵、山東明魯王陵中，出土有帝、后、藩王、王妃的"謚寶"。

鈕式有龍鈕（帝王印）、龜鈕（藩王印）、虎鈕（將軍印）等等，絶大部分公印使用爲塊鈕發展而成的杙鈕。這種鈕式上細下粗，逐漸加高，容以一握，印鈕的横截面呈橢圓形。印鈕、印身常以分鑄，而後焊接。明初開始見有"關防"之制，印面爲長方形；常見者爲銅質，文獻所載象牙質關防印至今没能見到。

明朝公印的專稱有"寶"、"之寶"、"謚寶"、"印"、"之印"、"記"、"朱記"、"條記"、"關防"、"合同"等等。例見"神宗範天合道哲肅敦簡光文章武安仁之孝顯皇帝之寶"（圖貳1·114）、"迷易守禦千户所百户印"（圖叁9·1）、"規秦將軍之印"（圖貳3·26）、"欽差督理叁省織務内官關防"（圖叁9·2），等等。

圖叁9·1　迷易守禦千户所百户印
（62×62）

圖叁9·2 欽差督理叁省織務内官關防

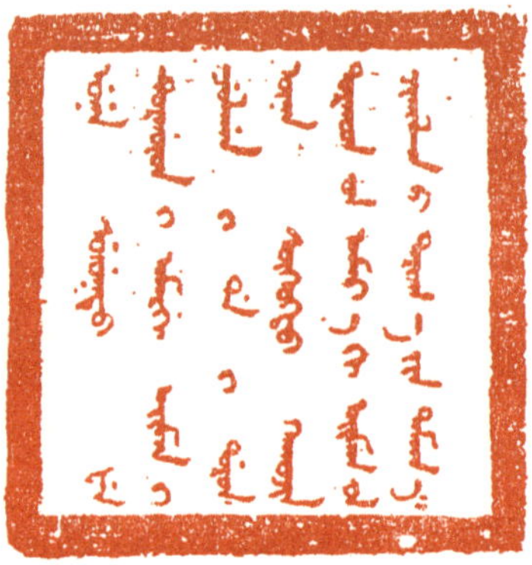

圖叁9·3 滿文印
（72×72）

2. 清朝公印

有黄銅質、青銅質，一些等級崇高者用玉（帝、后）、金（親王、妃）、銀（從屬國王直到高級大臣、將軍等），還有用木、象牙、石質等。所用文字爲陽文，有鑄文，也有鑿刻文。

清朝公印突出的特點是文字用滿、漢文對照，鈐朱打本所見，均爲滿文居左、漢文在右，據記載乾隆年之前滿文用楷體，乾隆年之後滿文用篆體。清初，一些邊遠地區有全用滿文的印章（圖叁9·3）。此外，還有全藏文印、全蒙文印、全維吾爾文印、全哈薩克文印，等等；還有滿、藏文印，滿、蒙文印，滿、維吾爾文印，滿、哈薩克文印，甚至還見過哈薩克、滿、漢文一印用三種文字印。這些印章反映了清朝是一個由滿族人爲最高統治者的、各民族聚集的大一統的王朝，是清朝政治制度的具體體現之一。

依等級高下，清朝公印的鈕式分龍鈕、麟鈕、龜鈕、獅鈕、虎鈕等等，較低級公印絕大部分爲杙鈕。杙鈕逐漸發展爲上下均粗圓柱狀，印鈕的横截面由橢圓形趨向圓形，在整體上印鈕趨向變細，這種鈕式一直沿用到中華人民共和國早期。

圖叄9・4　都綱之印
（62×62）

圖叄9・5　江漲税課分司大使之印
（63×63）

圖叄9・6　烏羅長官司印
（70×70）

清朝公印的印鈕與印身常以分鑄，而後焊接的方式組合而成。印背一般鑿刻有年月、印面内容、頒發官署等款識，印臺一側鑿刻有編號款識，印面文字依品級而用雜篆書體。公印的專稱有“寶”、“印”、“之印”、“記”、“關防”、“合同”等。例見“河湞等處軍事宣慰使司印”（圖貳3・41）、“下雷州印”（圖貳3・42）、“都綱之印”（圖叄9・4）、“江漲税課分司大使之印”（圖叄9・5）、“烏羅長官司印”（圖叁9・6）、“鎮守福建臺灣等處總兵官之關防”（圖貳3・89）、“和碩怡親王寶”（圖貳1・115）。以上各例爲主流的官署衙門用公印，清代公印當中還見各式面型、文字雜出的，如光緒年款的“戳記”（圖貳3・85）。

附：民國公印

中華民國早期的公印基本形制仿自清代，只是不再使用滿文，其印的邊欄明顯加闊。它們以黄銅、青銅質地爲主，又有木、橡皮、石等質地。面形以正方爲主，也有長方形，後來也開始用圓形、横橢圓形公章。後兩種面形以及橡胶質地等因素，主要是接受了外來的影響，已與中國傳統公印無太多關係，称为“洋式”或“洋裝”公印，已經進入中國實用印章的第三階段，本書不予討論。

屬于本期的中華民國公印文字常使用細硬的篆文，與玉箸篆比較相近，公印的邊欄遠寬于印文。後來，也用宋字印、楷字印、隸字印。除各級政府、官署印之外，隨着現代社會生活、社會組織的多樣化，其他公印的種類繁多。

圖叁9・7　吴縣縣政府印

公印的專稱有“璽”、“寶”、“印”、“章”、“記”、“關防”、“合同”等,也有一些印章不用專稱。如“福建省銀行總行鈐記”(圖貳3·86)、“吴縣縣政府印”(圖叁9·7)。除中國各族文字印外,也可見少量外文印,阿拉伯數字印。

3. 明清農民起義、群衆運動用印

秦漢以來,按理應當見到相當數量的歷代起義用印,但直到元末以前,還是比較難以分辨出來。究其原委,主要有兩個原因:一是因爲某些起義用印與當時的一些公用印形制、内容相同或相近,很難加以區别;在典則期、涣解期中,有不少低級軍旅用印、宗教性質的印,其間便很有可能有一些印章曾經爲起義所用。二是因爲歷代統治者對這一類物件毫不留情地加以掃蕩滅迹,即使是從農民戰争中轉化過來的統治者也不例外,例如明朱元璋就非常忌諱人們議論他曾經的“紅巾軍”出身,要抹去一切有關的痕迹,所以這類印章也就很難傳世了。無論從什麽角度看,中國農民起義用印都具有特殊的歷史研究價值。

從元末到明清兩朝,由于時代比較晚近,文獻記載較爲完整,留下了一批可以認識鑒别的農民起義、群衆運動用印。與當時統治階級的公用印相比,這些印章不拘成法,藐視正統,光怪陸離,在一定程度上表現了農民起義、群衆運動蔑視統治者的豪邁氣概,以及不講規矩的恣意作爲。前面曾經討論過元末紅巾軍起義用印,以下只討論明清兩代的農民起義、群衆運動的一些用印情况。

(1)明末農民起義用印

李自成的“大順”政權用印,面形有正方形和長方形兩種,青銅質,印面爲陽文鑿刻,字用篆文,字劃平直淩厲,杙鈕。爲避李自成父親之名“印家”之諱,專稱不用“印”字,而用“契”、“符”、“信”、

“記”等，如“夔州防禦使符”（圖貳1・148）。

張獻忠起義用印的風格大體如李自成起義用印。所用篆文風格與明朝公印相似，而更加堅硬刻板，專稱爲“印”，如“西充縣印”（圖叁9・8）。

圖叁9・8 西充縣印
（62×62）

（2）清代太平天國運動用印

傳世有太平天國天王所用玉璽，橋鈕，正方形印面，用仿宋字刻出印文。此外，還曾見多枚木印，有的爲出土，有的藏匿于舊屋宅，有的爲太平軍遺屬代代相傳。太平天國印的用途多樣，中央天朝用正方形印面，其它各級官署官員用長方形印面。在印的背部，往往釘上一個凸起的木把手。印文用仿宋字，竪排。在印文的四周，刊刻有龍、鳳、日、雲、水等紋樣圖案，例見“五主八萬歲上帝基督玉璽”（圖貳1・146）、“旨准”（圖貳1・172）、“太平天國浙江海寧州前軍右師左旅帥”（圖貳1・150）。

（3）清代白蓮教起義用印

貴州出土了一枚白蓮教起義用印。其爲石質，陽文鑿刻而成，正方形印面，印面巨大，印背置塔形鈕。印文内容爲“奉天行命統理山河社稷奉聖遵行執掌中國權衡風調雨順天下太平宋朝皇印”（圖貳1・151）。

(4)清代杜文秀起義用印

雲南出土若干枚杜文秀起義時的印章。形制與清代公印略似，字劃堅硬挺拔。印面文字左半用苗文，右半用漢文。印章專稱爲"篆"。如"南軍後參軍篆"(圖貳1·152)。

(5)清代義和團運動用印

義和團運動的成員情況、鬥争宗旨比較複雜，組織也非常不一致，反映了近代城鄉人民運動的一些特點。用印爲長方形印面，木質戳記，無邊欄，刻以仿宋字，如"永邑信安鎮乾字北義合團人等全勝"(圖貳1·153)。

清朝政府曾經頒發督辦團練(包括義和團在内)的職官印。雖然與義和團運動史有一定的關係，但這些印章屬于清朝公用印，並非義和團用印。

(6)清末至辛亥革命人民革命鬥争用印

清代末年，神州大地革命風雲激蕩，起義此起彼伏。由于反清鬥争組織的多樣、複雜，其用印情況也極爲複雜，但一般均擺脱了清朝公印的格式。有的爲革命會黨組織印，有的爲反清結社幫會印，有的爲革命軍事印，有的有濃重的宗教會道門色彩等等，有的印面風格可以納入第二段即本段本期，有的也已進入第三段的範疇了。辛亥革命成功之後，這些革命鬥争用印基本上被廢棄，存世在近現代史博物館所見頗多。其中有的給予民國時期公印以一定的影響，而與新政權有關的公印，則歸入中華民國公印的範疇了。

(三)小結

新流期距今時間較近，遺存的印章實物也相當多。據明清兩朝及中華民國時期的文獻記載及各種筆記所見，既詳盡可信，又繁縟瑣碎。中國古代印章實現了資料完滿而豐富的結局，在這個結局的基礎上，近現代實用印章（主要是公印）又開始了新的征程，即擺脱了古典風格階段，而進入了近現代第三階段，當然，這也就與考古學没有什麽學科上的關係了。

本期的公用印在規範期的基礎上發展而成，整體風格顯得更加死板僵化。造成這種狀況的基本原因，是中國印章史的進展使得其藝術創製不再向這類公印上着力，藝術的構思、設計、鑒古、創製幾乎全部轉向了流派藝術印章。明清公印用雜篆體只是爲了區别品秩，清朝公用印的印面上，刊有兩種或兩種以上文字，僅僅反映了當時的制度規定，這些都没有太高的藝術性可言。

本期的公用印價值並不因其藝術性的低下而一無是處。就公用印的品類而言，本期是一個集大成的時期。它們仍是明、清兩朝以及中華民國初期事關政治、經濟、文化、宗教、軍事、民族、外交等方面的重要資料。明清時，農民起義、群衆運動所用印章，以及辛亥革命用印是繼元末農民起義印之後，可以確認的此類器物，有着特殊的地位與研究價值。

本期是中國流派藝術印章蓬勃發展，並取得巨大成就的時期。這一時期，流派紛呈、面目各異。流派印章大量吸收了古代印章的藝術精髓。但是，文人流派藝術印章的創製，對當時以公用印爲代表的純粹實用印章來説，幾乎没有什麽影響。這標志着中國璽印實用系列與藝術系列已經做到了徹底分裂。造成這種分裂的原因是多方面的，而這種分裂，造成了中國印章文化與藝術發展上的質的飛躍與空前的進步。

十　考古印史與印章藝術（本書代結語）

（一）簡略回顧

中國璽印是中國古代文物的重要組成部分，除了自身所具有的實用意義，它們也是舉世公認的中華民族藝術的重要表徵之一。尤其是宋代之後文人流派印章藝術，它與水墨繪畫、書法一起，三足鼎立，成爲中華民族特有的藝術表現形式，表達了中華民族乃至東方的審美情趣與藝術創造。

作爲一類古老的器物，中國璽印自從其誕生之日起，數千年來一直在發展演進着，雖有漸變與突變，但從未有過間歇或夭折的迹象，至今仍具有充沛的生命力。那麽，中國印章不竭的生命力源泉、推動力在什麽地方呢？簡而言之，在實用璽印與藝術印章徹底分裂之前，它主要得力于無可替代的社會徵信憑證作用，以及附于此上的審美表現。階級社會越發展，社會經濟越發達，社會生活越多樣化，人們對各類印章的依賴就越爲明顯。在實用璽印與藝術印章分裂之始，審美的、藝術的因素越來越成爲推動印章發展的又一種關鍵的内在動力。如果説印章實用性的生命仍在延續，那麽，藝術青春的焕發更使它具有特殊魅力。

可以簡單地回顧一下：因爲真實意義上的璽印還没有誕生，所以胚孕期尚不能納入實用璽印發展的第一段，但胚孕期的“陶拍子”已有早期的藝術設計考量。大約伴隨着青銅時代的到來，中國璽印的萌生期到來。目前所見最早的例證是數枚商代璽印，還有幾片商代陶器上的抑印痕迹。西周璽印雖然所見雖然比較少，但若干迹象表明,這時璽印的應用仍繼承商代而發展着。商周璽印凝聚着當時的審美情趣與一定的藝術創製。

蓬勃期的璽印行用已經比較發達。東周時代,公印、私印兼備,各個地域、列國都應當存在一定的公印使用制度規定。從總體上看,本期的所有璽印資料足以令人眼花繚亂,而對本期璽印的排比梳理、分清地域特徵則是近百年間取得的成果。蓬勃期璽印反映着各個地域、各個政權、各種社會階層對璽印之美並不一致、然而非常豐富的表達。

隨着大一統政治局面的到來,秦漢璽印的風格在全國範圍内趨于統一,這一點在公用印上表現尤爲明顯。典則期璽印的特徵易于爲人們所掌握,其間就包括了宏闊、自信、從容而比較統一的藝術風貌,這種藝術風貌也易于爲後世印人理解與學習。于是,在中國印章史上,出現了"秦漢印章傳至于今、不啻鍾王法帖"以及"印宗秦漢"之際遇,它充分體現了此時的印章藝術爲後世景仰的崇高地位。典則期是中國古典璽印發展的第一個高峰,也是一部完整的中國印章史的第一個高峰,這個高峰是包含藝術品評性質的。

涣解期緊接着典則期到來。中國印章從公用印到私印,從印面文字内容到印體各部分,都出現了全面的涣解、崩壞。這與中國政治的大動蕩、大分裂有相當密切的關係,但更爲重要的是,這是印章本身的發展規律所致。傳統審美的揚棄,時代及各政權"個性"的張揚,使得本期印章藝術出現了面目新異的取向。

由萌生期、蓬勃期、典則期、涣解期共同組成了中國古代實用璽印發展史的第一段。第一段璽印的主要特徵有:有明顯的實用印與隨葬印的區别;品類齊全,有公印、有私印,私印在最後一期有鋭減的趨勢。中國印章的所有實用用途、使用方法在第一段已經基本上全面表達，用印制度也逐漸形成系統，公印以佩帶和抑蓋泥封、陶器文字爲主，私印的用法更爲廣泛一些，出現了早期用色鈐印。從蓬勃期到典則期，大量的公、私印用于隨葬；印面的尺寸由多種形式逐漸過渡到秦漢時以“方寸璽”爲主的形式，這主要指的是公印尺寸，而私印一般比公印稍小一些。公印印面文字從蓬勃期的有陰有陽，過渡到後兩期的以凹下陰文爲主，私印印文雖然以陰文爲主，但也有相當數量的凸起陽文印及陰陽文印。印章文字由商周文字、東周文字，轉而穩定在由“摹印篆”到“繆篆”的應用。秦代的李斯、孫壽，三國時期的楊利、宗養等人，都有過治印的實踐，雖然他們與後代流派印人的創製從動機、出發點上有着本質不同，但不能否認他們是中國印章史上見諸史乘的最早的印人。中國古代璽印發展第一段的時間跨度大致從殷商時期直到魏晋南北朝時期，中國璽印自誕生之後，就成爲了各個時代不可或缺的重要社會性器物。

當涣解期將中國古代璽印第一段的發展基本劃上句號之後，由于印章自身發展規律，璽印發展的第二段由更變期的印章大度而自然地揭櫫亮相。更變期的私印極爲罕見，存世不多的實物遺存、抑印遺痕都以印面突然放大的公印爲主，這種劇烈的變化，使得印章主要是文字藝術的設計開創了全新的面目。

規範期公印在不同地域、不同政權之間的表現很不一致，印章規範化發展的綫索以兩宋—金朝—元朝的公印爲主。規範期的金代印章是中國古代實用印章第二段的高峰。涣解期出現的“蟠條篆”與後來的“後期繆篆”，是公印上專用文字的邏輯發展。規範期實用公章（主要指文字）雖然仍然有藝術的追求，但已呈趨于下坡的趨勢，中國印章實用體字與藝術體字的分裂開始出現。規範期的私印數量回升，從中可以看出文人流派藝術印章創製的啓動。本期的押印是藝術韻味别致的珍存。

新流期是中國古代實用印章的終結階段。公用印章的風格沿着規範期的程式向着刻板僵化的方向發展,已没有什麽足以稱道的藝術性可言。明清兩朝,社會各方面仍絲毫不能脱離印章的使用。隨着社會活動的豐富多樣,公印品類達到了集大成的時期。這一時期,文人藝術流派印實現了與實用印的切割,從而成爲中國印章藝術的主流。

規範期後節與新流期的農民起義、群衆運動用印是極有價值的"非正統"資料,當然也没有什麽藝術性可言。由于文人流派藝術印章的迅猛發展,中國璽印文化在新流期完成了實用印章與藝術印章的分裂,這是文化與藝術大進步在印章上的體現。本期衆多的私印實際上已納入流派藝術的範疇。

由更變期、規範期與新流期的印章共同組成了中國古代實用印章發展的第二段。第二段印章的主要特徵有:本段是中國古代實用印章發展的終結階段,公用印的品類齊全、用法多樣,農民起義、群衆運動印章有一部分可以明確辨别。私印的數量由少增多,然而基本上逐漸地歸入了流派藝術印系列,印史奇葩——"押印"活躍了一段時期。在第一段璽印抑蓋泥封的功用漸漸失去,抑蓋陶文等功用在本段依然存在,印章的鈐印轉爲在紙面上的印色抑蓋爲主,公、私實用印章的數量遠遠超過了殉葬印的數量。公印的用印制度留下了空前細密、繁瑣的文獻記録,公用印的印章用材、印章鈕式、印面尺寸、印體重量,甚至印章的用字等方面,都有着嚴格的制度規定。第二段的公用印章文字絶大多數爲凸起的陽文,私印因大多數歸屬流派藝術印章故不在本書討論範圍。

在第二段規範期、新流期,文人流派藝術印創製的潮流越發洶涌,直至由文人流派藝術印章形成了整體的中國印章史發展的第二大高峰,這一般與本時段的公用印章没有什麽關係了。

中國古代印章發展第二段的時間跨度,大致從南北朝後期直到清朝、民國初葉。本段的結束標志了中國古代實用印章發展史的終結。于是,中國實用印章的發展進入了近現代,也就是筆者指出的中國實用印章發展的第三階段。古代實用印章史的終結並未影響中國藝術印章的發展,它們依然一浪高于一浪,一直發展到今天,活力仍然未見衰減。

(二)歷史印章與藝術印章關係

在上面的文字中,筆者基本上省略了中國印章藝術的具體的發展史,在總結了前面的内容之後,筆者再梗概性地介紹些這一方面即印章藝術發展的内容。

在中國古代實用璽印發展的第一段,璽印表現爲實用意義是第一性的,審美意義是第二性的,當然這種實用與審美在同一物件上不可分割,這點和所有古代器物遵循的實用—審美原則大體上一致。但是,第一段璽印所表現的審美價值達到了很高的水平,雖然不是自覺的審美認識與藝術家專門的工藝創製,但是這與印章的適用性、認證性、表達性,張揚自我的必需的美感有關。在研究第一段璽印的審美價值時,又可以看出,印面藝術是第一位的,而印體藝術則是第二位的,這表達了一種社會器物的文化關注重心之所在。藝術的規律要求後世的藝術家從遠古的創造中汲取營養,不斷在新的歷史條件下"復興"古典藝術的生命活力。所以,第一段的璽印藝術價值、工藝技法藝術評價等等,儘管没有爲當時的創製者總結與理論化,當時的璽印刊刻並不是自覺的純藝術勞動,但在萬千遺印上,凝聚着令人驚嘆的、精美的藝術史實，這些是能够供後人總結出一些藝術發展的規律的。它們的美學意義在宋元時期即由蘇軾、米芾、吾丘衍等藝術家、印學家初步揭示，它們往往被後世印人、藝術家敬奉爲創作的主臬典則。

中國古代實用印章發展的第二段，在公用印上仍然表現爲實用意義是第一性的，審美意義是第二性的。這一段公印上某些值得考究、學習與發揚的藝術氣質，在近現代流派藝術印創製中受“隔代親”現象困擾，未能很好地研究、繼承。在這一段中後期逐漸形成、壯大，並與實用印（尤其是公印）相切割的文人藝術流派印章，也無暇去顧及、贊美本段實用印章之審美。同時也必須指出，在第一階段表現出的中國印章審美品質，在第二階段的公印上的確有明顯減弱，印章藝術的重心也因此而發生深刻的轉移。

由于自宋以來的文人流派印的自覺的出現，那麽這些印人藝術家們的創作主要向中國古代實用印章汲取了哪些營養呢？筆者認爲可歸納爲以下幾點：

① 從蓬勃期中吸取了富有個性的天趣，各呈風姿、古意深邃的列國璽印給印人以極大啓發。

② 從典則期中吸收了廣博豐厚的營養，既有嚴整肅穆的面貌，如秦漢公印；也有婀娜飄裊的儀態，如新莽公、私印；也有多姿多彩的性格，如此時的大量私印。這一時期營養的吸取，常常成爲印人的開蒙之科。

③ 從涣解期中吸收一種掙扎探索的精神，一種藝術的反叛精神，無論尖鋭淩厲，還是蕭散隨和，都凸現了頑强的個性風骨。

④ 從蓬勃期起即有一定數量出現，而在更變期成爲典範的陽文大印面印章上，吸取了“圓朱文”的營養。所謂“圓朱文”，歸

功于趙孟頫的創造是不準確的，説趙松雪善于汲取隋唐及隋唐以前的類似優良傳統入印，可能比較符合實際。

⑤ 古代實用印之中的藝術營養是多樣化的，比如畫印、押印對藝術流派印章的創作都發生過積極的影響。

⑥ 古代泥封、印陶文字、烙印文字等，在抑印内容上顯現出的自然、拙樸、生澀的風格。

以上這幾個方面，主要指印面藝術方面，也可以指認爲影響後來印章藝術的六種古典的範式吧。至于印體藝術，其所接受、汲取的營養面則更爲寬廣，至少有來自文字、雕塑、金石碑版，甚至繪畫的多方面的藝術的啓發、借鑒。

在相當于中國古代實用印發展的第二段，逐漸出現並迅猛成長着文人流派藝術印的創製，越來越濃重地體現了藝術個性，體現了自覺的藝術追求。流派藝術印創作與實用印章的根本不同之處在于，審美是第一性的取向，實用性是第二性的，如審美取向不能在作品中體現，則寧可放棄對實用性的追求。藝術流派印章是個性化的創作，它一般排斥了如同公印一般的整齊劃一的表現，同時，主要根據文人的生活藝術的需要，借鑒歷史上已有的傳統，又不斷創製出了多種印章藝術的品類。

審美爲第一性的全新取向的印壇開山鼻祖究竟是誰，至今在研究者間仍有争論。沙孟海先生曾經指出，北宋的偉大藝術家米芾有着治印實踐，也有初步的理論探討，是流派藝術印章的開山之作者，這是非常之灼見。開山鼻祖不一定是印學理論或治印實踐上最爲成熟、最高成就者，所以現代的人們不應當苛求米芾的貌似稚拙而難能可貴的治印活動。

元代是中國藝術印學趨向成熟的時期。標志之一是第一部研究印學的理論著作——吾丘衍的《學古編·三十五舉》面世。其標志之二,是元代趙孟頫、吾丘衍、錢選、吴叡、褚奂、王冕等一批比較成熟的印人的治印實踐。

到了明代,治印理論與藝術獲得了突出的進步。明代的文彭、何震是流派印章藝術史上具有開派意義的先行者,他們的實踐與理論,對中國印壇影響巨大。文、何之後,大致以徽(皖)、浙兩派的此長彼消爲主綫,數以十計的大小流派如群龍弄江,把明清藝術印壇攪動得如沸水一般。諸多印人如顆顆璀璨的明星,相繼升起在藝術的天幕。約略一數,其中的杰出人物有明朝的歸昌世、李流芳、陳萬言、顧聽、梁千秋、程原、胡正言、趙宧光、金光先、魏植、蘇宣、程遠、何通、丁元公、甘暘、汪關、朱簡、徐上達、沈野,等等;明末清初有程邃、黄吕、汪肇隆、林皋、許容,等等;清代的"揚州八怪"畫家群體之中,也有多位治印好手。到了丁敬開以"浙派",先後舉名的"西泠八家"(丁敬、蔣仁、黄易、奚岡、陳豫鍾、陳鴻壽、趙之琛及稍晚的錢叔蓋),都是藝、論均臻上乘的大藝術家;董洵、巴慰祖、胡唐、王聲,又是一批力圖恢復古代璽印面貌的俊彦;由鄧石如興起,皖派又添靈秀之氣。到了晚清時代,治印藝術更見精彩,金石等收獲層出不窮,給予印學以開闊的眼界與充沛的營養,此時有吴讓之、趙之謙、徐三庚、吴昌碩、胡钁、黄士陵,等等,名家巨匠輩出,創造了蔚爲壯觀的空前美景,亦是在此時,中國流派印章藝術傳至東鄰、遠播海外,作爲綺麗的東方藝術爲世人所關注。

近現代以來,藝術印壇更是姹紫嫣紅、争奇鬥艷,逐漸取得並鞏固了與國畫、書法"鼎立而三"的地位。目前的問題在于,應當把近百年來的印藝創作再做很好的流派梳理與總結,找出規律與藝術特質,將"没有流派便没有藝術"的思想變爲現代藝術印人的自覺實踐。

（三）藝術印章發展的幾個時期

在本書之中，用了較多篇幅論述了中國古代實用印的考古學分期。中國印章的美學價值與藝術創製實踐已是公認的事實，于是筆者又排出了與實用印章平行發展的中國藝術印章發展的幾個時期，下面極爲簡略地奉獻給讀者，今後將展開論述。筆者將中國藝術印章的發展歸納爲以下幾個時期：

1. 史前期

即在璽印的起源，直到宋代之前，古典實用印章系列中的美學藝術要素的存在，這些要素爲後來的印章藝術發展大量繼承。這一時期自覺的治印藝術家隊伍，尚没有出現；重要的印學理論著作，也還没有出現。

2. 濫觴期

始于宋代蘇東坡、米芾等人的印論與治印實踐。直至元代趙孟頫、吾衍、王冕之輩的創作與印學理論。

3. 集派期

發端于明代文彭、何震等人的實踐。

4. 發展期

標志爲成熟的皖、浙兩派形成、抗衡與彼此消長。

5. 繁榮期

自清中後期開始，中國藝術印章的創製、印學理論的闡述進入了全面繁榮時期，並逐漸特立突現，成爲中國傳統藝術的傑出代表之一。繁榮期大到滯停于抗日戰爭時期，但是1949年以來，尤其是1980年代之後，中國藝術印學、印藝又獲得了空前的蓬勃發展。

（四）尾聲

本書罷筆之際，筆者並不感到輕鬆。一時間湧入腦際許多漢語詞彙：封璽、奪璽、璽節；用印、打印、掌印、奪印、心印、心心相印、重印、抽印、刊印、烙印、翻印、推印；用章、蓋章、圖章；印工、印把子、印象、印記、印紋、印結、印齒、印檢、印封；等等等等。無論其是否轉義，這些都源自于中國古代印章。印章體量不大，但它對中國文明的影響是巨大的。從考古學的角度和方法，粗略地梳理了一遍巨量的中國璽印遺存，但願這種嘗試，有着獨到的意義。

2016年中秋，第三稿修訂于江南寶華山下

《考古印史》圖例總表

圖號	印章内容	時代	頁碼	備注
貳1·1	私璽	先秦	44	
貳1·2	公印	秦	45	泥封拓本
貳1·3	賈	西漢	47	
貳1·4	樊氏	西漢	47	
貳1·5	遬	戰國	47	
貳1·6	适	北宋	47	
貳1·7	彭祖	秦	48	
貳1·8	尹遂昌印	漢	48	
貳1·9	郭忠私印	西漢	48	
貳1·10	王忠之印	新莽	48	
貳1·11	吕義私印　吕少年印	西漢	49	雙面印
貳1·12	楊就印信　楊就　叔貞	東漢	49	三套印
貳1·13	虞君侯	新莽	49	
貳1·14	周子路印	西漢	49	
貳1·15	傅闌　字公子	東漢	49	雙面印
貳1·16	徐仁　徐成知	東漢	50	
貳1·17	河間武垣劉芝字伯行	魏晋	50	
貳1·18	少公	東漢	50	
貳1·19	梁奮　臣奮	西漢	50	雙面印
貳1·20	臣偃	西漢	50	
貳1·21	臣獲	新莽	51	泥封拓本
貳1·22	賤臣臣章狳周氏	東漢至三國	51	
貳1·23	段志　草芒（莽）臣志	東漢	51	雙面印
貳1·24	吕晵　賤子晵印	東漢	51	雙面印
貳1·25	妾嫼	西漢	52	
貳1·26	妾莫書	新莽	52	
貳1·27	趙倚精　妾倚精	西漢	52	雙面印
貳1·28	曹新婦白疏	東晋	52	六面印的一面
貳1·29	武彊唯印	東漢	52	
貳1·30	王	西漢	53	

續表

圖號	印章内容	時代	頁碼	備注
貳1·31	偁音信鉩	戰國楚	53	
貳1·32	閔喜	西漢	53	
貳1·33	王子孺印	西漢	53	
貳1·34	耿憲夫宜酒食長貴宜	東漢	54	
貳1·35	汝南女陰公孫安漢印	東漢	54	
貳1·36	司徒中士張尚	新莽	54	
貳1·37	使掌果池水中黄門趙許私印	東漢	54	
貳1·38	樂浪太守掾王光之印　臣光	東漢	55	木質雙面印
貳1·39	“獨孤信”多面體印	北朝晚期	55	多面體印
貳1·40	故成平侯私印	南北朝	56	
貳1·41	官	東晋	56	
貳1·42	左官徒實	西漢	56	印陶拓本
貳1·43	“曹精期”六面印	東晋	57	六面印
貳1·44	信	戰國楚	58	
貳1·45	印	東漢	58	
貳1·46	私信	西漢	58	
貳1·47	信印	東漢	58	
貳1·48	印完	魏晋	58	
貳1·49	檢竊	魏晋	58	
貳1·50	完封	魏晋	58	
貳1·51	頓首	宋	58	
貳1·52	封全（或讀“丁氏封全”）	宋	58	
貳1·53	封完請發	東漢	58	
貳1·54	封信願君自發	新莽	58	
貳1·55	王表言事	東漢	59	
貳1·56	顔綝白事　顔綝白牋	東晋	59	六面印
貳1·57	羲之言疏　羲之白疏	東晋	60	六面印
貳1·58	秦元孫啓事	東晋	60	六面印
貳1·59	劉茂封信	東晋	60	六面印
貳1·60	“孫碩”六面印	東晋	60	六面印
貳1·61	劉次卿印完封請發	東漢	60	
貳1·62	肞子伯印宜身至前伯（迫或百）事不閒願君自發印信封完	東漢	61	

續表

圖號	印章内容	時代	頁碼	備注
貳1·63	趙詡子産印信福禄進日以前乘浮雲上華山飤玉英飲醴泉服名藥就神仙	東漢	62	
貳1·64	龍蛇辟邪	東漢	62	
貳1·65	黄神越章天帝神之印	東漢	63	
貳1·66	符籙印	東漢	63	
貳1·67	含道家内容的六面印（選四）	東晋	63	六面印
貳1·68	佛法僧印	宋	64	
貳1·69	敬	東周	65	
貳1·70	昌	東周	65	
貳1·71	萬歲	漢	65	
貳1·72	宜璽	東周	65	
貳1·73	日利	漢	65	
貳1·74	君子士	東周	65	
貳1·75	大吉昌	東周	65	
貳1·76	百千万	東周	65	
貳1·77	宜官内財	漢	66	
貳1·78	長樂無極	漢	66	
貳1·79	綏統承祖子孫慈仁永保二親福禄未央萬歲無疆	漢	66	
貳1·80	宜子孫	漢	66	
貳1·81	日利千萬	漢	66	印陶拓本
貳1·82	金	遼	68	
貳1·83	王（押印）	宋	68	
貳1·84	八思八文加押	元	68	
貳1·85	專室之璽	戰國楚	68	
貳1·86	端居室	唐	69	摹本
貳1·87	文房之印	北宋	69	
貳1·88	安昜水鉥	戰國燕	71	
貳1·89	司馬之鉥	戰國齊	71	
貳1·90	弄狗廚印	秦	71	
貳1·91	長沙頃廟	西漢	71	
貳1·92	楚邸	西漢	71	

續表

圖號	印章內容	時代	頁碼	備注
貳1·93	上沅漁監	西漢	71	
貳1·94	司禾府印	東漢	71	
貳1·95	右武衛右十八車騎印	隋	72	
貳1·96	天門軍之印	唐	72	
貳1·97	常樂蘸（站）印	元	72	
貳1·98	富昌韓君	戰國三晋	73	
貳1·99	昌武君印	秦	73	
貳1·100	皇帝信璽	秦	73	泥封拓本
貳1·101	皇后之璽	西漢	73	
貳1·102	文帝行璽	西漢	74	
貳1·103	泰子	西漢	74	
貳1·104	淮陽王璽	西漢	74	
貳1·105	軑侯之印	西漢	74	
貳1·106	左夫人印	西漢	74	
貳1·107	漢委奴國王	東漢	74	
貳1·108	廣陵王璽	東漢	74	
貳1·109	夫租歲（濊）君	東漢	74	
貳1·110	廣鄉亭侯	三國	75	
貳1·111	高城侯印	北朝	75	
貳1·112	臨渭男章	北朝	75	
貳1·113	高祖神武聖文孝德明惠皇帝謚寶	五代前蜀	75	
貳1·114	神宗範天合道哲肅敦簡光文章武安仁之孝顯皇帝之寶	明	76	
貳1·115	和碩怡親王寶	清	76	
貳1·116	大行丞印	漢	76	
貳1·117	大司農丞	漢	76	
貳1·118	睢陵家丞	西漢	77	
貳1·119	纂田之史	西漢	77	
貳1·120	長沙僕	西漢	77	
貳1·121	圜陽馬丞印	新莽	77	
貳1·122	紅陽侯國徒丞	新莽	77	
貳1·123	陰平太守	南朝	77	
貳1·124	當塗令印	南朝	77	

續表

圖號	印章內容	時代	頁碼	備注
貳1·125	榆平發弩	戰國三晋	78	
貳1·126	將軍之鉢	戰國齊	78	
貳1·127	校尉之印章	東漢	78	
貳1·128	立節校尉	南北朝	78	
貳1·129	寧朔將軍章	南北朝	78	
貳1·130	兇奴相邦	戰國趙	79	
貳1·131	滇王之印	西漢	79	
貳1·132	新西國安千制外羌佰右小長	新莽	80	
貳1·133	漢匈奴惡適尸逐王	東漢	80	
貳1·134	巍丁零率善佰長	曹魏	80	
貳1·135	晋歸義羌王	西晋	80	
貳1·136	大司馬士王尊	新莽	81	泥封拓本
貳1·137	國將士印石龔	新莽	81	泥封拓本
貳1·138	亞畢示	商	82	
貳1·139	左私田	戰國	82	
貳1·140	安陸市亭	秦	82	印陶拓本
貳1·141	榦中三老	西漢	82	
貳1·142	外里祭尊	西漢	82	
貳1·143	郭北十亭天嚴殺鬼章	東漢	83	
貳1·144	開龍寺記	遼	83	
貳1·145	道經師寶	明	84	
貳1·146	太平天國玉璽	清	84	
貳1·147	汴梁行省管句所之印	元	86	
貳1·148	夔州防禦使符	明	86	
貳1·149	南鄭縣印	明	86	
貳1·150	太平天國浙江海寧州前軍右師左旅帥	清	86	
貳1·151	奉天行令統理山河社稷奉聖遵行執掌中國權衡風調雨順天下太平宋朝皇印	清	87	
貳1·152	南軍後參軍篆	清	87	
貳1·153	永邑信安鎮乾字北義和團人等全勝	清	87	
貳1·154	陽城	戰國	87	陶文拓本

續表

圖號	印章内容	時代	頁碼	備注
貳1·155	亳丘	戰國	87	陶文拓本
貳1·156	蕃里	西漢	88	陶文拓本
貳1·157	荼陵	西漢	88	
貳1·158	永興郡印	隋	88	摹本
貳1·159	柳中縣之印	唐	88	摹本
貳1·160	十一年以羞　亳	戰國	89	陶文拓本
貳1·161	廿二年正月左匋尹　左匋攻敨	戰國	89	陶文拓本
貳1·162	日庚都萃車馬	戰國	90	
貳1·163	曲革	漢	91	
貳1·164	左桁正木	戰國	91	
貳1·165	左王既正	戰國	91	椁木烙印拓本
貳1·166	匋攻昌	戰國	92	陶文拓本
貳1·167	左司高瓦	戰國	92	陶文拓本
貳1·168	壹貫背合同	南宋	92	摹本
貳1·169	昏爛鈔印	元	92	
貳1·170	東園	漢	93	陶文拓本
貳1·171	大牢	漢	93	陶文拓本
貳1·172	旨准	清	93	
貳1·173	倉内作	西漢	95	
貳1·174	萬石	漢	95	照片
貳1·175	右鹽主官	西漢	95	
貳2·1	侍其繇	西漢	100	
貳2·2	蕩寇將軍印	明	100	
貳2·3	五原候印　五原都尉章	西漢	101	鉛質雙面印母
貳2·4	淮陵丞印	東漢	101	
貳2·5	汗赭	五代	101	
貳2·6	陝西澄城出土玉印	西周	102	印面拓片及印鈕摹本
貳2·7	桓啓	西漢	104	
貳2·8	庯母印	西漢	104	
貳2·9	貴無驕富無奢傳後世永保家	西漢	104	
貳2·10	陳請士	西漢	105	

續表

圖號	印章內容	時代	頁碼	備注
貳2·11	妾辛追	西漢	106	摹本
貳2·12	張偃　張伯	西漢	106	雙面印
貳2·13	孫欽言事　孫欽印信	東漢	106	雙面印
貳2·14	王禧　李墅	漢	106	象牙雙面印
貳2·15	奠（鄭）昜陳导三	戰國齊	107	
貳2·16	蒲州之印	唐	108	
貳2·17	中國古代印章各部位及印面方位稱謂示意圖		109	
貳2·18	與予同生　十有二月　命之曰同　十有四日　張同之印　野夫	南宋	112	款識拓本及印面
貳2·19	斗檢封	西漢	113	照片
貳2·20	封泥筒	西漢	114	照片
貳2·21	錯金銅封泥筒	十六國	115	照片
貳2·22	泥封匣	西漢	115	照片
貳2·23	泥封匣	漢	115	照片
貳2·24	泥封匣	東吴	115	照片
貳2·25	氾達 臣達	西漢	117	雙面印
貳2·26	千秋萬世昌	戰國	117	五面印
貳2·27	“菅納”六面印	東晋	118	六面印
貳2·28	晝印（柱狀印）	東周	118	摹本
貳2·29	女木府（柱狀印）	戰國三晋	119	摹本
貳2·30	日庚都萃車馬（納銎印）	戰國燕	120	摹本
貳2·31	吉左（帶鈎印）	秦	120	摹本
貳2·32	晝印（帶鈎印）	東周	120	摹本
貳2·33	長生鼓（角觿印）	戰國燕	121	摹本
貳2·34	王生□（角觿印）	戰國燕	121	摹本
貳2·35	大利（戒指印）	東漢	121	摹本
貳2·36	龍輔（臂釧印）	西漢	122	摹本
貳2·37	筍將夕（錐體印）	西漢	123	摹本
貳2·38	宜子孫（饅頭形印）	西漢	123	摹本
貳2·39	趙但（權形印）	秦	123	摹本
貳2·40	曹長晴印　曹漢印（套印）	東漢	124	摹本
貳2·41	祝遵三套印	東漢	125	摹本

續表

圖號	印章內容	時代	頁碼	備注
貳2·42	郝陵鉨（三拼合印）	戰國楚	125	摹本
貳2·43	上下兩拼合畫印	西漢	126	摹本
貳2·44	子旬抑埴（鼻鈕）	商	128	摹本
貳2·45	東武城工師鉨（鼻鈕）	東周齊	128	摹本
貳2·46	後將軍軍司馬（鼻鈕）	東漢	128	摹本
貳2·47	趙赤（壇鈕）	西漢	128	摹本
貳2·48	後將軍軍司馬（臺鈕）	東漢	128	摹本
貳2·49	周誘（盝頂鈕）	西漢	128	摹本
貳2·50	畫印（亭鈕）	東周	128	摹本
貳2·51	芷陽少內（半環鈕）	秦	129	摹本
貳2·52	右廄將馬（半環鈕）	秦	129	摹本
貳2·53	都候丞印（瓦鈕）	西漢	129	摹本
貳2·54	成皋丞印（瓦鈕）	西漢	129	摹本
貳2·55	段聖士（橋鈕）	西漢	130	摹本
貳2·56	唐安縣之印（碑形鈕）	唐	130	摹本
貳2·57	東光縣陰陽學記（碑形鈕）	金	130	摹本
貳2·58	桓術火倉之印（塊鈕）	金	131	摹本
貳2·59	首領（塊鈕）	西夏	131	摹本
貳2·60	户部督催津糧關防（杙鈕）	明	132	摹本
貳2·61	鑲白旗滿洲二甲喇參領之關防（杙鈕）	清	132	摹本
貳2·62	謹封　押（揑鈕）	元	133	摹本
貳2·63	龍喦再拜（揑鈕）	元	133	摹本
貳2·64	陸糧尉印（覆斗鈕）	西漢	134	摹本
貳2·65	謝李（壇鈕）	西漢	134	摹本
貳2·66	杜相（臺鈕）	東周秦	135	摹本
貳2·67	太尉之印（臺鈕）	元	135	摹本
貳2·68	王上之□（亭鈕）	東周	135	摹本
貳2·69	文（亭鈕）	東周	135	摹本
貳2·70	王平鉨（亭鈕）	東周	136	摹本
貳2·71	□□□（亭鈕）	東周	136	摹本
貳2·72	黄神越章天帝神之印（環鈕）	東漢	136	摹本
貳2·73	少堂（提梁鈕）	明	137	摹本

續表

圖號	印章內容	時代	頁碼	備注
貳2·74	王僕（泉鈕）	東漢	137	摹本
貳2·75	圖案（蓮台法輪鈕）	明	138	摹本
貳2·76	精進修行（法器鈕）	明	138	摹本
貳2·77	圖案（法器鈕）	明	138	摹本
貳2·78	中正亡私（柱鈕）	東周	138	摹本
貳2·79	山金貞（柱鈕）	東周	138	摹本
貳2·80	圖案印（繩鈕）	西周	139	摹本
貳2·81	善何（人形鈕）	東周	140	摹本
貳2·82	劉（人形鈕）	元	140	摹本
貳2·83	付押（人形鈕）	元	140	摹本
貳2·84	合同（人形鈕）	元	140	摹本
貳2·85	畫印（龍鈕）	商	141	摹本
貳2·86	文帝行璽（龍鈕）	西漢	141	摹本
貳2·87	高祖神武聖文孝德明惠皇帝謚寶（龍鈕）	五代	141	摹本
貳2·88	押印（龍鈕）	明	142	摹本
貳2·89	天子之寶（龍鈕）	清	142	摹本
貳2·90	辛脩私印（龍鈕）	東漢	142	摹本
貳2·91	浙江都水（蛇鈕）	秦	143	摹本
貳2·92	滇王之印（蛇鈕）	西漢	143	摹本
貳2·93	漢委奴國王（蛇鈕）	東漢	143	摹本
貳2·94	從秦到南北朝龜鈕大系	秦至南北朝	145	摹本
貳2·95	珍妃之印（龜鈕）	清	146	摹本
貳2·96	魏率善胡邑長（駝鈕）	三國魏	147	摹本
貳2·97	魏率善氐千長（駝鈕）	三國魏	147	摹本
貳2·98	右賢王印（羊鈕）	西晉	147	摹本
貳2·99	晉烏丸率善邑長（羊鈕）	西晉	147	摹本
貳2·100	歸趙侯印（馬鈕）	十六國	148	摹本
貳2·101	□□（獅印）	東周	148	摹本
貳2·102	郭尚之印信（獅鈕）	新莽	148	摹本
貳2·103	押印（獅鈕）	元	148	摹本
貳2·104	皇后之璽（螭虎鈕）	西漢	149	摹本
貳2·105	審克私印（辟邪鈕）	東漢	149	摹本

續表

圖號	印章內容	時代	頁碼	備注
貳2·106	天元皇太后璽（天祿鈕）	北朝末至隋	150	摹本
貳2·107	押印（犬鈕）	元	150	摹本
貳2·108	靳君（鹿鈕）	西漢	150	摹本
貳2·109	晝印（鳥鈕）	東周	151	摹本
貳2·110	押印（鳥鈕）	元	151	摹本
貳2·111	泰庫（魚鈕）	秦	152	摹本
貳2·112	朱廬執珪（魚鈕）	西漢	152	摹本
貳2·113	犀牛鈕	戰國	152	摹本
貳3·1	大司徒長卩（印）乘	戰國燕	158	
貳3·2	窒孫千萬	東漢	158	
貳3·3	趣盦之鉢	戰國齊	158	
貳3·4	徒口都丞	戰國燕	161	
貳3·5	昜都邑聖趣盦之鉢	戰國齊	161	
貳3·6	諸國侯印	西漢	161	
貳3·7	左中軍司馬	戰國齊	162	
貳3·8	弓舍	秦	162	
貳3·9	云子思士	戰國	162	
貳3·10	彭城丞印	西漢	162	
貳3·11	魏得之	秦	162	
貳3·12	邦士	秦	162	
貳3·13	學	商	164	
貳3·14	圛（賜）作召墳	西周	164	陶文拓本
貳3·15	章廄將馬	秦	166	
貳3·16	王杜私印	西漢	168	
貳3·17	賦午	戰國	168	
貳3·18	祭睢	西漢	169	
貳3·19	武意	西漢	169	
貳3·20	杜況私印	西漢	169	
貳3·21	婕妤妾娋	西漢	169	
貳3·22	樊纘	晉	169	
貳3·23	觀陽縣印	隋	170	
貳3·24	神衛左第四軍第二指揮第五都記	北宋	171	

續表

圖號	印章內容	時代	頁碼	備注
貳3·25	洱海衛右千户所百户印	明	171	
貳3·26	規秦將軍之印	明	172	
貳3·27	御府長印	西漢	173	摹本
貳3·28	零陵太守章	東晋	173	
貳3·29	右策寧州留後朱記	五代	173	
貳3·30	方（押）	元	174	
貳3·31	元從都押衙記	五代	175	
貳3·32	（押）	元明	175	
貳3·33	孫（押）	元	175	
貳3·34	古蜀文字印	戰國	176	
貳3·35	契丹文字印	遼	177	
貳3·36	女真文字印	金	177	
貳3·37	西夏文字印	西夏	178	
貳3·38	八思八文字公印	元	179	
貳3·39	八思八文字私印	元	179	
貳3·40	滿文字印	清	180	
貳3·41	漢篆加滿楷字印	清	180	
貳3·42	漢篆加滿篆字印	清	180	
貳3·43	統管堂狼印（彝文）		181	
貳3·44	以諾（彝文）	清	181	
貳3·45	宣慰使第二大臣懷郎曼凹印（傣文）	明	182	
貳3·46	畫印	戰國	184	
貳3·47	畫印	西漢	184	
貳3·48	畫印泥封	西漢	184	泥封拓本
貳3·49	畫印	西漢	184	
貳3·50	押印	金	185	
貳3·51	畫印	元	185	
貳3·52	圖案印		185	
貳3·53	圖案印	東周	185	
貳3·54	押印圖案印	宋元	185	
貳3·55	泠賢（共兩枚）	戰國秦	186	
貳3·56	長沙丞相	西漢	186	

續表

圖號	印章內容	時代	頁碼	備注
貳3·57	㣺（璽）	東周	187	
貳3·58	朔寧王太后璽	東漢	187	
貳3·59	厶㣺（私璽）	戰國	187	
貳3·60	外司鑄鉨	戰國燕	188	
貳3·61	荼大夫之鉢	戰國齊	188	
貳3·62	王閒信鉢	戰國	188	
貳3·63	子坴子鑍	戰國齊	191	
貳3·64	平巷（巷）市鑍　昜攻師鉢	戰國齊	191	陶文拓本
貳3·65	昜都私王卩（印）	戰國燕	191	
貳3·66	韓貴私印	漢	191	
貳3·67	工師之印	戰國秦	191	
貳3·68	郭尚之印信	新莽	192	
貳3·69	馮常私印信	新莽	192	泥封拓本
貳3·70	宋畢信印	東漢	192	
貳3·71	劉承印信	三國	192	
貳3·72	周隱印封	東漢	193	
貳3·73	河華記印	東漢	193	
貳3·74	李伉名印	魏晋	193	
貳3·75	平東將軍章	東漢	194	
貳3·76	琅邪相印章	東漢	194	
貳3·77	李君之印章	新莽	194	
貳3·78	趙當時印章	東漢	194	
貳3·79	中山王寶	明	195	
貳3·80	周化日記	東漢	196	
貳3·81	大毛村記	唐或五代	196	
貳3·82	良貢六面印頂部之“白記”	東晋	196	六面印
貳3·83	樂安逢堯私記	五代	197	
貳3·84	都提舉使朱記	五代	197	
貳3·85	光緒年戳記	清	197	
貳3·86	福建省銀行總行鈐記	民國	197	
貳3·87	渤海圖書	唐	198	
貳3·88	合同	元	199	
貳3·89	鎮守福建台灣等處總兵官之關防	清	199	

續表

圖號	印章內容	時代	頁碼	備注
貳3·90	前軍都督府都督僉事朱關防	明	199	
貳3·91	長宜	戰國	202	
貳3·92	上官黑	戰國	202	
貳3·93	討虜司馬	三國	202	
貳3·94	牙門將印章	東漢	202	
貳3·95	北鄉	西漢	203	
貳3·96	鄭郗市鑋	戰國	203	
貳3·97	路恭	西漢	203	
貳3·98	安陽鄉印	西漢	203	
貳3·99	格氏	戰國	204	陶文拓本
貳3·100	張隗	秦	204	
貳3·101	西方疾	戰國	204	
貳3·102	左桁瞉木	戰國	204	
貳3·103	日利	東漢	205	
貳3·104	田慶忌	西漢	205	
貳3·105	許信中	西漢	205	
貳3·106	馬穰印	東漢	205	
貳3·107	客弄之鉢	戰國楚	206	
貳3·108	宜春禁丞	秦	206	
貳3·109	傅賞之印	漢	206	
貳3·110	畢俠君印	西漢	206	
貳3·111	右廄將馬	秦	207	
貳3·112	南宮尚浴	秦	207	
貳3·113	上林池郎	秦	207	
貳3·114	右將司馬	戰國	207	
貳3·115	姚少功子	東漢	207	
貳3·116	周竟之印	東漢	207	
貳3·117	漁陽太守章	新莽	207	泥封拓本
貳3·118	司馬昌私印	新莽	207	
貳3·119	泰上寖左田	秦	208	
貳3·120	南越中大夫	西漢	208	
貳3·121	納功勇校丞	西漢	208	
貳3·122	三老毋死萬歲	東漢	208	

續表

圖號	印章内容	時代	頁碼	備注
貳3·123	畬果師	東周	209	
貳3·124	蘆堨鉩	東周	209	
貳3·125	樂成高印	漢	209	
貳3·126	殷買臣	秦	209	
貳3·127	大府	戰國楚	209	
貳3·128	王之上吉	戰國	210	
貳3·129	君子士	戰國	210	
貳3·130	魏莫如	西漢	213	
貳3·131	蘇文印	東漢	213	
貳3·132	子旬抑直	商	213	
貳3·133	臣廣	西漢	213	
貳3·134	臣奉世	新莽	213	
貳3·135	司馬度	西漢	213	
貳3·136	田賓私印	東漢	213	
貳3·137	田子孫印	東漢	213	
貳3·138	田破石子	東漢	214	
貳3·139	壯武男印章	東晋	216	
貳3·140	魏嫽	西漢	218	
貳3·141	夏州都督府之印　銀州之印	唐	219	雙面印
貳4·1	从	商	221	陶文拓本
貳4·2	陶文	東周	221	陶文拓本
貳4·3	滚筒式抑印陶文	西漢	221	陶文拓本
貳4·4	獸虡	西周	223	泥封拓本
貳4·5	戰國到漢代泥封舉例	戰國至漢	224	泥封拓本
貳4·6	倉印+庫印封泥（一泥多印）	漢	224	泥封拓本
貳4·7	唐代泥封	唐	225	泥封拓本
貳4·8	銅範銘文拓本及“十四年十一月工師絽”傳世印章	東周	228	拓本及印面
貳4·9	楚金幣印文	戰國楚	228	金幣拓本
貳4·10	靈丘騎馬	漢	230	摹本
貳4·11	許牛	五代	230	烙牛印
貳4·12	桓司空	西漢	231	

續表

圖號	印章內容	時代	頁碼	備注
貳4·13	楚漆器烙印摹本	戰國楚	231	摹本
貳4·14	衛國公印	北朝	234	
貳4·15	楚絹帛朱印鈐蓋摹本	戰國楚	234	摹本
貳5·1	金山縣印	隋	237	
貳5·2	會稽縣印	隋	237	
貳5·3	宜春縣印	隋	237	
貳5·4	萍鄉縣印	隋	237	
貳5·5	宋丞相忠定趙周王印	民國	238	
貳5·6	雁門郡記	宋	238	
貳5·7	臨淄縣印	民國	238	
貳5·8	王兵戎器	戰國秦	239	符牌拓本
貳5·9	漢匈奴惡適尸逐王		247	僞印
貳5·10	岳飛		247	僞印
貳5·11	虎步司馬		247	僞印
貳5·12	戠㇉氏之鉢		248	僞印
貳5·13	行府之璽		251	僞印
貳5·14	大車之鉢（僞）		251	僞印
貳5·15	干水市取		251	僞印
貳5·16	陽□工師璽		251	僞印
貳5·17	右庶長之璽		251	僞印
貳5·18	歲昉信璽		251	僞印
貳5·19	趣盦之璽		252	僞印
貳5·20	廣睦男家丞		252	僞印
貳5·21	上谷學官令印		252	僞印
貳5·22	司武管粟		254	僞印
貳5·23	冠軍侯印		254	僞印
叁2·1	河南龍山文化晚期遺址出土的陶拍實物的縱部圖及拍面方格紋	新石器時代	274	描摹图
叁2·2	江蘇新石器時代陶拍面拓本	新石器時代	274	陶拍拓本
叁3·1	殷墟出土獸面紋銅璽	商	280	

續表

圖號	印章内容	時代	頁碼	備注
叄3·2	殷墟出土“[illegible]”字玺	商	280	摹本
叄3·3	殷墟出土“[illegible]”字玺	商	281	摹本
叄3·4	殷墟婦好墓出土商代龍鈕石印	商	281	摹本
叄3·5	庚	商	281	陶文拓本
叄3·6	矢	商	281	陶文拓本
叄3·7	西周畫印兩枚	西周	283	
叄3·8	令司樂作太宰塤	西周	283	陶文拓本
叄3·9	青銅盤銘	春秋	283	銘文拓本
叄3·10	三角形戳　S形雲紋印	西周	284	
叄3·11	變形鳳鳥紋印	西周	284	
叄3·12	西周陶印兩枚	西周	285	
叄3·13	陝西澄城出土玉印	西周	285	印面拓本
叄4·1	畫印	春秋	291	
叄4·2	王慶忌	戰國	292	
叄4·3	秦狠	戰國	292	
叄4·4	長耳	戰國	292	
叄4·5	公孫毋	戰國	292	
叄4·6	東易洭澤王卩（印）鉨	戰國燕	295	
叄4·7	易軍丞	戰國燕	295	
叄4·8	易安都王卩（印）鉨	戰國燕	295	陶文拓本
叄4·9	平陰都司徒	戰國燕	296	
叄4·10	端都左司馬	戰國燕	296	
叄4·11	柦易都昊（遽）皇（騆）	戰國燕	296	
叄4·12	南門之鉨	戰國燕	296	
叄4·13	司寇之鉨	戰國燕	296	
叄4·14	竨坪君俚室鉨	戰國燕	296	
叄4·15	堵城河丞	戰國燕	297	
叄4·16	襄平右丞	戰國燕	297	
叄4·17	單佑都市鉨	戰國燕	297	
叄4·18	衛生達	戰國燕	298	
叄4·19	司馬城	戰國燕	298	
叄4·20	公孫生盌	戰國燕	298	

續表

圖號	印章內容	時代	頁碼	備注
叁4·21	東方絈　絈	戰國燕	298	雙面印
叁4·22	北里壬	戰國燕	299	陶文拓本
叁4·23	右宫居則	戰國燕	299	陶文拓本
叁4·24	事敬	戰國燕	299	陶文拓本
叁4·25	左王昌吉	戰國燕	299	陶文拓本
叁4·26	匋攻昌	戰國燕	299	陶文拓本
叁4·27	匋工午	戰國燕	299	陶文拓本
叁4·28	齊立邦鉨	戰國齊	300	
叁4·29	善昜飤鉨	戰國齊	300	
叁4·30	郱邦信鉨	戰國齊	301	
叁4·31	陳市師鉨	戰國齊	301	
叁4·32	東武城攻師鉨	戰國齊	301	
叁4·33	陳窶立事歲安邑亳釜	戰國齊	302	
叁4·34	子粟子信鉨	戰國齊	302	
叁4·35	司馬稜鉨	戰國齊	303	
叁4·36	王瘪　信鉨	戰國齊	303	雙面印
叁4·37	陳郯	戰國齊	304	陶文拓本
叁4·38	楚郭遷闢里臧	戰國齊	304	陶文拓本
叁4·39	紹遷□□□里爽	戰國齊	304	陶文拓本
叁4·40	□尚□	戰國齊	305	陶文拓本
叁4·41	王釜	戰國齊	305	陶文拓本
叁4·42	郱	戰國齊	305	陶文拓本
叁4·43	宋連信璽	戰國齊	305	泥封拓本
叁4·44	杻里司寇	戰國三晉	308	
叁4·45	足茖司馬	戰國三晉	308	
叁4·46	録（又讀作：南）宫將行	戰國三晉	308	
叁4·47	郂余子嗇夫	戰國三晉	308	
叁4·48	汪匋右司工	戰國三晉	308	
叁4·49	春安君	戰國三晉	308	
叁4·50	女木府	戰國三晉	308	
叁4·51	司馬參	戰國三晉	309	
叁4·52	君相如	戰國三晉	309	
叁4·53	石跰	戰國三晉	309	

續表

圖號	印章內容	時代	頁碼	備注
叄4·54	陽城	戰國三晋	310	陶文拓本
叄4·55	昳	戰國三晋	310	陶文拓本
叄4·56	徻	戰國三晋	310	陶文拓本
叄4·57	格氏左司工	戰國三晋	310	陶文拓本
叄4·58	陽城倉器	戰國三晋	310	陶文拓本
叄4·59	禾	戰國三晋	310	陶文拓本
叄4·60	上場行邑大夫鉨	戰國楚	312	
叄4·61	大莫囂鉨	戰國楚	312	
叄4·62	計官之鉨	戰國楚	312	
叄4·63	行士之鉨	戰國楚	312	
叄4·64	藿之鉨	戰國楚	312	
叄4·65	鄦（許）賢逃人與粟	戰國楚	314	
叄4·66	郙䣈信鉨	戰國楚	314	
叄4·67	黄㒸	戰國楚	314	
叄4·68	絑㚑	戰國楚	314	
叄4·69	區夫相璽　敬	戰國楚	314	
叄4·70	沅昜府	戰國楚	315	烙印痕迹拓本
叄4·71	筥	戰國楚	316	泥封拓本
叄4·72	正鉨	戰國楚	316	泥封拓本
叄4·73	攻市	戰國楚	316	泥封拓本
叄4·74	高陵車	戰國秦	317	
叄4·75	安石里典	戰國秦	317	
叄4·76	軍市	戰國秦	317	
叄4·77	倉吏	戰國秦	317	
叄4·78	尚佝鉩	戰國秦	317	
叄4·79	咸里鄘角	戰國秦	318	陶文拓本
叄4·80	咸□園相	戰國秦	318	陶文拓本
叄4·81	連虺	戰國秦	318	
叄4·82	龔義	戰國秦	318	
叄4·83	任樛	戰國秦	318	
叄4·84	中壹	戰國秦	319	
叄4·85	志遂（志從）	戰國秦	319	
叄4·86	長思高志	戰國秦	319	

續表

圖號	印章內容	時代	頁碼	備注
叁4·87	相思得志	戰國秦	319	
叁4·88	咸鄏里新	戰國秦	320	陶文拓本
叁4·89	右舍	戰國秦	320	陶文拓本
叁4·90	左貝	戰國秦	320	陶文拓本
叁4·91	咸亭右里道器	戰國秦	320	陶文拓本
叁4·92	新城邦	戰國秦	320	陶文拓本
叁4·93	咸安新盼	戰國秦	320	陶文拓本
叁4·94	寺工丞璽	戰國秦	321	泥封拓本
叁4·95	豐璽	戰國秦	321	泥封拓本
叁4·96	公車司馬	戰國秦	321	泥封拓本
叁4·97	巴蜀符號文字印舉例四則	戰國巴蜀	321	
叁5·1	邦司馬印	秦	329	
叁5·2	邦候	秦	329	
叁5·3	安民正印	秦	329	
叁5·4	雝丞之印	秦	329	
叁5·5	官田臣印	秦	329	
叁5·6	宮彊	秦	330	陶文拓本
叁5·7	白狼之丞	秦	331	泥封拓本
叁5·8	永巷	秦	331	泥封拓本
叁5·9	上家馬丞	秦	331	泥封拓本
叁5·10	右丞相印	秦	331	泥封拓本
叁5·11	中謁者	秦	331	泥封拓本
叁5·12	麗山飤官	秦	331	泥封拓本
叁5·13	尤衛	秦	332	
叁5·14	上官賢	秦	332	
叁5·15	嬰璽	戰國秦	332	泥封拓本
叁5·16	趙臨	秦	332	
叁5·17	文勝之印	秦	332	
叁5·18	昔齒	秦	332	泥封拓本
叁5·19	鄧印	秦	333	泥封拓本
叁5·20	上官擥	秦	333	泥封拓本
叁5·21	都候	西漢	334	

續表

圖號	印章內容	時代	頁碼	備注
叁5·22	楚衛士印	西漢	334	
叁5·23	北海飤長	西漢	334	
叁5·24	朱盧執刲（珪）	西漢	334	
叁5·25	西河農令	西漢	334	
叁5·26	靖園長印	西漢	334	
叁5·27	長沙廄印	西漢	335	
叁5·28	長沙頃廟	西漢	335	
叁5·29	左鄉	西漢	335	泥封拓本
叁5·30	齊祠祀印	西漢	335	泥封拓本
叁5·31	左馮翊印章	西漢	335	泥封拓本
叁5·32	妾因諸	西漢	336	
叁5·33	陽成嬰	西漢	336	
叁5·34	蘇將軍印	西漢	336	
叁5·35	霍賀之印	西漢	336	
叁5·36	顏莫	西漢	336	泥封拓本
叁5·37	吕宫印	西漢	336	泥封拓本
叁5·38	李乃始印	西漢	337	泥封拓本
叁5·39	公孫調	西漢	337	泥封拓本
叁5·40	延命子家印	新莽	339	
叁5·41	新前胡小長	新莽	339	
叁5·42	傅符子印章	新莽	339	泥封拓本
叁5·43	杜嵩之信印	新莽	339	
叁5·44	臣尊	新莽	339	泥封拓本
叁5·45	郭音私印信	新莽	339	泥封拓本
叁5·46	順陵園丞	東漢	341	
叁5·47	武徒府	東漢	341	
叁5·48	軍司馬印	東漢	341	
叁5·49	部曲將印	東漢	341	
叁5·50	沙渠長印	東漢	341	
叁5·51	東鄉家丞	東漢	341	泥封拓本
叁5·52	菅侯相印	東漢	341	泥封拓本
叁5·53	王文之印	東漢	342	
叁5·54	巨郅千万	東漢	342	

續表

圖號	印章內容	時代	頁碼	備注
叁5·55	劉延　俊靡丞印	東漢	343	二套印
叁5·56	許渠之印	東漢	343	泥封拓本
叁5·57	程珽之印	東漢	343	泥封拓本
叁6·1	征羌國印	三國	349	
叁6·2	廣武將軍章	東晋	349	
叁6·3	主爵都尉章	西晋	350	
叁6·4	武衛次飛武賁將印	西晋	350	
叁6·5	馮泰	東漢晚期到三國	350	
叁6·6	殷仙之印	東漢晚期到三國	350	
叁6·7	涓陽令印	南朝	352	
叁6·8	蘭陵太守章	東晋南朝	352	
叁6·9	寧朔將軍章	北朝	352	
叁6·10	冠軍將軍印	北朝	352	
叁6·11	范陽公章	北朝	352	
叁7·1	奉天皇帝之寶	唐	358	
叁7·2	瓜沙洲大經印	唐	359	
叁7·3	衛國公印	北朝晚期	360	
叁7·4	桑乾鎮印	隋	360	
叁7·5	陰槃縣之印（陰陽各一）	唐	360	雙面印
叁7·6	清源郡之印　尚書府部行從之印	唐	360	雙面印
叁7·7	長安縣印　安定郡市印	唐	361	雙面印
叁7·8	上書外出漕之印	唐	361	
叁7·9	三貌毋馱	唐	362	摹本
叁7·10	襟掩春风　氣含秋水	唐	362	雙面印
叁7·11	陝虢防禦都虞候朱記	唐	363	
叁7·12	軍資庫印	五代	363	
叁7·13	建業文房之印	五代十國	363	摹本
叁8·1	通遠軍遮生堡銅朱記	北宋	370	

續表

圖號	印章內容	時代	頁碼	備注
叁8·2	神衛左第四軍第弍指揮第五都記	北宋	370	
叁8·3	張氏安道	北宋	371	
叁8·4	安侯	北宋	371	
叁8·5	契丹文字印	遼	371	
叁8·6	工監	西夏	372	
叁8·7	西夏文字印	西夏	372	
叁8·8	嘉興府澉浦駐節殿前司水軍第四將印	南宋	373	
叁8·9	建炎宿州州院朱記	南宋	373	
叁8·10	趯	南宋	374	
叁8·11	中書門下之印	金	375	
叁8·12	枇字号行軍萬户所印	金	375	
叁8·13	德源	金	375	
叁8·14	天上方丈老人	金	375	
叁8·15	萬州諸軍奥魯之印	元	376	
叁8·16	西京規措應辦所之印	元	376	
叁8·17	元押印（選四例）	元	377	
叁9·1	迷易守禦千户所百户印	明	383	
叁9·2	欽差督理叁省織務内官關防	明	384	
叁9·3	滿文印	清	384	
叁9·4	都綱之印	清	385	
叁9·5	江漲税課分司大使之印	清	385	
叁9·6	烏羅長官司印	清	385	
叁9·7	吴縣縣政府印	民國	386	
叁9·8	西充縣印	明	388	

後　記

20世紀60年代末期,在農村插隊的時候,十五六歲當口,下雨時、生病時、受傷時爲了排遣時間,並無師從,至于通不通尚且不論,反正是爲自己、爲插友、爲農民用很便宜的青田石刻了一些圖章。一開始最好的老師,最喜歡經常仿刻的作品,就是南京火柴廠出品火柴盒子上篆刻的“毛主席詩詞”印章。後來,受到阿敏先生、王寧先生的批評,他們説既然要刻圖章,就要多看一些漢印。記得他們還説看多了,摹刻多了,手底下自然就能刻好。王寧先生將陳壽榮先生所著《怎樣刻印章》一書送給我,成爲我第一本教材。自己慶幸的是,從一開始,就没有走過模仿所謂“九疊篆”的歧路,這與許多印友有所不同吧。

當時的淮北大平原,窮到泥土裏幾乎没有瓦碴瓷片、玻璃金屬,正好方便我赤脚行走,未曾料想幾次硌到脚了,發現原來是古代印章,這樣居然陸續收到了一枚漢印、一枚北朝的將軍印和一枚元押,那枚元押多年被自己誤認爲戰國印章,這些都是在泥土裏拾到的。同在淮北落難的北京方庸老先生,在一米多高的茅棚裏一時興起,把齊白石老人爲他刻的圖章攤開,讓我選取兩三枚,我只是捧玩一通,堅辭不受。《考古》《文物》《化石》三個雜志在“文化大革命”中復刊,每個縣圖書館都訂藏了,這些在當時没有什麽人關注的印刷品,成了我踏泥卷褲捧讀的精神食糧,對于其中古文字和古代印章内容可以説是摳出眼珠來看的。上面所述,可能就是冥冥之中與中國印章的一點緣分吧！

在大學裏面讀書時，興趣所致，我看了許多中國古代璽印的資料，尤其是考古出土的璽印資料，聽到過由吴白匋、陳大羽、王敦化等先生講授的中國印章藝術的課程，也高高興興地與阮榮春、徐大同、海蔚藍、李曉暉、張躍進等辦過三兩次師生篆刻印章展覽。在考古實習時，認真觀摩了武漢、鄂城等地出土的漢代、六朝、宋元印章。1983年，國家文物局在南京博物院舉辦了對全國各文物商店、各地文物局負責同志的文物訓練班，有關方面希望我從古文字和古代璽印的角度給訓練班做一些輔導。于是我結識了南京市著名收藏家、書法家、篆刻家王一羽先生，並且相互有一個基本的分工：由我講中國印章的前段，從中國璽印的起源，一直講到明清的公印（官印）；由王一羽先生講流派藝術印章，就是從宋元以後，一直講到現當代的印人創作。爲了教學的需要，就形成了第一本比較簡略的講義（上、下編）。正是這個時候，受到了羅福頤、鄧散木，還有沙孟海等先生著作的影響。後來，參與了南京博物院與南京印社共同舉辦，主要由王一羽先生主持的《全國首届印人、印章、印材、印譜大展》，我在王老指導下主要負責古代璽印、印材和古代印譜的展陳工作。

在南京博物院工作期間，受陝西張沛先生委托，首先鑒定確認了陝西旬陽出土的北朝晚期“獨孤信”多面印，又鑒定了當地出土的東漢“使掌果池水中黄門趙許私印”，還有西漢泥封“旬陽丞印”。1989年訪日期間，我手捧實物研究了“漢委奴國王”金印，據日方説這是自清代黄遵憲之後，第二個中國人得以手捧此“日本國寶”。1990年，我主持接收並鑒定了清末同盟會老人、民國元勛何澄先生家屬捐獻的大批明清珍貴印章、印材，田黄、鷄血、白芙蓉石等名品一一經手整理考察。

1991年,我到西安的西北大學開始教書生涯,一直到目前都在吃粉筆灰,在西北大學,由楊希義先生介紹,首次鑒定了隋代“右武衛右十八車騎印”,並撰寫了《隋式公印研究》,補了一點缺。爲了教書需要,在西北大學時期形成了第一本印刷出版的教材——《古代璽印》(中國書店,1998年6月出版)。之後,又先後在北京師範大學、西安美術學院、中山大學、南京大學,多年講授“中國印章學”,在教學和科研基礎上對這本講稿不斷地做過修訂、修整,其中,大致體例没有變,主要是所用的資料有了一些增補,而且增加了一些新的觀點、看法。

在西北大學期間,應邀爲陝西歷史博物館、西安博物院等單位作過一些古代璽印的鑒選工作,培養過有關的文物幹部。最爲重要的事情,是與路東之先生共同獨立地鑒定、確認並初步研究了秦泥封,這是一個充滿艱辛、誤解甚至屈辱的學術歷程,同樣也是一個親手揭開秦宫奥秘的讓人激奮的過程,特别感激當時給予及時支持的張沛、吴鋼、余華青、周偉洲、周天游、侯宗才諸位先生。又與羅西章先生最早從西周遺址間鑒選出西周銅質璽印,這是西周璽印的首次田野考古發現。在21世紀初葉,又與路東之、傅春喜先生首先從河南新蔡東周楚國城址中鑒定、確認了一批楚國泥封,這是東周泥封最大的一次集中發現。

在此期間,與路東之先生合作出版了《秦封泥集》(三秦出版社,2000年5月),獲得了省部級一等奬。接着,又出了一本《元押》(江蘇美術出版社,2001年8月),在全國獲得了國家藝術圖書的二等奬。在1989年之前,形成了一部書稿——《考古集印》,由于在那年秋後,所有的哲學社會科學著作要審查以後再决定是否能够出版,就把這件事情給耽誤下來了,經過許許多多的波折,原先合作的出版社也就不再合作了。在這裏，我很懷念北京趙宇澤先生，通過他的介紹，得到了中華書局俞國林先生的賞識，原來的《考古集印》書稿擴大了多倍規模成爲《二十世紀出土璽印集成》，于2010年在中華書局出版，出版之後，先後獲得了中國古籍圖書整理二等獎、陝西省哲學社會科學一等獎、江蘇省哲學社會科學一等獎、全國哲學社會科學最高獎——高等學校人文社會科學一等獎。以上這些，都歸功于中國印章文化。

先儒前賢要求做學問者"致廣大而盡精微"，這種設計用在對于中國古代印章的學研上，倒是十分合適。一，在中國文物龐大的家族中，古代的印章、泥封、印陶等等是個"小項"，有時算在"雜項"之中，可是從小項的探究開始，"盡精微"，可以導引出文物研究的一般規律，可以由印章出發，擴大到青銅、陶瓷、玉石、文字等更多的類項，"致廣大"。二，考古學、文物學的研究，説到底是對古代社會發展歷史的研究，印章雖小，但是"盡精微"，可以窺得古代社會的方方面面，可以對古代社會的發展，起到幫助把握、深入探究，有時是不可或缺不可替代的作用，對歷史看準了、也就能説準了，"致廣大"。三，中國古代璽印雖屬小道，却是千百年風化石、浪淘沙之遺，浸淫于這批遺産，"盡精微"，自可以使人心胸博大，不再糾纏于鷄蟲得失，可以培育浩然之氣，"致廣大"。我自己是大大得益于兹、深有感觸的，于是告訴朋友尤其是青年朋友們，從小處做起，從具體的事物（但也並不限于印章）研究起，不棄不捨，年復一年，是可以内修而外廣，不負有涯之人生的。

進入21世紀以來，中國古代璽印的收獲非常明顯，比如説，河南安陽殷墟在墓葬、房基、窖藏接連出土商代璽印，部分地解決了中國最早期印章的一些問題，使人們眼界大開。2016年春天，西周時代的玉質璽印在陝西澄城的出土(很高興,我應當是最早的鑒定人和研究者之一,自認爲是花甲之後的得意之作),更新了人們對于西周璽印的認識。多個省區市從戰國到秦漢時期的大量珍貴璽印和品類的出土,有些引起學術的回顧和早先已達成認識的一種驕傲,比如説,江西南昌西漢海昏侯墓出土的“大劉記印”,我早在上世紀80年代便已經提出漢代的“記印”是璽印的一種特殊分類,是用以“左記言,右記行”這類行爲的。所以,我也幻想着在未來有可能,或者即使本人没可能,但也希望學生們有可能再對中國璽印文化做一次整體梳理,其間,能够獲得對域外的,尤其是環地中海一直到中亞的印章,以及它們和中國印章的關係新的認識;對中國古璽印的源流、特徵、作用、相關制度、具體形態、文字與藝術獲得新的認識;對中國印章與中華文明、中國文化之關係的新的認識。

《大衆考古》2016年第2期中又披露了烏爾第三王朝泥封(一般稱做“封泥”)、泥封匣的資料,加之本人在歐美多所博物館考察實物,也不斷地使我受到學術上的震動,即“璽印”這類文物與功用是源于西亞地區,然後向全世界擴散,形成了數量衆多、用途複雜的一種世界性的文化遺産。在過去的中國璽印研究當中,由于研究對象上確實是漢字占有覆蓋性的地位,所以可能有孤芳自賞、固步自封之處,也有和外面的世界相互隔絶之處,我本人也長期處于“井蛙”、“夜郎”狀態之中。現在,有關這些新的認識還在不斷地消化過程之中,將來的某一天可能會寫出中國和域外璽印較爲準確的比較研究。

《二十世紀出土璽印集成》出版之後,中華書局的先生覺得到要把書中的《引言》部分抽出,再出一本册子,可能希望大家從考古學的角度進一步認識古代璽印,我對此非常感謝。等接到需要校樣的消息後,我便着手做了一定的修改。由于時間的比較緊急,我便延請了幾位年輕同志——朱棒、崔璨、付威、林澤洋,幫我做了認真及時的修訂、增補、校對工作,使得本書和那個《引言》有了一些不同,有些是重要的修改。在這個工作中,還得到麻延章、陳曉捷、高子期、馮琳、蔡青、王資卓、王寰宇、李穎欣、林静怡等年輕同仁的及時幫助。其中,陳曉捷核對了全部引用的古代文獻,麻延章繪製了全部鈕式綫圖,朱棒、崔璨、付威核對了大部分出土印章資料並幾次參與校稿,崔璨、付威編製了《〈考古印史〉圖例總表》。

除了深切地緬懷趙宇澤先生,在《集成》及這部册子的形成過程中還得到其他多位師友不斷的叮嚀、批評和幫助,他們是:李學勤、李伯謙、蔣贊初、楊廣泰、王子今、王占奎、焦南峰、張建林、徐天進、張生、楊休、楊曉陽、楊杰祥、張沛、吴振武、蘇世澍、阿敏、趙熊、賀榮敏、朱盡暉、孫慰祖、曹錦炎、程任、海蔚藍、王保平、施謝捷、董瑞、周俊玲、樊軍、任彤、丁鵬勃、后曉榮、魏杰、岐嶇,等等諸位先生,這必須要提到並深致謝意。

特别要感謝中華書局的俞國林、朱兆虎等先生,從《二十世紀出土璽印集成》到《考古印史》的出版,他們都投入了大量心血,字斟句酌,從内容上到文字技術上都發現、指出了筆者的不少失誤。事實證明了,他們也是中國璽印文化研究的專家,《考古印史》書名,即是蒙他們所賜。我這裏心服口服地向他們表示學習,向他們致以崇高的敬意!

應當指出,這個本子多少有些教材教案的性質,表現在資料與表述的一些滯後性;表現在幾個論述版塊之間銜接得不理想;表現在各章節之間有重複的内容。這點應當得到讀者的批評,盼望今後有機會修正之。

在長期研習中國古代印章的路上,有一些進步,可能更多的是常常迷途而找不到正確方向;有一些收獲,可能更加重要的是有許多教訓;有一點成果,可能更加重要的是暴露出本人的學養不足與許多錯誤。這些教訓和錯誤,有的同時代的友朋已經指出了,有些未經指出而且筆者自己恐怕還渾然不知！所以,真誠地希望今天、明天的讀者,無情地指出、批判我的種種錯誤,因爲知我罪我,都是那些熱愛中國印章文化和印章藝術的同仁們。

2016年暑假于周之豐鎬秦之咸陽漢之長安,中秋時分再作修改